03

Team
Building

Kimitoshi Hori

チーム・ビルディング

人と人を「つなぐ」技法

堀 公俊［著］　日本経済新聞出版

新版

まえがき

　「チーム活動において最も大切なことは何でしょうか？」　こう問われたら、皆さんならどう答えますか。

　この問いをいろいろな人に投げかけてみると、一番多かったのが「目標の共有」という答えでした。たしかに大事な話ですが、目標を共有していてもうまく動かないチームが山ほどあります。他にもっと重要なことを忘れているからではありませんか。

　次に多かったのが「コミュニケーション」です。これも欠かせない大切なものですが、話ばかりしていても仕方ありません。目標共有もコミュニケーションも目的をしっかり押さえてやらないと、思うようなチームになりません。その目的こそが、チーム活動において最も大切なことではないかと思います。

　私の答えはズバリ「みんなの力をとことん引き出す」です。

　スポーツのチームだろうがビジネスのプロジェクトチームだろうが、その点はまったく同じです。ないものねだりをしても仕方なく、今手元にある駒を最大限に活かすことしか、できることはありません。

　たくさんの人が集まると、どうしても力を出し惜しみしたり、手を抜いたりする人がでてきます。当人は精一杯頑張っているつもりでも、秘めた力が隠れていることもあります。歯車がうまくかみ合わなかったり、力の入れどころやタイミングがずれてしまったりして、みんなの力が１つにならなくなることもよく起こります。

　そうではなく、１人ひとりが仕事や活動を自分事と思って真剣に打ち込み、チームのために積極的に協力していく。そうやってみんなの力をとことん引き出してこそ実りある成果を勝ち取ることができます。

　では、どうやったらそんなチームをつくることができるのでしょうか。

　ガンバリズムやアメとムチが解決にならないのは言うまでもありません。身の丈を超えた課題を与えて、叱咤激励をしても持てる力はフルに発揮できません。火事場の馬鹿力でそのときはうまくいっても、持続的に力を出し続けるこ

とはできません。

　大切なのは、自ら課題に取り組み、心おきなく力が発揮できる状況を用意することです。進んで「みんなのために頑張ろう」「自分が今やらなければ誰がやるんだ」という気持ちになるような状態をつくり出すことです。

　そのカギを握っているのが、チームの関係性（つながり）です。

　関係性によって、メンバーの振る舞いもチームのまとまりもまるで違ったものになります。関係性が変われば人が変わります。人が変われば関係性が変わります。そうやって、循環的にチームを変えていくのが、みんなの力をとことん引き出すための最良の方法です。それがまさに本書のテーマである「チーム・ビルディング」です。

　チーム・ビルディングとは、機能的なチームをつくるための考え方や技術を集大成したものです。言い換えると、人と人を「つなぐ」技法に他なりません。

　1人ひとりの知恵や思いは小さくても、それを分かち合い、つなぎ合わせることで、やがて大きな力を生み出していきます。その楽しさと喜びを経験することこそチームの醍醐味です。

　すべてのメンバーが主体的に関わり合い、活発に協働しながら成長していくチームをつくるには、どのような点に配慮してどんなことをすればよいか。それをチーム・ビルディングは教えてくれます。今や、チームを率いるリーダーやチーム活動を支援・促進するファシリテーターにとって必須の技術となっています。その全貌を余すことなく紹介するのが本書の狙いです。

　今回オールカラーの新版に改訂するにあたり、全体を組織開発の考え方に基づいて再構成し、近年話題の技法やツールをあらたに盛り込み、組織開発の入門書としても役立てられるようにしました。

　そのなかで、多くの人が「これなら私でも手軽にできそうだ」と思えるような具体的で身近な技法を紹介しています。「問い」も「アクティビティ」もすべて筆者が現場で使っているものであり、すぐに実践できるようにまとめてあります。

　くわえて、単なる技法の紹介に終わらせず、チーム・ビルディングを一連のプロセスとして提供することに力を注ぎました。皆さんになじみの深いシーンを取り上げ、さまざまなテクニックを組み合わせて、チームを持続的に成長させていくさまを解説しています。

あわせて、気難しいメンバーやチームの疲労への対処など、常に変化するチームの状況に臨機応変に対応するヒントも紹介しています。コロナ禍以降注目を浴びているオンラインでのチームづくりについても言及しました。これらを通して、現場でどのように活かすかを、具体的にイメージしてもらえるのではないかと思います。

　では、前置きはこれくらいにして、これから皆さんと一緒にチーム・ビルディングの世界に足を踏み入れていきましょう。単に知識を得ただけでは良いチームはできません。一通り読んだ後は、勇気を出して何でもよいから実践してみてください。
　合言葉は、「よし、私もやってみよう！」です。そうやって、私たちの周りに元気あふれるチームをどんどん生み出していきましょう！

2024年5月

堀　公俊

第4章

技術編② 意味を探求する「対話」

第5章

技術編③ 行動を変革する「議論」

第6章

実践編　チームづくりを促進させる

第7章

熟達編　チーム・ビルディングを極めるために

I　チームに影響を及ぼす個人に対処する

装幀・本文デザイン　竹内雄二
DTP　朝日メディアインターナショナル
手描き図版　竹下徳継、久保久男

第1章

基礎編 | 1

優れたチームをつくるには

すべてはチーム・ビルディングから始まる

▬張り切って管理職になったものの…

　チーム・ビルディングというと、親友だったＡさんの事例をいつも思い出します。少し長くなりますが、皆さんに紹介しておきましょう。

　同期の先頭を切って課長に昇進した入社15年目のＡさん。任されたのは、いろいろなセクションから部門横断的にメンバーが集められた新規事業の部署でした。新規事業ということで、期待のエースが集められるはずが、ちゃっかりと余剰人材を出した部署もあり、メンバーはまさに玉石混交です。Ａさんより年長のベテラン技能職や派遣社員も混じっています。

　「最初が肝心だ」と思ったＡさんは、赴任した朝、挨拶もそこそこにメンバー全員を集めて一席ぶちました。会社からの期待や自分の意気込みを伝え、チームの新しいミッションを宣言しました。その上で、１人ひとりに何ができるか、個人の行動目標を掲げることを呼びかけたのです。

　翌日は、会議室に全員でこもって、チーム目標のブレイクダウンをしました。いきなりのハイテンションに面食らったメンバーたちでしたが、全員が新たな決意と個人目標を述べ、実行への約束をとりつけました。新しい課長を迎えての歓迎会でも、みんなＡさんへの賛辞と期待を語り、メンバーの意識をまとめるのに成功したとＡさんは確信しました。

笛吹けど踊らず、挙句の果てに

　そう思ったＡさんは、日々の業務において厳しく成果を要求し、泣き言や言い訳には一切耳を貸しませんでした。いついかなるときでも合理的に考え、完璧に仕事をこなすことを求め、業務の隅々まで目を光らせ、ホウレンソウ（報告・連絡・相談）を徹底させました。大きな問題が起こるたびに全員を集めて檄を飛ばし、自分の考えをストレートに部下に伝えるようにしました。

　ところが、Ａさんが叱咤激励するわりに成績は伸びず、ミスが頻発する始末。面従腹背が横行し、上司と部下のコミュニケーションも滞りがちで、Ａさんに現場の情報が入ってこなくなりました。メンバー同士の連携もチグハグで、責任のなすり合いが横行し始めました。

　そのたびにＡさんの厳しい叱責と細かい指示が飛びます。そうなると、ますますメンバーの士気が下がり、さらに目標が遠のいていきます。まさに「笛吹けど踊らず」という状態になってしまったのです。結局、めぼしい成果を出すことなく、半年後にＡさんは別の部署に移動させられてしまいました。

図 1-1 ｜ チーム・ビルディングに失敗した場

関係性がチームの良し悪しを決める

　Aさんはいったいどこで間違ったのでしょうか。たしかに、Aさんの専制的なリーダーシップや行きすぎた業績志向は問題です。とはいえ企業である限り、時と場合によって、このようなスタイルが必要な局面もでてきます。それだけで非難されるものではありません。

　何より問題なのは、成果を焦るあまり、チームづくりをおろそかにしてしまったことです。土壌のないところに芽は育たず、Aさんは順番を間違えたのです。

　後で詳しく述べますが、チームは同じ目的を持った人の集まりです。人が集まれば、人と人の間に**関係性**ができます。組織とは、人の集まりであると同時に、関係性の集まりでもあります。そのため、関係性の良し悪しが、チームのパフォーマンスに大きな影響を与えます。

　たとえば、上司とのコミュニケーションがうまくいっているときのほうが、仕事がはかどるはずです。緊密な人間関係ができている集まりのほうが、アイデアの量も質も高くなります。逆に、互いの信頼関係が薄く、協調して仕事をしようという姿勢がなければ、どんなマニュアルを用意しても、どんな管理体制を敷いても成果は上がりません。

　たしかに、上下関係や権限・役割というのも、1つの関係性です。「○○をしてくれたら、△△という対価(見返り)をあげる」という関係性も見受けられます。このように、企業の中では、権力や交換といった関係で人を動かすのが常套手段なのですが、それだけだと本当の意味でのチームの力が引き出せません。人は感情の動物だからです。

チームとグループはどこが違うのか

　冒頭の事例のように、人が集まったからといって、すぐに効果的なチームになるわけではありません。課題を与えられても、気持ちがついてこないのです。ウォーミングアップをしないと、コミュニケーションだってうまくいかず、や

る気だって高まりません。

　皆さんは、**グループ**（集団）と**チーム**（組織）の違いをご存知でしょうか。　たとえば、添乗員が旗を持って引率している観光客の集まりはグループです。それに対して、サッカーの試合を戦っている選手たちはチームと呼びます。

　チームにはグループにない３つの特徴があります。経営学者Ｃ・バーナードが提唱した組織の３要素に他なりません。

①共通目的

　目的、目標、規範、段取り、役割など、多くの人を１つにまとめるために、何らかの枠組みを共有する必要があります。これがないと、バラバラな個人の集まりにすぎず、統率のとれた活動ができません。チームとして機能できないのです。

②貢献意欲

　貢献意欲とは、「組織のために頑張ろう」という気持ちです。共通目的を持っていても、「自分のことだけやっておればよい」「あいつとは一緒にやりたくない」というのではチームにはなりません。自分の力を自分に対してだけではなく、チームに捧げるという気持ちがあってはじめてチームが力を発揮します。

③コミュニケーション

　意思や行動がうまく調整されていないと、せっかくの意欲が空回りしてしまい、チームとして成果が出てきません。活発なコミュニケーションを通じて、考え方ややるべきことを調整していかなければなりません。コミュニケーションが十分でなかったり、うまくとれていないチームは、チームとは呼べないのです。

図 1-2 ｜ チームの３つの要素

組織 ＝ 2人以上の人の意識的に調整された活動や諸力の体系

| 共通目的 | 貢献意欲 | コミュニケーション |

チェスター・バーナード

チームを機能させるための働きかけ

チーム・ビルディングとは、これらの要素をそろえ、「チームを機能させるための働きかけ」を意味します。いわゆる組織開発のチーム版だと思ってもらって結構です。

分かりやすいのが会議や打ち合わせなどの話し合いの場です。冒頭では、集まったメンバー同士で目的などを共有し、関係性を築いて貢献意欲を高め、コミュニケーションしやすい環境を整えていかなければなりません。これこそチーム・ビルディングです。いわば個人の集まりをチームにするために、意識や行動のレベル合わせをするのです。

チームを率いるリーダーや、会議やプロジェクトの段取りと進行を任された**ファシリテーター**(進行促進役)は、いかに短時間で効果的にチームをチームとして活動できるようにするかを考えなければいけません。

さらに、チームの状態は変化しますから、常に観察して、チームの力を高める働きかけをしていかなければなりません。チーム・ビルディングの良し悪しがアウトプットを決めるといっても過言ではありません。

チームづくりのプロセスを加速する

人は自分1人ではできないことを達成するために組織(チーム)をつくります。ところが、人それぞれ考え方の枠組みや持っている文化が違うため、すぐには効果的なチームにはなりません。混乱や対立があり、それを乗り越えてはじめて、チームとして機能するようになります。**タックマンモデル**と呼ばれる、チームがチームとして機能するまでのプロセスがあります。

①形成期：メンバーが集められ関係性を築いていく時期
②混乱期：メンバーの考え方の枠組みや感情がぶつかり合う時期
③統一期：共通の規範や役割分担ができあがっていく時期
④機能期：チームとして機能し、成果を出していく時期

018

　これらはいずれも必要なステップであり、残念ながらステップを飛ばしては前に進みません。とはいえ、できるだけ早く④機能期に移るほうがよいに決まっています。また、最終的に高い成果を出せるチームにしなければ意味がありません。いうなればチーム・ビルディングは、**チームづくりのプロセスを加速**し、できるだけ**機能的なチームをつくる**ためのものなのです。

　今、私たちは複雑で不確実の世の中で生きています。予想外のことが次々起こり、予測できない未来に対して機敏に対処していかなければなりません。そのため、組織変更が頻繁にあり、即席のチームで仕事をする機会が増えてきました。その場に集められたメンバーですぐに問題解決しないといけないというケースも珍しくありません。「チーム・ビルディングなんて呑気なことはやってられない！」という声が上がるのもうなづけます。

　だからといって、チーム・ビルディングが要らないわけではなく、止めてしまうといつかチームが立ちいかなくなります。余裕がないなら、できるだけ短時間で効率よくチーム・ビルディングを進める。あるいは、仕事を走らせながらチーム・ビルディングを進める。その上で、チームに問題が起こったら、素早くフィードバックをかけていく。今はそんなやり方をするしかないのかもしれません。そのためにもチーム・ビルディングをしっかりと学んでおく必要があります。

図1-3 ｜ タックマンモデル

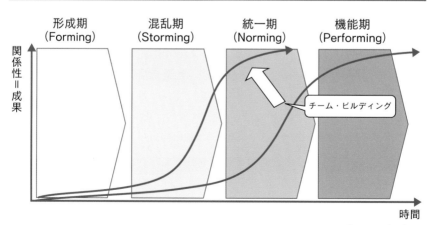

ブルース・タックマン

成果と活気を兼ね備えたチームをつくる

私たちが目指す理想の組織とは

　組織には必ず目的があります。それを達成するべく、成果を出さないと組織の意味がありません。

　企業でいえば、展開する事業のパーパスやミッションがあり、売上や利益を達成しないと存続ができません。できるだけ高い成果を持続的に出すのが良い組織です。これを組織の**効果性**と呼ぶことにします。目指す成果が出ているかどうかです。

　そのために欠かせないのが、戦略、目標、計画、役割分担などのマネジメントです。大きな組織になればなるほど、マネジメントの良し悪しが効果性に効いてきます。

　ところが、どんなに立派な計画を立てても、実際にやるのは人です。1人ひとりが本気で一所懸命に頑張らないと、計画倒れに終わってしまいます。メンバーが成果に向けてイキイキと活動することが大切です。活気ある職場をつくらないと持続可能な組織になりません。

　これを**健全性**と呼ぶことにします。そのために必要なのが、モチベーション、チームワーク、リーダーシップ、ラーニングなどの一連の組織開発の働きです。

　つまり、成果が出ていてみんなが活性化している、すなわち効果性と健全性がともに高いのが、理想の組織です。チーム・ビルディングで目指しているのはそんなチームです。

▰▰ 効果性と健全性にはジレンマがある

ところが、それは口でいうほど簡単ではありません。効果性と健全性は相いれない部分があるからです。

たとえば、運よく両者を兼ね備えた組織ができたとしましょう。すると向上心がある私たちは、より大きな成果にチャレンジしようとします。さらに高い目標を掲げ、周到にマネジメントしようとするのです。

しかしながら、これを続けていくと、いつか無理がたたって、組織のあちこちにひずみが生まれます。人と人の関係がギスギスし出して、最後には「笛吹けど踊らず」となってしまいます。健全性が下がってしまうわけです。

そうなってもチャレンジを急には止められません。多くの場合その兆候に気づかず、さらにたがを締め上げ、ますます健全性を下げてしまいます。それが効果性を下げる悪循環に陥り、最後には効果性も健全性も低い、形だけの組織ができあがってしまいます。

図 1-4 ｜ 組織の2つの軸

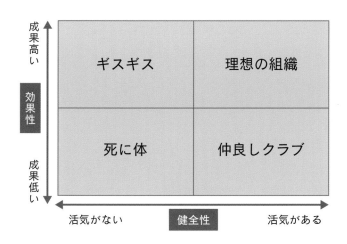

逆のパターンもあります。同じく、両者を兼ね備えた組織だったのに、環境変化に対応すべく大胆な変革にチャレンジすることを恐れ、組織をうまく運営することに力を注いでしまう。いわゆる大企業病です。メンバー同士を切磋琢磨せず、楽しく活動することを優先してしまう仲良しクラブもあります。いずれも、方向性を見失い、チームがバラバラになって、内輪もめが絶えなくなります。効果性と健全性のジレンマに陥って、組織が瓦解してしまいかねません。

効果性と健全性の良好なバランスの上で組織は成り立っています。今、どちらを強化すべきかを見誤らず、適切な手を打ち続けることが肝要です。

▰▰▰ 私がやらなければ誰がやる

効果性は、成果の多寡で簡単に計れ、理解しやすいです。かたや、健全性は定量的に表しにくく、少し分かりづらいかもしれません。どんな状態を意味するのか、もう少しかみ砕いて説明をしましょう。

健全な組織に欠かせないものが2つあります。1つは、**自律性**です。「今何をすべきか」を常に自ら考え、自分で主体的に行動しているかです。言い換えれば、自分の決定に従って行動しているかです。「人から言われてやる」「仕事（役割）だから仕方なくやる」「言われたことだけやる」というのでは、自律性が発揮できているとは言えません。

自発的にチーム活動に参加しているからこそ、チームは活気づきます。主体的にチームにアイデアや労力を提供し、それがチームの中で生かされているからこそ、達成感が味わえます。

自律性が高いと、チームが問題に直面したときは、メンバーが進んで問題解決に邁進していきます。誰から命令されるわけでもなく、持てる力をフルに発揮して、チームのために惜しまず努力しようとします。イキイキしたチームは自律性なしには実現しえないのです。

そのためには仕事が自分事になっていないといけません。「私がやらなければ誰がやるんだ」「今やらなければいつやるんだ」と、1人ひとりが思ってこそ活気あるチームになります。自分事化こそが自律性の最大のポイントなわけです。

みんなでチームを支え合う

単に自律性が高いだけだと、個人の活性度は高くてもチームとしてはバラバラのままです。自律性が空回りをしてうまくかみ合わず、結局、個人もチームもイキイキとせず、チームとして力も発揮できません。

もう1つ重要なのが**協働性**です。互いに支え合いながら、一枚岩となって、みんなの力で成果を達成しようと考えて振る舞っているかです。いわゆる、All for one, One for Allです。

チームの中で、人と人がぶつかり合うことで、新しい関係性や相互作用が生まれ、思わぬ力やアイデアが引き出されていきます。結果として、新しい自分や他人を発見し、学習と成長が生まれます。協働が学習を生み、学習が協働を生むのです。これこそが、チーム活動のダイナミズムであり、チームの醍醐味は相互作用にあります。

かといって、協働性だけあっても、チームの状態が不安定になり、下手をすると滅私奉公になりかねません。個人がしっかりとした自律性を持った上で、旺盛な協働性が発揮されている。これがまさに、我々が目指すべき活性化されたチーム（組織）の姿ではないでしょうか。

図1-5 │ 活性化されたチーム

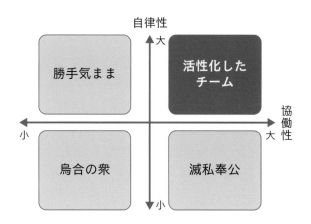

関係性を起点にして チームを変革する

人が変わればチームが変わる

では、実際にどうやってチーム・ビルディングを進めるのか、もう少し掘り下げていきましょう。それには2つのアプローチがあります。

たとえば、先ほど挙げたような問題を抱えている、うまくいっていないチームがあったとしましょう。チームは人の集合ですから、特定の誰かが原因となっている可能性があります。

よくやり玉に上がるのがリーダーです。リーダーのやり方や関わり方に問題があり、チームがうまくいっていないのだと。あるいは、やる気が低かったり、非協力的であったり、みんなの足を引っ張っている特定のメンバーが原因かもしれません。これらの人を入れ替えれば問題は解決します。

ところが、優秀な人は引く手あまたです。問題児を切るには受け入れ先をつくらなければならず、入れ替えなんて簡単にはできません。結局、あてがいぶちでやらざるをえず、考え方ややる気を変えて、活用しなければなりません。そのための手法としてコーチング、モチベーション・マネジメント、人材開発などがあります。

とはいえ、それは至難の業です。少しくらい研修やコーチングをしても変わるものではなく、それができるくらいなら苦労しません。

それに、実際には、特定の誰かに原因があることは少なく、大なり小なりみんな原因の一端を担っています。そうなってくると、1人ひとりに応じた治療が必要となり、かなりの大仕事となります。

結局、どこから手をつけてよいか分からなくなり、何も進まなくなる恐れが
あります。チームに悪影響を与える犯人を捜しても、迷宮入りになる可能性が
高いのです。

関係性が変わればチームが変わる

　そこで登場するのがもう１つのアプローチです。チームは人の集合であると
同時に、人と人が織りなす関係性（相互作用）の集合でもあります。関係性がよ
くないと、個々のメンバーは十分に力が発揮できません。

　メンバーは素晴らしい能力と高いやる気を備えている。今それが十分に発揮
できていなかったり、空回りをしたりしているように見えるのは、関係性に問
題があるからだ。関係性を変えることで、本来持っていた力が存分に発揮でき
るようになり、チームへの貢献が向上する。そう考えるのです。

　関係というのは、少なくとも２者の間にあるものです。相手が変わらなくて
も、こちらが変われば関係が変わります。先ほどのように、無理やり相手を変
える必要はなく、自分が変わることで結果的に相手が変わっていきます。

図 1-6 ｜ 2つの組織観

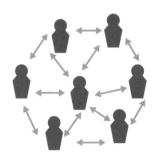

モダン的組織観
（要素還元主義）

組織＝Σ個人

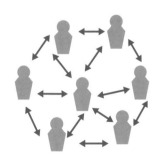

ポストモダン的組織観
（複雑系／社会構成主義）

組織＝Σ関係性

たとえば、やる気がない人を、そう考えてつらく当たったのでは、相手が変わるわけがありません。逆に、「きっとやる気を出してくれる」と信じて、ポジティブに関わり、少しでも置かれた状況を改善するお手伝いをしてあげるのはどうでしょう。人は、本気で関わってくれる人の期待に応えようとします。うまくいけば、本人が変わってくれるかもしれません。それは両者の関係をよりよくすることにつながります。

　こんなふうに、関係が変われば人が変わり、人が変われば関係が変わります。関係を変えることから手をつけるほうが、結果的によい結果を生みやすくなります。チーム・ビルディング、ファシリテーション、ワークショップなどはこちらのアプローチをとります。

　もちろん、人を変えるのか、関係性を変えるのか、どちらかが一方的に正しいわけではなく、状況次第です。いずれにせよ、人と関係の好循環をつくることが、チームの変革につながっていきます。

▆成功の循環を回してチームを成長させる

　この話を分かりやすく説明してくれるモデルが、経営学者D・キムが提唱する**成功の循環**です。

　前に述べたように、最終的にチームが欲しいのは成果です。同じやり方から違う結果は出ず、成果を高めるにはメンバーの行動や振る舞いを変えなければなりません。

　ところが、無理に形だけ行動を変えてもうまくいきません。思考や考え方を変えてこそ、本当の意味で行動が変わります。

　とはいえ、今まで慣れ親しんできた思考を変えるのは簡単ではありません。古い思考を手放すには勇気が要り、自分１人で変えるのは骨が折れます。そこで大切になってくるのが他者の存在です。先ほど述べたように、他者との関係が変わることで思考が変わってくるからです。

　つまり、関係が変われば思考が変わる。思考が変われば行動が変わる。行動が変われば成果が変わる。成果が変わることで関係も変わっていきます。このループを回すことが成功につながるわけです。

図 1-7 ｜ 成功の循環

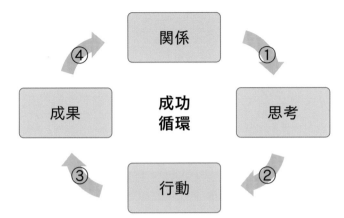

ダニエル・キム

実践のヒント①

Q　ウチの部署では各担当が独立して仕事をしており、話し合う機会も場所もありません。それでもチーム・ビルディングが必要ですか？

A　直接仕事の役に立たなくても、組織への帰属意識や仲間との一体感は、モチベーションやウェルビーイングに貢献します。仲間との良好な関係があれば、困ったときに助け合ったり、互いに学び合ったりしてレベルアップしていくこともできます。ましてや、上司との良い関係があるのに越したことはありません。いきなりが難しければ、雑談（おしゃべり）をする機会を増やすことから始めてはいかがでしょうか。それで少し慣れてきたら、時間外に社外で話し合う機会を持つと。あるいは、スマホなどを使ってオンラインで会話する手もあります。そうやって工夫をこらせば、できることはたくさん見つかるはずです。

チーム・ビルディングの基本ステップ

日本流チームづくりの3種の神器とは

　それでは、実際にどのようにしてチーム・ビルディングをするのか、具体的なやり方を紹介していきましょう。

　チームづくりと聞いて多くの人が一番に思い浮かべるのが飲み会ではないかと思います。アルコールの力を借りて、職場では言えないホンネを語り合い、貢献意欲を高め合う絶好の場です。コロナ禍を経て飲む機会が減ったとはいえ、まだまだ根強い人気があります。

　一方、かつて廃止した運動会を復活させた企業が増えていると聞きます。最先端のIT企業の中にも、チーム・ビルディングの大切な場として、社員旅行や花見を大々的にやるところがあります。飲み会、運動会、社員旅行はチームづくりの3種の神器と呼ばれていました。

　あわせて、朝礼というのも日本独特の手法です。最近では業務連絡や方針の唱和に限らず、職場のコミュニケーションを促進する場としても活用されています。加えて見逃せないのが職場の清掃です。単に綺麗にするだけではなく、みんなで一斉に掃除することでチームの一体感を高めるのが狙いです。

図 1-8 ｜ 飲み会でチームづくり

■話し合いを通じてチーム・ビルディングを進める

　これらの日本的な手法には大きな特徴があります。時間と場所を共有して、同じ体験をすることで共感と仲間意識を醸成させようというのです。共通体験すること自体に大いに意味があるわけです。

　これらが間違っているわけではなく、状況によっては役に立ちます。ただし、それが効果的に機能するのは、「あなたと私は同じ」という前提があるからです。同質性が高ければ、わざわざ話さなくても分かります。共に同じ時間を過ごす中で自然とチームができ上がります。いわば、「以心伝心」「阿吽の呼吸」が理想の姿となります。

　それに対して、「話さないと分からない」異質性の高い人々の間のチームづくりをするのがチーム・ビルディングです。メンバー同士、前提となる思考様式や価値観が違うので、何かしないとバラバラになってしまいます。自然熟成を待っていてもらちがあかず、意図的、能動的、積極的にチームをビルド（build）、すなわち建てたりや組み立てたりする必要があります。

　言うまでもなく、今のチームに必要なのは後者です。非正規、転職者、異性、若者、外国人といった多様なメンバーで、仕事をこなさないといけなくなってきたからです。異なる分野の専門家を集めたプロジェクトで仕事をすることも増えてきました。ましてや、オンラインで仕事を進めるには、話さなければ何も分かりません。

　そこで本書では、意図的に話し合いの場をつくり、積極的にコミュニケーションを取ることでチーム・ビルディングすることを考えたいと思います。なかには、「わざとらしい」「照れくさい」「面倒だ」と感じる人がいるかもしれません。たしかに、多少手間はかかりますが、やれば効果は分かります。単なる憂さ晴らしになっている飲み会をするより、よほどチーム意識が深まること請け合いです。

図 1-9 ｜ 話し合いでチームづくり

■会話・対話・議論を積み重ねていく

漫然と話し合ってもチームの関係性は深まっていきません。何を話し合うか、どう話し合うか、進めるべき手順があります。それに従ってこそ、効率的にチームづくりができます。

関係性を築く　〜会話

まずは、互いが持っている知識や情報を共有して活動の下地をつくります。それと同時に、思いや経験を分かち合って関係性を築きます。いずれもチームの土台となります。狭義のチーム・ビルディングはこの部分を指します。

具体的には、「今どんな状況なのか？」「自分はどんな人なのか？」「何を思っているのか？」を語り合い、共有していきます。なかでも仕事に関するいろいろなモヤモヤを吐き出し、分かち合うことが大切です。

初対面のときはもちろん、よく知った仲でも案外互いのことは知らないものです。気楽にまじめに話し合い、お互いしっかりと知り合うことに全力を注ぎましょう。

ここで使うのが会話です。主張を戦わせることも合意点を見出す必要もなく、よく話を聴いて共感し合います。いわば、交流・共有のための話し合いです。

意味を探求する　〜対話

関係性という名の土台ができたら、次は拠り所となる柱を打ち立てます。自分たちの活動の意味や本質を分かち合い、そこに向けての決意を高めます。

話し合いとしては、「何のためにやっているのか？」「何を目指しているのか？」「何を大切にしているのか？」を探求していきます。言い換えると、チームの原点に立ち戻って「そもそも論」を話し合うのです。

人は意味を求める動物であり、意味が分からないことには身が入りません。意味を分かち合ってはじめて、一枚岩のチームとして活動していけます。

ここでは対話と呼ばれる話し合いを使います。互いに仮説を出し合いながら、もっとよい仮説はないかを共に探していきます。探求・発見のための話し合いと言ってよいでしょう。

行動を変革する　〜議論

そして最後は、柱となる木に実をならせるステップです。共有した意味を、具体的な成果として結実させるための戦略や行動を話し合うわけです。ここをしっかりやらないと、ここまでの話し合いが絵に描いた餅になってしまいます。

テーマとしては、「本当の問題は何なのか？」「やるべきことは何なのか？」「いったい何ができるのか？」などがあります。あらたなアイデアを得るには、思い込みをはずして、ゼロベースで考えていかなければなりません。

ここで大切なのは、誰かに貧乏くじを引かせるのではなく、みんなで手を取り合ってチャレンジすることです。「私は私、あなたはあなた」ではなく、役割や職種の壁を超えて、互いに支え合うのが本当のチームです。

このステップでは、合意・結論のための話し合いである、議論を使います。対立を恐れず、意見を戦わせ、建設的な合意点を見出していきます。できるだけポジティブに話し合いを進め、チームの協力関係の強化を図ります。

ここで決まったアクションを実行した後は、成果（アウトプット）を認め合うと同時に振り返り（省察）をして、チームづくりにフィードバックをかけていきます。成果を振り返って互いの貢献を認め合うことも大事ですが、結果に至るプロセスや行動、さらにそのもとになった考え方やメンタルモデルまで振り返り、チームの経験を学習や成長に結びつけるようにします。

図 1-10 ｜ チーム・ビルディングの基本ステップ

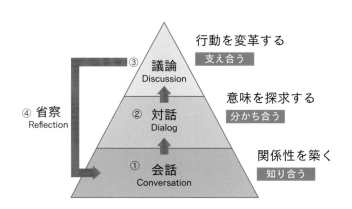

▰ 1泊2日のチーム・ビルディング合宿

　では、本書で紹介するさまざまなスキルを使って、チーム・ビルディングに成功した事例を見てみましょう。先の事例とよく見比べてみてください。

　Bさんは、Aさんほど切れるタイプではありませんが、彼が担当したプロジェクトは活気があり、成功することが多いと評判です。社外でボランティア活動のリーダーをしているせいか、人をやる気にさせるのも上手です。その腕を買われて、Aさんの後を引き継ぐことになりました。

　赴任するなりBさんは、全員で集まる1泊2日の合宿を提案しました。郊外にある研修室を借りて、気軽な雰囲気で語り合おうというのです。

　合宿は、今の気分や今日の期待を語り合う「チェックイン」(P82)から始まりました。その後、5人1組のグループに分かれ、紙で塔をつくり高さを競う、「ペーパータワー」(P109)で協働作業のポイントを体感しました。

　午後は、3人1組となり、最高のチーム体験を「インタビュー」(P89)し合い、各々の良いところを指摘し合うところから始まりました。本人が気づかない強みがたくさん見つかり、終わったときにはすっかり打ち解けていました。

　その後で今回のハイライトです。「このチームで本当に大切にしたいことは?」をテーマに、「ワールドカフェ」(P152)を使ってみっちりと対話をしました。内容をハーベストして5つの行動指針にまとめて全員が拍手で採択し、1日目を終えました。熱いムードは、夕食後の懇親会に引き継がれ、遅くまで笑い声が絶えませんでした。

　翌日は、予定を変更して、外を散歩しながら「体を使ったエクササイズ」(P112)をいくつかやってみました。その後、昨日の行動指針の解釈をすり合わせ、さらに文言をブラッシュアップしました。

　心も体も温まったところで午後は、「オープンスペース」(P186)を使って、チームが抱える課題の解決を議論して、具体的なアクションプランに落とし込みました。最後の「チェックアウト」(P190)では、自らチャレンジ宣言をするメンバーが続出し、全員から「頑張れよ!」と熱い激励を受けました。

チームが活性化すれば成果はついてくる

　翌週、出社したメンバーはビックリ。教室のように上司と部下が向き合う形から、小さな島をつくって散らばる形へと、部屋のレイアウトが大きく変更されていたのです。気軽に打ち合わせができるコーナーもあり、まじめな雑談が自然と始まるようになりました。各メンバーの進捗状況を記した大きな掲示板が置かれ、お互いの活動が見えるようにもなりました。

　定例ミーティングの進め方も大きく変わりました。毎回、「Good & New」（P82）などのチーム・ビルディングの時間を取ってから、本題に入るのです。しかも、Ｂさんは進行役に徹して、自分で物事を決めようとしません。「いつでも、誰でも、何でも提案できる」「チームのコンセンサスが組織の決定である」という方針を打ち立てていたからです。

　最初はＢさんの顔色をうかがっていたメンバーたちですが、１ヶ月もすると真剣な議論が自発的に繰り広げられるようになりました。メンバー同士のコミュニケーションの質も量も大幅にアップし、沈滞していた組織のムードが嘘のようです。四半期の目標を達成した今、次なる飛躍に向けて、「組織の中期ビジョンづくり」のワークショップを企画し始めたＢさんでした。

図 1-11 ｜ チーム・ビルディングに成功した場

どうやって話し合いをデザインするか

　チーム・ビルディングに大いに貢献したのが、1泊2日の全員合宿でした。こういった特別のイベントとしてチームづくりの場を設ける場合もあれば、現場で継続的に取り組みを進める場合もあります。どちらの場合でも、いつも3つのステップをフルセットでやる必要はなく、どれかを部分的にやってみるのでも効果があります。極端な話、つまみ食いでもやらないよりましです。

　いずれにせよ、こういった取り組みを進めるのに大切なものがあります。それを第2〜5章で解説していきたいと思います。

場づくり

　それぞれの話し合いを効果的に実行するための舞台が場です。たとえば最高のチーム体験をテーマに相互にインタビューを行う際に、3人でグループをつくる、年齢性別を混ぜる、机なしでイスを寄せ合って話し合う、会場の好きなところに散らばる、といった具合です。**場づくり**の良し悪しによって、話し合いの深まりや盛り上がりが大いに違ってきます。

　場づくりの最大の要素は人です。何人で話し合うのか、どんなメンバーで話すのか、その方々をどうやって集めるのか、人組みによって話し合いのムードも中身も変わります。

　もう1つの要素は、物理的なスペースです。どこで話し合うのか、どんなレイアウトで話し合うのか。どんな環境で話し合うのかなどです。私たちは、知らず知らずのうちに周りの空間から影響を受けており、それが1人ひとりの振る舞いや互いの関係性に影響を及ぼすのです。

　こういった場づくりをうまく進めるための考え方や技法については、第2章でまとめて説明することにします。

問い

　問いとは話し合いのテーマ（イシュー）を意味します。「このチームで本当に大切にしたいことは？」といった具合に、疑問文（質問文）で表すことから問いと呼びます。いわば、何について話し合うのか、お題が表現されたものです。

せっかく話し合うのですから、些末な話ではなく、物事の本質をついた、考える意味のあるテーマが望ましいです(本質性)。そこに、参加者が話し合ってみたいと思える、斬新な視点が盛り込まれているとよいでしょう(新規性)。とはいえ、自分たちの手に負える話でないと無駄になってしまいます(実現性)。

さらに言えば、そのテーマが自分事として考えられ、みんなと一緒に取り組んでみたいと思える、自律性と協働性を促進するテーマなら理想的です。また、1つのテーマですべてが片づくわけではなく、連続してテーマを話し合うこともあります。その場合は、テーマが無理なくつながっているか、似たようなテーマばかりで飽きてしまわないか、など考慮すべきポイントがいろいろあります。

このように問いを考えるのは結構難しく、それだけで一冊の本になるくらいです。そこで本書では、チーム・ビルディングの場に適した問いの実例を数多く紹介していきたいと思います。いずれも実践の中で鍛え抜かれた問いであり、そのまま(もしくはアレンジして)使ってみてください。

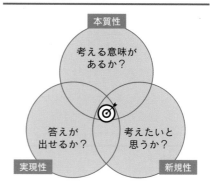

図 1-12 | 優れた問い

参考：安宅和人『イシューからはじめよ』(英治出版)

アクティビティ

既に述べたように、チーム・ビルディングの段階によって話し合いのやり方が違います。会話、対話、議論と3つの話し合いをうまく使い分けないと、期待する効果が得られません。それぞれにおいて、求められるスキルも異なっており、習得するにはある程度の練習が必要です。

手っ取り早いのは、**アクティビティ**と呼ばれるさまざまな技法を活用することです。先ほどの事例でいえば、チェックイン、ワールドカフェ、オープンスペースといったものです。アクティビティを使えば、話し合いのスキルをあまり意識することなく、「関係性を築く」「意味を探求する」「行動を変革する」といった狙いを達成することができます。これから各ステップで活用できるアクティビティをできるだけたくさん紹介していこうと思います。

ファシリテーターが相互作用を促進する

そして最後に必要となるのが**ファシリテーター**です。事例で紹介したような話し合いの場をつくり、その場を進行するのが役割となります。

「容易にする」「円滑にする」「スムーズに運ばせる」というのがファシリテーション（facilitation）の原意です。人々の活動が容易にできるよう支援し、うまくことが運ぶようにするのがファシリテーションです。またその役割を主体的に担う人がファシリテーター（進行役）です。話し合いの中身（コンテンツ）は参加者に委ね、進め方（プロセス）を舵取りしていきます。

チーム・ビルディングの場の鍵となるのが、メンバー同士の相互作用である、**グループダイナミクス**です。刻々と変化する相互作用を見極め、適切に対処することがファシリテーターに求められます。

グループダイナミクスには、仲間意識や創発効果などチームにとってプラスに働くものがあります。逆に、同調傾向や社会的抑制などマイナスに働くものもあります。プラスの相互作用を高め、マイナスの相互作用を抑え込むのがファシリテーターの大切な仕事です。

図 1-13 | グループダイナミクス

プラス効果	マイナス効果
情報量増大	生産性の低下
多様な視点	同調傾向
仲間意識	属人傾向
協働達成感	集団浅慮
シナジー	社会的手抜き
創発効果	社会的抑制

第2章

準備編 | 2

「人組み」と「場づくり」がチームの決め手

効果的にメンバーを集める

⚡ 3つの目的を押さえて人を集める

　チームづくりは人集めから始まります。といってもやみくもにやっては、集めたメンバーが烏合の衆となって、チームとしてのパワーが発揮できません。人集めのポイントを考える前に、そもそも何のために人を集めるのか、まずは目的を押さえておきましょう。これには大きく分けて3つあります。

①多様な視点から考える

　1人の能力と見識には限界があり、ありとあらゆる事柄を1人では対処できません。個人の限界を超えるには、他人（仲間）の力が必要になってきます。いろいろな人から情報や切り口を得ることで、結論や成果が豊かになってきます。多様な角度から、十分な議論を尽くすことができ、問題解決や意思決定の質が上がります。

②プロセスを共有し納得させる

　仲間を巻き込み一緒に活動することによって、その目的や内容をしっかりと理解してもらうことができます。また、時間と空間を共有して「同じ釜の飯を食う」経験をすることで、当事者意識や仲間意識が生まれ、得た結論に対する納得感や信頼感が飛躍的に高まります。ひいては、結論を実行する際のやる気にも大きくつながっていきます。

③作業を分担する

　検討する内容が膨大な場合、活動の準備やまとめの作業も大変な負担となり、途方に暮れてしまいそうなときがあります。何人かで手分けすることによって

何倍もの作業を実行することができ、精神的にも楽になります。これは議論も同じで、すべての人がすべての知識を持って話し合う必要はなく、知的な役割分担をすることで、1人ひとりの負担を減らすことができます。

それでは、これらの目的を理解した上で、効果的にメンバーを集めるための3つのポイント、①**人の量**、②**人の質**、③**人集めのプロセス**について順次紹介していきます。

図2-1 │ 効果的に人を集める3つのポイント

量	何人集めればよいのか？	▶	・5の倍数でメンバー数を考える ・「パレートの法則」を活かす ・グループサイズを使い分ける
質	どんな人を集めればよいのか？	▶	・多様な属性の人を集める ・多様な思考タイプを集める ・メンバー同士の相性を考える
プロセス	どんな手順で集めればよいのか？	▶	・声をかける順番を考える ・個別に思いを聴き出す ・役割や期待を提示する

人の量を考える　～何人集めればよいのか

5の倍数でチームを考える

チームづくりで、最初にぶつかる壁は「何人の人を集めたらよいのだろうか？」という疑問です。

会社や軍隊の組織を見ても分かるように、チームは5人、20人、100人、500人…といった5の倍数で考えるのが一般的です。これには、後で述べる意思決定の話や1人のリーダーがマネジメントできるメンバーの数がからんでいます。

　学習を主体とするチームなら、100人ぐらいのメンバーであっても、お互いの顔が見える範囲内で相互作用を発揮することができます。それでも、これ以上は難しく、ましてや問題解決や意思決定を100人ではできません。そういうときは、分業や役割分担をせざるをえず、分科会方式やリーダー会議など、階層（組織）構造をつくって、マネジメントしていくことになります。

　いずれにせよ、メンバーの数は、活動の性格によって大きく変わってきます。同じテーマであっても、議論の進捗状況や発散・収束のステージによっても違います。テーマや状況に応じて使い分けをしていかなければなりません。

意思決定の場は少人数で

　意思決定にふさわしい人数は4〜5人といわれています。それより少ないと意見の多様性が減り、偏った結論になりがちです。逆に多いとまとまりにくくなるだけではなく、さぼる人もでてきます（社会的手抜きと呼びます）。実際に、5人を超えた場で意思決定しようとしてもなかなかまとまらず、結局数人が密談で決めるというのもよくある話です。

　意思決定の場では、どんなに多くても10人くらいが限界でしょう。人数が少ないほうが、1人ひとりの発言のチャンスが多くなり、参加意欲が高まります。スケジュール調整などの事務的な負担が減るメリットもあります。やみくもに人数を増やさず、責任をもって参加できる最少人数に留め、密度の濃い議論をすることが大切です。

　皆さんは**パレートの法則**をご存知でしょうか。チームに当てはめると「20%の人で80%の仕事を行っている」「20%の人の発言がその会議の発言の80%を占める」というものです。少人数で意思決定を行うことは、効率の面からいっても理にかなっているのです。

巻き込みたいときは大人数で

　では、いつも少人数がよいかといえば、そうではありません。たとえば、質はともかく多様な意見を求める場合や、無関心な人を掘り起こして関心を喚起

する場合は大人数が適しています。「誰かが勝手にやっている」「聞いていないよ」と言われないようにするために、内容の周知を兼ねて意思決定のプロセスに巻き込んでおくことが必要な場合もあります。

　そのときは、部屋の大きさが許す限り、できるだけたくさんの人を集めましょう。具体的には、全体の構成員（対象者）に占める参加者の割合を、少なくとも３割程度にするのが目標です。そうしておけば、多様な意見が集まると同時に、幅広い参加を通じてプロセスへの納得感が高まります。ひいては、実行段階での抵抗を減らすことができ、作業の分担もしやすくなります。

グループサイズを使い分ける

　人の量の話でもう１つ覚えてほしいのは、いつもチーム全員で活動をする必要はないということです。メンバーを活動に十分に参加させるには、さまざまなグループのサイズを使い分けなければなりません。それによって、互いに話を聴き、感じ、分かち合うのに最適な時間と空間がつくりだせ、いろいろな場面が展開できるようになります。ここでは、会議やワークショップなどの話し合いの場に絞って話を進めていきます。

①１人

　活動の最小単位は１人です。たとえば、課題に対する自分の考えを整理する、途中で起こる感情や横たわる現実と深く向き合う、深く考察し内省するといったときに適しています。ただし、その良し悪しや自分がどのレベルにいるのかを測ることはできません。１人では、思い込み、思い上がり、独りよがりの危険性もはらみます。

②２人

　２人になると意見交換やフィードバックが可能になります。しっかり話す、しっかり聴くという役割交換を通じて、自分自身を相手という鏡に映す行為ができます。気づきはより深いものになります。誰と組むかで効果のほどは変わりますが、チームの原点のサイズとして覚えておきましょう。

③３〜６人

　２人よりも相互作用や相乗効果が目に見えて現れるサイズです。アットホームな関係を保ちつつ、多様な切り口から意見交換ができ、さまざまなアイデアや気づきが生まれてきます。顔が見える関係として意思決定をするにもちょう

041

ど良いサイズです。また、メンバーにほどよく役割が回ってきて暇にならないという効用もあります。この人数までなら、手抜きをする人も現れません。話し合いをするにはうってつけのサイズでしょう。

④全員

多様な意見を共有して発散し、振り返るとすれば、やはり全員参加です。アイデアも広がり、協働体験を共有することは仲間意識の醸成にも大きく寄与します。多くの作業をこなせるだけのマンパワーを持ち、ダイナミックな活動ができます。また、メンバーの考えのバランスをつかむのにも適しています。たとえば、全員で投票やアンケートをやってみると、参加者全体の傾向や思いの分布状況などが分かり、チーム全体を俯瞰することができます。

大切なのは、これらの特徴を知った上で、臨機応変に使い分けることです。たとえば、最初は１人で考え、次にペアを組んで考えを披露し合い、さらに数人のグループになって意見をまとめる。それを順番に発表した後で、また個人に戻って活動のプロセスを振り返る…といった具合です。

このように、段階的にグループサイズを大きくしていくことによって、幅広い発見や深い気づきを得ることができます。それを、次節で述べる環境（空間）のデザインと組み合わせるとさらに効果が高まります。

図2-2 ｜ グループサイズあれこれ

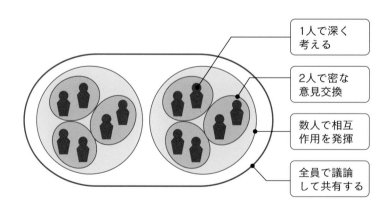

1人で深く
考える

2人で密な
意見交換

数人で相互
作用を発揮

全員で議論
して共有する

納得感のあるグループ分けを

このようなグループサイズの使い分けをするには、チームを複数のグループに分ける作業が生まれてきます。グループ分けは簡単なように見えて結構難しいものです。

皆さんは、ワークショップでこういう経験はないでしょうか。せっかく事前にいろいろなバランスを考えて完璧なグループ分けをしたのに、たまたま欠席者が多くいて数が合わなくなってしまった。どうメンバーを組み合わせても、盛り上がるグループと、元気がないグループが出てしまう。あれこれと考えて分けることに時間と労力をかけたわりには、参加者から意図的に分けたのではないかとグループ分けに対する不信感が生まれてしまった。

グループ分けに完全なものは存在しません。事前の設計は重要ですが、策におぼれてはいけません。また、メンバーから不平不満が出ないようにしないと、その後の進行に大きな影響を及ぼしかねません。

メンバーのバランスに配慮しつつも、不信感を抱かれないように、できる限り偶然性を持った方法や参加者の自発性を促す方法を使うようにしましょう。そのほうが、グループ分けへの納得度が高まるからです。

グループ分けの2つの方法

グループ分けの方法は大きく2つあります。具体的なやり方は他のアクティビティとあわせて第3章(P96)で紹介しますが、参加者の雰囲気や目的に合わせて、慎重かつ大胆に方法を選択するようにしてください。

①ランダムに分けるのがよい場合

参加者同士に利害関係が特になくフラットな関係性の中で議論する場合や、特に険しい論点がなく自由に意見を出して語り合うような場合です。グループ分けには、単純な共通項(同じ番号同士など)で機械的に分ける方法や、くじ引きに近いような偶然性の高い要素を盛り込んだ方法があります。

②意図的に分けるのがよい場合

参加者がその目的や論点をハッキリと持っている場合、議論の切り口のバランスを取る場合、ある程度の成果の均一化を狙う場合です。参加者が関心のあるテーマに対して自発的に選択をする方法や、参加者の属性をいったんグルー

プ分けしてから、均一や偶然に分けて組み合わせる手法があります。

図2-3 | 2種類のグループ分け

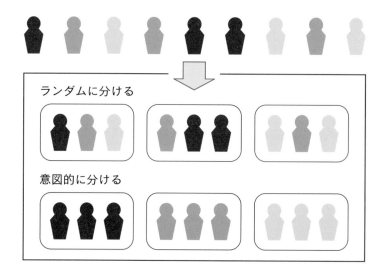

意図的に分ける

人の質を考える　～どんな人を集めればよいのか

チームの同質性と異質性

　もしあなたが、メンバーを自由に選ぶ機会に恵まれたとしたら、どのような
人を選ぶでしょうか。仲のよい人、つまり自分が知っている人、自分を好きな
人、自分を理解してくれている人を無意識に選んでないでしょうか。果たして、
それでチームの力は発揮されるのでしょうか。

　同じ考え方を持った人が集まった**同質性**の高いチームは、スタートも意思決
定も早く、短期集中型の活動に向いています。半面、意見が偏りがちで、新し
い考えを生み出す力はそれほど強くありません。また、短時間に盛り上がりは
するものの、継続する力に欠け、飽きてしまうとサッサとやめてしまう危険性
があります。

逆に、異なった考えを持つ人を集めた**異質性**の高いチームは、チームづくりそのものにかなり時間がとられ、合意形成にも相当のエネルギーを要します。意見をまとめるのにかなりの時間と労力がかかるため、ダラダラしていると自然消滅する可能性があります。ところが、多角的な検討を行うことができ、新機軸やブレークスルーを生み出しやすい力を持ちます。

両者をうまくバランスさせるには

要するに、どちらも一長一短があり、うまくバランスさせるのがコツです。言い換えると、同質性と異質性をチーム内に担保できるメンバー選びが重要となるのです。

たとえば、同質性をベースにしながらも、さまざまな属性から人選のアプローチをしたり、そのテーマに精通する専門家を加えたり、あえて反対意見を持つ人を入れたりしておくと、異質性の良さも生きてきます。重要な利害関係者をモレなくキッチリと入れておくというのも、異質性を高めるために欠かせません。

こういった方法は社会的な合意形成の場でもよく用いられています。たとえば、新しい公共施設の是非を地域で議論する場では、バランス型（市民各層から幅広く意見を出し合う市民検討会）、調整志向型（賛成・反対といった利害関係者と第三者の視点を加える）、交流促進型（多くの人を巻き込み、理解者を募る）の３つのタイプがよく用いられます。いずれも、同質性と異質性に配慮したチームづくりの方法といえるでしょう。

多様な属性の人を集める

チームの同質性や異質性を考えるには、メンバー１人ひとりの特徴が分からなければいけません。その手がかりとしては、まずは性別、年齢、職業、役職、出身、キャリア、活動分野などの属性情報があります。

同じ属性の人は似たような考え方をする傾向にあるとすれば、とりあえず多様な属性の人を集めれば、異質性は高まります。具体的には、男女比、世代比、部門比などを配慮することです。

図 2-4 │ 多様性を確保するための要素

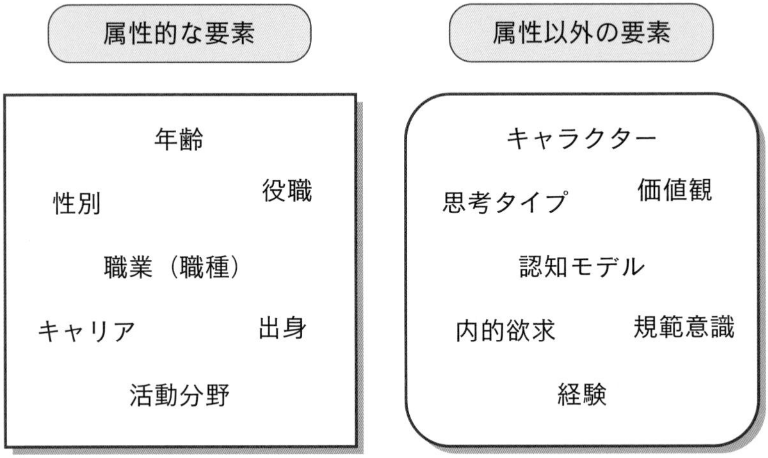

属性的な要素

年齢

性別　　　　　　　　役職

職業（職種）

キャリア　　　　　　出身

活動分野

属性以外の要素

キャラクター

思考タイプ　　　　価値観

認知モデル

内的欲求　　　　規範意識

経験

人のタイプ分けの技法あれこれ

　人の質を考える上で、次に重要なのがキャラクターの違いです。たとえば、論理的に考える人と直観的に考える人とでは、当然出てくるアイデアも違い、やはり両者を組み合わせることでチームが活性化していきます。

　キャラクターの違いを知るにはいくつかの方法があります。ここではよく知られる代表的な4つの技法を挙げておきます。必ずしもすべてを言い当てているわけではありませんが、おおよその傾向をつかむには有効な方法です。興味があれば、それぞれの手法を学んでみてください。

①交流分析（TA）

　交流分析(TA)とは、互いに反応し合っている人々の間で行われている交流を分析することで、心のタイプを5つに分類しています。

②エニアグラム

　エニアグラムとは、「9の図」という意味のギリシャ語で、人の果たす役割の傾向とそのアクティビティを9つのタイプに分類しています。

③ハーマンモデル

　ハーマンモデルとは、脳の研究をベースにした科学的ツールで、対人判断要

素を４つのタイプに分類しています。

④ソーシャルスタイル理論

　この理論では、自己表現と感情表出の強弱を用いて４つのキャラクターに振り分けています。

自分なりのモデルを持っておこう

　タイプの違いは、先天的なものも大きいのですが、背景の違いも大きく影響をしています。代表的なものとして、これまでの体験があります。その人を理解するためには、さまざまな経験やその人が歩んできた歴史を知ることがとても重要となります。

　あるいは、その人の社会的な位置づけというのも背景の１つです。たとえば、権力を持っている人とそうでない人、管理・指導をする立場を持った人とそうでない人、専門家とそうでない人では考え方が違ってきます。大人になれば、本人のキャラクターよりも社会的な役割が言動を支配する傾向が強くなります。

図2-5 ｜メンバーのタイプ分けモデル集

●交流分析（TA）

批判的な親心（CP）
養育的親心（NP）
合理的な大人の心（PA）
無邪気な子供の心（FC）
順応した子供の心（A）

●エニアグラム

改革する人	忠実な人
助ける人	熱中する人
達成する人	挑戦する人
個性的な人	平和をもたらす人
調べる人	

●ハーマンモデル

理性的 論理的 分析的	経験的 直観的 全体的
計画的 組織的 秩序的	対人的 感性的 精神的

●ソーシャルスタイル理論

	感情が 出やすい	感情が 出にくい
自己主張 が強い	感覚派	行動派
自己主張 が弱い	分析派	協調派

047

これらの背景の要素が複雑にかけ合わさって人格を形づくっているため、「あの人は○○だから××だ」という一面的な見方が通用しません。1人ひとりを日頃から観察し、背景も含めてたくさんの情報を得ておくしか、よい方法がありません。ただ、それだけでは大変ですので、自分なりのカテゴリーで分類をしておくことをお勧めします。「この人はＡさんと同じタイプだ」とモデルを自分自身の中に数多く持っておくのです。

現場ではいろいろなタイプの人たちが混在し、多様な言動を繰り広げます。できる限り瞬時にして相手のキャラクターをつかむためにも、日頃から多くの分野やタイプの人たちと交流して「世の中にはいろいろな人がいる」とモデルの幅を広げておくことが大切です。ひいては、多彩なチームづくりにも大いに役立つはずです。

メンバー同士の相性を考慮する

チームの力は、個々のメンバーのタイプだけでは決まりません。メンバー同士の相性や組み合わせによって、気持ちや行動が変わってくるからです。それどころか、人は周囲との関係性によって、発揮する個性や演じる役割が変わってきます。前述のタイプ分けの技法の中には、タイプ同士の相性や組み合わせが悪いときの対処法を説くものもあります。

なかでもやっかいなのは、好き嫌いです。「中身はともかく言い方が気に食わない」「あの人に言われたのではやる気がしない」という話はよくあります。このことを甘く見てはなりません。感情論で議論が始まると収拾がつかなくなります。

このようなことがないよう、「あの人とあの人は仲が悪いらしい」といったアンダーグラウンドな情報を含めて、メンバー同士の相性をよく知った上で、メンバー選びを進めるようにしましょう。それでもしぶつかってしまったら、メンバーの差し替えも含めて検討することも、ときには必要となります。

役割分担を考えるときも同じです。仕事とタイプ（個性）の相性を見て割り振るのはもちろん、理論的な人と情緒的な人など、互いの相性にも気を遣いましょう。さらには、役割の位置づけやバランスにも配慮が必要です。そうしないと「どうして、私ではなくあの人に」という感情論が起こって、無用な軋轢を生んでしまいかねません。

2-6-2の法則を覚えておこう

　人間が10人寄れば必ず、すごい人が2人、まあまあの人が6人、とんでもない人が2人という分布となります。これを**2-6-2の法則**と呼んでいます（個人だけではなくグループについてもいえ、10グループつくると必ず同じような分布になります）。

　不思議なことに、すごい人が2人とも抜けても、まあまあの人から活躍する人が現れてきます。逆に、とんでもない人が2人抜けても、まあまあの6人からサボる人が現れます。どんなチームにもエースが存在すれば、足を引っ張る人もいます。某プロ野球球団のように、4番バッターばかり集めても、すべての選手がホームランを打つわけではないのと同じです。人の能力や性格は関係性によって変わるからです。

　これを応用すれば、話さない人だけでグループをつくると、必ずその中から話し始める人が現れます。逆に話し好きの人たちばかりで集めると、話したくても話せない人が出てくるのです。

　つまり、どんなチームであっても必ず期待できるところと、多少は諦めなければならないところがあるということです。そこを理解しておけば、うまくいかない局面で、「まあ、こんなもんさ」とストレスを感じることが少なくなるはずです。

図2-6　2-6-2の法則

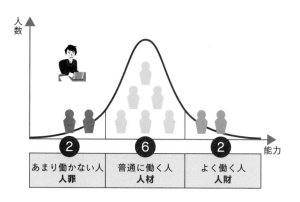

人集めのプロセス　〜どうやって人を集めればよいのか

声のかけ方でやる気が変わってくる

　メンバー集めのやり方によってメンバーのやる気が変わってきます。次に述べる配慮をするだけで、ずいぶんやる気が違ってきます。

①声をかける順番を考える

　日本には「根回し」という言葉があり、チーム・ビルディングにおいても必要となるケースが多くあります。せっかくのメンバー選びが水の泡とならないためにも、声をかける順番を間違えないようにしましょう。優先させるべき相手としては、意思決定者、利害関係者、実行責任者があります。

　根回しとは、その人に寂しい思いをさせないことです。実際に参加はしなくても、情報を耳に入れておくだけでも違ってきます。他に寂しい思いをしている人はいないかを想像してみて、思いついたら声をかけてください。

②個別に思いを聴き出す

　声をかける相手への切り出し方も重要です。こちらの考えを一方的に話すだけではなく、相手の考え方や思い、要望や見解などをしっかりと聴き出していくようにしましょう。相手のことをよく聴いて、メンバーとしての関係づくりを行うのです。

　その中から、自分だけでは気がつかなかった盲点を発見し、ときには段取りを変えなければいけないこともあるかもしれません。さらに、ここで得た情報は、立ち上げ後のチーム活動の模様を予想する重要な手がかりとなります。

③役割や期待を提示する

　声をかけられたほうの立場に立ってみれば、目的や内容は理解したとしても、実際に自分が何をしたらよいのかが分からなければ、当事者としての意識が持てません。他人事のようにならないためにも、チーム内でのある程度の役割を示し、相手が自分自身の関わり方をイメージしやすくしてあげるとよいでしょう。役割（チーム内の存在としての目標）が見えてくると、具体的に何かを考え始めるはずです。そうやって、相手の自発性を誘発していくのです。

メンバーのやる気を高め続ける

やる気を高めるのは、チームが立ち上がった後も同じです。長い取り組みでは疲れてきたりマンネリ気味になったりするからです。詳しくは第7章で述べますが、ここでやる気を持続させるための秘訣を紹介しておきます。

①自発性を引き出す

自発性には、「やりたいことをやる」「やりたくないことはやらない」「言われなくてもする」「言われてもしない」の4つがあります。いずれの場合でも、自発性を誘発するのはリーダーやメンバーの自発性です。

何よりリーダーが先頭に立って自発性を発揮しましょう。さらに誰かが自発的に動いてくれたときには、「ありがとう」「よくやったね」と感謝と賞賛の言葉をかけ合うことを忘れないようにしてください。チームは、リーダーのみならず、メンバーの自発性によっても支えられているのです。

②目標をこまめに提示して励まし合う

大きな目的に向かっていくと、ときにそれがあまりにも大きすぎて途方に暮れてしまうことがあります。また、目的を見失うとチームは空中分解の危機にさらされます。そんなときには、目標をこまめに設定し、できることから少しずつ達成していくことが大切です。

脱落者をなくし、参加を持続させるためには、やはり互いに声をかけ合うことが大事です。「自分のことを気にしてくれている」と思える相手がいるだけで困難に立ち向かう元気と勇気が湧いてきます。

③明るい場をつくる

チームが力を発揮するのに必要なのは、何よりも明るい場をつくり出すことです。まずは、笑顔。ニコッと微笑まれると場の空気は明るくなります。笑顔と笑いは最大のカンフル剤なのです。また、お菓子や飲み物を取りながら議論するなど、気楽なムードをつくるのも大切です。

ときに、みんなで飲みにいったりして、ストレスを発散する場をつくるのもよいでしょう。チームにとって、楽しい仲間とうまい酒は何ものにも替えがたい財産です。言ってしまえば「人たらし」、浪花節的なことも人には必要です。

物理的なスペースづくり

▰心理は物理的な環境に左右される

活動の環境をデザインする

　チームとなって協働作業を行うには必ず物理的な場所が必要です。その場所に、自分たちが一番必要とする空間をつくり出さないといけません。これを活動環境（場）のデザインと呼んでいます。

　人の心理は物理的環境に左右されます。暑ければイライラするし、狭ければ圧迫感を感じます。そこにいるだけで気持ちよく、効率的に作業や学習に取り組め、チームの力を効果的に引き出すことができる空間や環境をつくり出すのです。ここでは、主に会議やワークショップなど話し合いの場での空間づくりのポイントを紹介していきます。

空間設計は部屋選びから始まる

①部屋のサイズと形

　活動環境のデザインは、人数や目的に応じた空間を確保することから始めます。広すぎると、活動のエネルギーが空中に抜けてしまい、集中力や一体感が生まれてきません。逆に狭すぎると、心理的にもストレスを感じ、場が活性化してきません。

　広すぎる場合は、パーテーションやホワイトボードで仕切りをしたり、使わない机やイスを積み重ねて空間を遮断するようにします。狭すぎる場合は、思

い切って机を減らしたり、窓を大きく開けて開放感を演出します。部屋の形も、正方形に近いところから、ウナギの寝床のように細長いものまでいろいろあり、活動に適したものを選ぶようにしましょう。

②部屋のムード

次は、天井の高さ、窓の有無、部屋の明るさ、壁の色（材質）などでつくられる、部屋のムードです。天井の高さや壁の色は調整がきかないので、部屋選びのときに注意するしかありません。

窓がある（あるいはブラインドを開ける）とエネルギーが発散しがちです。逆にない（あるいはブラインドを閉める）と、エネルギーが集中しやすくなるものの、長時間だと疲れます。部屋の明るさは、個人の内面に関わる話のときは暗く、前向きの話のときは明るくといった調整が利き、やり方次第でムードを変えるのに役立ちます。

図 2-7 ｜ 部屋は入念にチェックする

部屋			什器・備品		
大きさ	広すぎたり、狭すぎないか？	☐	机	移動や折り畳みができるか？	☐
	活動スペースが十分か？	☐		数は十分か？	☐
形状	極端に細長くないか？	☐	イス	移動や折り畳みができるか？	☐
	ムダな出っ張りはないか？	☐		数は十分か？	☐
天井	高すぎたり、低すぎないか？	☐	照明	どこで調整するのか？	☐
	声が抜けることはないか？	☐		どれくらい調整可能か？	☐
温度	暑すぎたり、寒すぎないか？	☐	冷暖房	どこで調整するのか？	☐
	温度に偏りはないか？	☐		どれくらい調整可能か？	☐
明るさ	明るすぎたり、暗すぎないか？	☐	仕切り	間仕切りが可能か？	☐
	明るさに偏りはないか？	☐		可動式の間仕切りがあるか？	☐
窓	窓はあるか？　開けてよいか？	☐	記録	ホワイトボードがあるか？	☐
	ブラインドが使えるか？	☐		パソコン用の電源はあるか？	☐
壁	壁の色（材質）は適当か？	☐	ＡＶ	マイクが使えるか？	☐
	壁に紙が貼れるのか？	☐		プレゼン機器が使えるか？	☐

③什器・備品

　3つ目に重要なのは、机やイスなどの什器・備品関係です。それを考えるには、具体的に行う活動のイメージをある程度固めておく必要があります。

　たとえば、机に向かって何かをやるのであれば、机の大きさ、数、備品の有無などをチェックします。みんなで体を動かすなどの動きのあるプログラムにするのであれば、動きが取れるだけの空間が確保できるか、そのために机やイスは可動式かどうかなどの確認が必要です。

　ファシリテーション・グラフィックをするのであれば、模造紙やフリップチャートを貼り出す壁があるかどうか、またテープで貼ってもよいかの事前確認も必要です。パソコンを使うなら、プロジェクタやスクリーンが備え付けられているか、みんなから見える大きさで映し出すことができるかを、前もって調べておきましょう。

現場を自分の目でチェックする

　これらのチェックは、できる限り現場に行って、自分の目で行うのが理想です。そのほうがヌケモレがないだけではなく、やはり現場に立ってみないと場の雰囲気は分からないからです。

　しかしながら、時間がない、会場が遠いなどの理由で事前の確認が無理なときもあります。そういう場合は、配置図などの資料や図面を送ってもらったり、会場の様子をスマホで撮ってもらうようにお願いするしかありません。

　撮影を頼む場合は、会場の全体像が分かるように、正面や後ろ、両サイドの壁や窓などの様子、机やイスの基本的な配置や備品も含めて満遍なく収めてもらうようにします。これでおおよその部屋の雰囲気をつかみ、何を変えることができて、何が変えられないのかを判断していきます。

　部屋の大きさ、天井の高さ、部屋の形状、窓・壁の有無などは変えられず、どうしても目的に合致しないようなら、部屋そのものを変更する必要もあります。あるいは、部屋に合わせて活動内容のほうを変更することも考えるようにしましょう。

座席のレイアウトを工夫する

レイアウトを考える３つのポイント

　物理的な条件を確認したところで、目的やプログラムに合わせた空間配置（レイアウト）を考えていきます。具体的なやり方を述べる前に、考え方のポイントを説明します。

①距離

　物理的な距離はそのまま心理的な距離につながります。レイアウトで最初に考えるべきは、メンバー同士、あるいはメンバーとファシリテーターとの距離です。メンバーの移動がある場合はゆったりとした空間が必要ですが、できる限り互いの距離感を縮めるように工夫します。

　たとえば、大人数が縦長の部屋で会議をやると、前後の距離がとても離れてしまいます。顔も見えないような配置となり、一体感も相互作用も生まれてきません。それを横長に使うことによって、一気に距離を縮めることができます。

図2-8 ｜ タテをヨコにしてみる

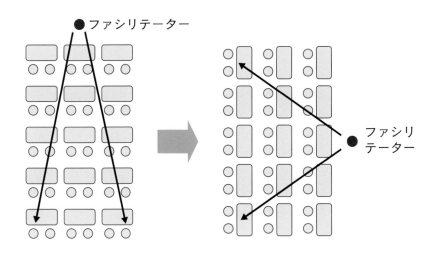

055

②視線の方向

次に、ファシリテーターの立ち位置や参加者の座る位置から見た視界や視線の方向を考えます。

- ・ファシリテーターから全体が見渡せるか
- ・障害物はないか
- ・声は十分に通るか
- ・参加者からホワイトボードなどが見にくい死角はないか
- ・お互いの視線が出合うことができるか

実際には、現場での状況を想像しながら部屋をウロウロしてみて、会場の特徴をつかみ、必要に応じて備品や机・イスなどの位置を変えることを考えます。

③アイコンタクト

３つ目のポイントは、ファシリテーターと参加者、参加者同士が双方にアイコンタクトが取れる空間配置かどうかです。お互いの顔が見えない配置は相乗効果を生み出しにくいからです。言葉だけではなく、非言語メッセージをも交換しやすい「フェイス・ツー・フェイス」の空間づくりを心がけてください。

３つの空間配置の意味

いよいよ、机やイスなどの具体的な配置を考えていきましょう。その際には、次の３つの空間配置の意味を知っておくと便利です。

①理性の空間

正面向かい合って相対する空間配置です。真面目にキチンと相手に伝え、理性的にやり取りをするには効果的です。しかしながら、雰囲気が硬くなって緊張感を高め、ときに対立を招く危険性をはらむ配置でもあります。契約の締結、個別面談、上司への報告、労使交渉、党首討論、親が子どもにしつけるような場合などに使われています。

②情緒の空間

横並びに座る空間配置です。対等かつ双方向でフレンドリーな雰囲気を生み出す効果があります。同じ方向を向く配置ですので、真横では顔は見えませんが、お互いが少し角度をつけることで親和性が高まります。屋台や夜の飲み屋の止まり木、公園のベンチで恋人同士が語らう姿など、思い出されるシーンはたくさんあります。この横並びの配置の連続型が、後で述べる「円」となります。

③恐怖の空間

　同じ方向を向いて一列に並ぶ空間配置です。相手の背中を見て、背後から見られる関係にあります。見るほうは相手を常に監視し、見られるほうは相手の様子が分からない中で、常に緊張感を持ち続けます。職場における席の配置に代表されるように、管理・監督する場面でよく使われています。背後から迫られたときの感覚を思い起こしてもらえれば、分かりやすいと思います。

図2-9 ｜ 3つの空間配置

理性の空間

情緒の空間

恐怖の空間

話し合いの理想は「円」

　より良い会議の状態を表す言葉として、「円卓会議」「ラウンドテーブル」「車座になる」といった表現があります。これは単にイメージではなく、丸い「円」を基本としたレイアウトは、メンバー同士を和ませ、より良い成果へ向かわせる秘密があります。

　1つ目に、円は上下関係をつくらないスタイルです。いわゆる座席の序列がなく、全員が対等な立場で発言ができます。2つ目に、横の人と親密に話ができる上に、全員とアイコンタクトが取れます。コミュニケーションを活発にする効果があります。3つ目に、円だとメンバーのエネルギーが中心に集まりやすくなります。みんなで何かをつくりあげていくという、一体感が醸成されやすくなるのです。

　このように、円にはさまざまな力が秘められています。実際に、世界最高の意思決定の場、すなわち国連の安全保障理事会の会場も円でレイアウトされているのは、それなりの理由があるのです。

実践のヒント②

Q　オンラインでの話し合いでも場づくりは大切だと思いますが、どうしたらよいのでしょうか？

A　オンラインではみんなバラバラなところから参加しているため、物理的に場を共有することはできず、本当の意味での場づくりはできません。せめてできるのは、あたかも同じ場を共有しているような環境を用意することです。たとえば、1人ひとりの背景の画像を同じデザインにすれば、あたかも同じ部屋にいるようなムードになります。もう1つよくやるのが、ファシリテーション・グラフィックの共有です。Google Slidesのような共同編集できるドキュメントを画面共有して個人やグループの意見をどんどん書き込んでいくと、同じキャンバスを分かち合っている感覚になります。

覚えておきたい6つの基本レイアウト

多様なレイアウトを使いこなそう

　それでは、机やイスを使って、実際にどのようにレイアウトを使い分けていくのかを見ていくことにしましょう。

①教室（スクール）型

　学校形式ともいわれます。講演や講義、説明会やレクチャー、試験をするときによく使われます。小学校以来、私たちには最もなじみの深い空間配置であり、普段は何の違和感もなく受け入れています。

　しかしながら、お互いの顔が見えず、教える／教えられるなどの力の関係性が色濃く残り、受身になりやすくなります。また、理性の空間の典型であるため、余計な緊張感を持ち、硬い雰囲気になることもしばしばです。ときには対立を生み出す危険性もはらみます。会場によっては座席が固定されている場合もあり、動きが取りづらいのも難点です。

　教室型の硬い雰囲気を緩和するには、机を取り払って後述の「扇形」にするか、「バズ型」を途中で組み込むとよいでしょう。

②コの字型

　会議や研修で使われることが多い配置です。四辺を囲むと「口の字」となりますが、できれば一辺を開けて、そこにホワイトボードを置くようにします。教室型に比べると参加者同士が顔を合わせやすく、ファシリテーターが中に入っていきやすくなります。参加者との距離が縮まるので、お互いのコミュニケーションも取りやすくなります。

　ただ、難点もあります。少人数ならコンパクトに収まるのですが、大人数になると大きな空間を必要とします。そうなると、向かい側の人や一辺の端と端との距離が遠くなり、コミュニケーションが取りにくくなります。会議の場合では、発言できない人も増え、参加意欲が減退することになりかねません。

　そうならないよう、人数が多い場合は次の「島型」をお勧めします。あるいは、せめてコの字を二重にして、重要な人たちだけでも密度濃く話し合えるようにしましょう。

059

③島（アイランド）型

　机２〜３台を寄せて小さな島をつくる、ワークショップや研修でのグループワークではおなじみの配置です。メンバーは顔をつき合わせて意見交換や意思決定ができるため、少人数で協働作業を行うのには最適です。

　島型で気をつけたいのは１グループあたりの人数と距離です。お勧めは５〜６人ぐらいで、多すぎるとメンバーの参加度が下がってきます。机が大きすぎると議論が散漫になりがちで、そういうときは島をつくる机の数を減らすようにします。

　島型は、教室型よりかなり広い空間を必要とし、収容人数も限定されるのが難点です。座る場所によっては正面が見づらくなる人も出てきてしまうので、死角が発生しないような配置を心がけましょう。準備や後片づけも大変ですので、段取りは入念に計画してください。

④扇（劇場・シアター）型

　ここからは、机を使わずイスのみで行う配置です。教室型から机を抜いた形で配置されるのが扇（劇場・シアター）型で、正面に向かって扇のように左右に広がった形を取ります。参加者の一体感を醸成することを狙うのであれば、イスの配置は、正面に対して間口を広く、奥行きを狭く配置するのがポイントです。ワークショップのオープニングや全体での振り返りの際に使用することが多いレイアウトです。

　最大の特徴は、収容人数を格段に増やすことができる点です。また、机がないために、参加者はメモを取ることよりも、ファシリテーターの振る舞いやプレゼンテーションに意識が集中しやすくなります。扇の要にファシリテーターが立つことで、場をコントロールしやすい配置です。加えて、前後左右の人とちょっとした会話を交わすこともでき、臨機応変なプログラム展開が可能です。

⑤バズ型

　バズとは、ハチがブンブン鳴らす羽音にたとえて、人々がワイワイガヤガヤと話している音からきた呼び名です。イスを寄せ合って、少人数で小さな円陣を組む、扇形よりもさらに分散した、くだけたムードの配置です。ちょっとした短時間の意見交換やおしゃべり的要素を組み込むのに適しています。

図2-10 ｜ 6つのレイアウト例

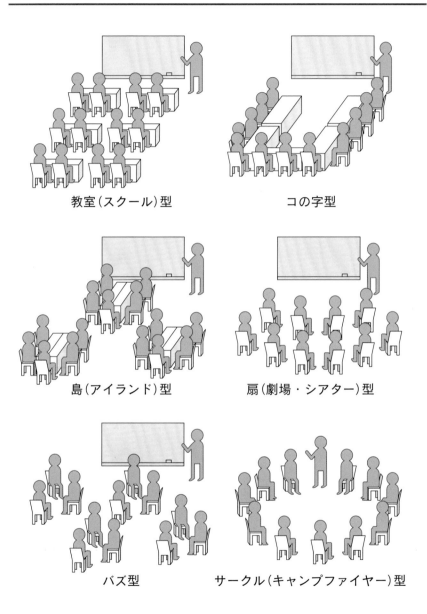

教室（スクール）型

コの字型

島（アイランド）型

扇（劇場・シアター）型

バズ型

サークル（キャンプファイヤー）型

また、移動が比較的容易なため、グループを次々に組み替えることもしやすくなります。多くの参加者との交流を深めながら意見交換をするには最適の配置となります。ただし、広めの会場で行うバズ型では、参加者が会場内に広がりすぎてファシリテーターの指示が届かなくなる恐れがありますので、注意してください。

⑥サークル（キャンプファイヤー）型

　まさに、「円」のスタイルの代表格です。キャンプファイヤーのサークルのように円形にイスを並べます。参加者がお互いの視線を合わせやすく、議論に意識が集中しやすい特徴があります。また、円（輪）を使ったアイスブレイクの流れとも連動しやすく、参加者の熱を冷ますことなく一体感を醸成できます。あわせて、ファシリテーターが中央に立てば、メンバー全員と同じ距離を保つことができるメリットもあります。

　しかし、これも円が大きくなりすぎるとコミュニケーションが取りにくくなるので、そのときは二重の円にするなどの工夫も考えていきましょう。また、扇形やバズ型とも共通するのですが、思い切ってイスをなくして床に座るというやり方も覚えておくと重宝します。

複数のレイアウトを組み合わせる

　これらを一通り使いこなせるようになったら、いくつか組み合わせて使ってみましょう。

　たとえば、パネルディスカッションで、パネラー側の配置を半円にし、参加者側を扇形にします。全体を俯瞰すればほぼサークル型となり、双方が議論に集中しやすくなります。

　また、商品説明会で意見交換を活発にさせたいのであれば、説明側は緩やかな半円、参加者側を島型もしくはバズ型に配置し、参加者同士が話しやすく、双方の垣根を取り払う工夫をします。

　このように、机とイスの配置1つでいろいろな場面を設定することができます。心理的な距離によってその場の雰囲気が決まってきますので、さまざまな効果を考えながら最適な空間を設計していってください。

図 2-11 | 6つのレイアウトの効果と弱点

類型	活用場面	効果	弱点	改善方法と注意事項
①教室型(机、イス)	授業、講義、講演、説明会、試験など	・緊張感を与えられる	・お互いの顔が見えない ・受身になりやすい ・雰囲気が硬くなる ・力関係が残る ・対立を生みやすい ・固定席では動きにくい	・机を取り払って「扇型」へ ・参加者の動きを「バズ型」へ
②コの字型(机、イス)	会議、研修	・顔を合わせやすくなる ・距離が縮まる	・大人数では大空間が必要 ・大きな配置ではコミュニケーションが取れない	・参加意欲を高めるために「島型」へ
③島型(机、イス)	研修、ワークショップ	・情報交換しやすい ・意思決定しやすい	・1グループの人数が多いと参加性が弱まる ・広い空間が必要となる ・収容人数が限定される ・準備などに手間がかかる	・1グループは5人ぐらいで ・死角が発生しないように配置する ・段取りは入念に
④扇型(イス)	研修、ワークショップ	・収容人数が増やせる ・距離感が近くなる ・参加者の意識を集中させやすい ・臨機応変に使える	・メモを取りにくい	・間口を広く、奥行きを狭く配置する ・死角が発生しないように配置する ・思い切ってイスをなくし床に座る
⑤バズ型(イス)	研修、ワークショップ	・手軽に使える ・議論に集中できる ・移動が容易	・広がりすぎると声が届かなくなる	・コンパクトな配置にする ・思い切ってイスをなくし床に座る
⑥サークル型(イス)	研修、ワークショップ	・視線を合わせやすい ・議論に集中できる ・一体感を醸成しやすい	・大きくなりすぎるとコミュニケーションが取りにくい	・二重の円の配置を使う ・思い切ってイスをなくし床に座る

2 物理的なスペースづくり

場づくりで話し合いを盛り上げる

空間の演出方法あれこれ

　空間を演出するのは、机とイスだけではありません。さまざまな小道具も有効に活用していきたいものです。

①掲示物

　その日のグラウンドルールやスケジュールを貼り出せば、参加者への意識づけになります。以前の会議やワークショップの記録を掲示しておくと、早目に来た参加者にとっては振り返りにもなります。

②音楽

　和やかさや高揚感を演出するためにBGMは欠かせません。始まる前や休憩時間に流すと自然に雑談が始まり、和やかなムードになります。選曲は、参加者の気が散らない程度のインストゥルメンタル系がお勧めで、日頃からチェックしておきましょう。あわせて動画やスライドショーを流す手もあります。

③飲食物

　飴やお菓子を食べたり、お茶を飲みながらの議論は楽しさと気楽さを演出し、場を活性化してくれます。ときには軽いアルコールを入れてもよいかもしれませんが、くれぐれも飲みすぎないように。

図 2-12 ｜空間演出の小道具たち

臨機応変に状況に対応していく

　活動環境のデザインは、最初にやったら終わりではありません。チームの状況に応じて変えるのはもちろん、場のコントロールを通じて、参加者の心理をコントロールすることもできます。その際に、空間配置だけではなく、アクティビティ、グループサイズ、小道具などをあわせて使うと効果的です。

①落ち着かないとき

- ・パーテーションで仕切って空間を狭くする
- ・照明を少し暗めにする、一部照明を消す
- ・窓を閉める、ブラインドを下ろす
- ・深呼吸をしてもらう、何かを書かせる
- ・お香を焚いてみる、合図の音を鳴らす

②緊張しているとき

- ・机やイスを取り払ってみる、床に座らせる
- ・自由に座らせる、みんなでレイアウトを変更する
- ・穏やかな音楽を流す、動画やスライドショーを流す
- ・飴やお茶を勧める、雑談させる
- ・身体を動かしてみる、上着を脱がせる

③眠そうなとき

- ・窓を開放して空気を入れ替える、ブラインドを上げる
- ・軽快な音楽を入れる、大きな物音をさせる
- ・休憩を入れてリフレッシュする、部屋から一度退出させる
- ・バズ（セッション）を入れてみる、一言ずつしゃべらせる
- ・グループを組み替えてみる、レイアウトを変更する

　いきなりやる勇気がないときは、「居心地はいかがですか？」と、思い切って今の心境を尋ねてみましょう。その上でやれば大きく外すことはないはずです。いずれの場合にせよ、常に1人ひとりの態度や様子をつぶさに観察して、フォローするような臨機応変さが求められます。

場はドンドン転換される

　あるいは、最初から意図的に場面の転換をデザインしておく場合もあります。

たとえば、次のような流れです。伝える、交流する、発散する、収束する、分かち合うなど、目的に応じた配置にドンドン組み替えていくのです。

序盤：バズ型　…メンバー同士の自己紹介と関係性づくり
　　　↓
中盤：島　型　…グループ単位でアイデア出しからまとめまで
　　　↓
終盤：扇　型　…全員で結果を分かち合い、活動を振り返る

　なかには「面倒だ」「とても1人ではできない」と思われる方もいるかもしれません。そんなときは、設営から場面転換、さらに最後の後片づけまで、手伝ってもらうのも1つの手です。運営側が助かるのはもちろん、場の変化にも気づきやすくなります。身体を動かすことによって体も気持ちもほぐれ、協働作業を通じて、関係を深めるのにも一役買います。遠慮することなく、場面転換をプログラムに組み込むことを考えてみてください。

図 2-13｜みんなで場面転換

第3章

技術編①

3

関係性を築く「会話」

何がチームの
土台になるのか

▰ チームづくりは知り合うことから始まる

チーム・ビルディングは、チームメンバー同士の関係づくりから始まります。人間は機械ではないので、互いのことをよく知らないとうまく連携ができません。良好な関係性があるほうが、気まずい仲よりも仕事がはかどるのは、誰もが経験することです。関係性はあらゆる活動の土台となる一番大切なものです。

その出発点となるのが、互いを知り合うことです。初対面のときなら、名前や所属などのオフィシャルな情報から、趣味や家族構成などのプライベートな情報までをやりとりして、互いがどんな人かを分かち合うようにします。

ある程度知り合った仲でも、ほとんど相手のことを知らない場合が多いものです。実際、研修の中で「上司について、知っていることを書き出してください」とお願いしても、ほとんど書けない人が続出します。ましてや、相手や仕事に対してどんな思いを持っているかは、ほとんど分かっていません。

ジョハリの窓と呼ばれる著名なフレームワークがあります（P115）。自己と他者の関係を、自分の心の中を、自分が知っている

図 3-1 | ジョハリの窓

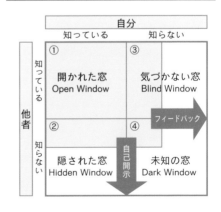

／いない、他人が知っている／いないで区分けして考えるモデルです。

　普段は、名前や性別など、自分も他者も知っている領域（開かれた窓）でおつき合いしています。一方、過去の失敗や仕事への不安など、自分は知っているが他者も知らない、つまり打ち明けていない領域（隠された窓）があります。

　逆に、印象や評判など、自分は知らないが他者は知っている領域（気づかない窓）があります。さらに、自分も他者も知らない領域（未知の窓）もあります。

　自分は他者に積極的に自分のことを話し、他者に素直に自分のことを話してもらう。そうやって、自己開示とフィードバックを進めることで、窓がどんどん広がっていきます。ここの面積がまさしく関係性の深さのバロメーターになります。

▚ ポイントを押さえれば効率的に知り合える

　とはいえ、相手のすべてを知ろうとすると、時間がいくらあっても足りません。いくつかポイントがあり、そこを重点的に攻めれば効率的に関係づくりを進めることができます。

①興味や関心がどこにあるか

　何かことを始めるときは、ちょっとした興味や関心が出発点となります。物事を判断する際にも、「この先どうなるんだろう」「面白そうだ」といった気持ちが、少なからず影響を与えます。その人を理解しようと思ったら、興味や関心を知るのが手っ取り早い方法の１つです。相手にしても、興味や関心を分かってもらうと、親近感を覚えるようになります。

②行動の原理原則は何か

　たとえば、「損か得か」という功利的な観点で物事を見がちな人もいれば、人や社会として「善か悪か」で判断しようとする規範的な人もいます。あるいは、「好きか嫌いか」「快か不快か」を最優先する感情的な人も少なくありません。これらは個性の違いであって、どれが正しいというものではありません。相手の行動を理解する助けになり、つきあいを深める上で大いに参考になります。

③やる気のスイッチがどこにあるか

　人に喜ばれることを目指して頑張る人、挑戦的な課題でなければ闘志が湧い

てこない人、才能を発揮することに喜びを見出す人…。独創性、管理、奉仕、熟達など、動機づけの要因は人それぞれです。これも良い悪いはなく、個性の違いであり、一生通じて大きく変わらないものです。モチベーションの種には、元気なチームをつくるヒントが隠れています。

④持ち味はどこにあるか

「Aさんは数字に強い」「Bさんは仕事が速い」といったように、人それぞれ持ち味があります。得意なこと、長けていること、苦も無くできることといった強みを持っています。具体的には、情報、知識、能力、経験、権限、やる気、興味、関係、ネットワークなどです。これらはチームの中でユニークであればそれでよく、外の人と比べても仕方ありません。また、案外自分の持ち味に気づいていない人も多く、他者から指摘されて気づくこともよくあります。

⑤どんな思いを抱いているか

特に、ある程度互いのことを知っている仲であれば、普段あまり話さないホンネ、つまり仕事やメンバーに対する思い、違和感、わだかまり、腹落ちしない事柄などを分かち合うことが大事になります。後のステップで役立つだけではなく、「互いの秘密を打ち明け合った」「悩みを聞いてもらってスッキリした」といった行為を通して関係性が深まっていきます。

▰ 前提を共有しないと協働できない

関係性を築くのにもう1つ大切なことがあります。仕事や活動の前提となる知識や情報を共有することです。それができていないと、コミュニケーションがギクシャクするだけではなく、チーム全員が同じ土俵に立って考えられるようになりません。

私たちを取り巻く状況はどうなっているのか、自分たちが置かれた環境やそれに対する認識を語り合うことが大事です。社会トレンドや競合環境などチームを取り巻く外部の話もあれば、チームの目標・能力・業績や互いの仕事の内容などのチームそのものに関する話もあります。互いに知っている情報を持ち寄り、足らない場合は調査データや事実などを外から持ち込み、言葉を使ってリアルなやりとりをすることが大切です。

そもそも、必要な情報がなくては、与えられた権限（裁量）が行使できません。権限のないところに責任は発生しません。つまり、情報、権限、責任は一体のものであり、すべてセットで分かち合うことで、チームの自律性が高まっていきます。

また、人は同じ情報（事実）を持てば、同じような考えや気持ちを抱きます。知識・情報の共有化は、考え方のみな

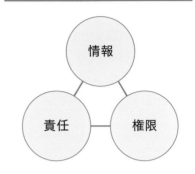

図 3-2｜自律の3つの要素

情報

責任　権限

らず、やる気や危機感の共有にもつながります。逆にいえば、知識や情報の格差が問題意識の差を生み、ひいては取り組みに対するモチベーションの差を生むのです。

実際に、自律型経営を標榜している会社では、経営方針説明会、全社会議、社内報やウェブサイトなど、ありとあらゆる手段を使ってトップから現場まで、同じ情報を分かち合うようにしています。経営情報を洗いざらいメンバーに開示し、経営の透明性を高めることで士気を高める「オープンブックマネジメント」は、この考え方を進化させたものです。ティール組織をはじめとする自律分散型組織においても、情報共有は最重要な活動の1つとなっています。

こんな話をすると、「オープンにして大丈夫か」と心配する人もいるかもしれません。これこそ、権限を振り回す政治的な道具に情報を活用してきたなごりです。先ほど述べたように、情報を渡せば責任が生まれ、情報を軽んじることができなくなります。そんな心配は必要ないはずです。

それに、腹を据えて極秘情報を開示すれば、受け取ったほうは「そんなに信頼してくれていたのか」と、おろそかにできなくなります。それどころか、「そこまでしないといけない大変な状況なのか」と危機感を高めることにつながります。ここぞというところで重要な情報を腹心に開示するというのは、優れたリーダーがよく使う人心掌握術の1つです。案ずるより産むが易し、メンバーを信じてやってみてください。

会話のスキルを
身につける

══ 効果的な会話のための5つのポイント

　互いが持つ情報や思いを伝え合うのが会話です。考え方をぶつけ合うことも
なければ、合意点を見出す必要もありません。交流・共有のための話し合いが
会話です。うまく進めるには、リラックスしたムードの中、自由に語り合い、
受け止め合うことが大切です。以下の点に留意して進めるのがよく、話し合い
のルールとして定めておくのも一法です。

①年齢や肩書きを忘れて、対等な関係で話をする

　立場や役割を忘れないと、自由な情報交換も分かち合いも難しくなります。
年齢や肩書きといった社会的な序列（ランク）を会話に持ち込むと、知らず知ら
ずのうちに自分の考えを押しつけたり、相手が遠慮なく話せなくなったりしま
す。一方、自分の肩書き、役割、専門分野などにとらわれてしまうと、素直に
気持ちを表せなくなり、立場と立場がぶつかり合うようになります。一度そう
いったものは横において、生身の人間同士として話し合いをするように努めま
しょう。

②互いの話をよく聴いて受け止め、共感し合う

　相手を尊重するのは話し合いの基本中の基本です。それは、話された内容は
もちろん、気持ちを分かち合う「共感」から始まります。そのためには、いきな
り「話し合う」のではなく、互いの話をみんなが「聴き合う」場をつくることです。
声が大きくて語りが長い独演会タイプ、上から目線で人の話をロクに聴かずに
決めつける人、いちいち話に割って何か言いたがる入りたがるコメント魔とい

った問題児にならないよう、互いに気をつけなければいけません。

③思ったことを素直に出し合って、ホンネで語る

　社交辞令も互いの関係性を高めるのに役立ちますが、ここでやるのはチームを強くするための会話です。腹を割ってホンネを語り合わないと、本当の意味での関係づくりはできません。後述するように、ホンネの出し方にはちょっとしたコツがありますが、うまく分かち合えれば目に見えて関係性が変化します。相手への配慮はしながらも、なるべくオープンでストレートに。みんな「天然」になって、何でも言える関係づくりを目指します。

④自由な会話を楽しみ、真剣に話しすぎないように

　ホンネで会話することは大切ですが、遊び心をあわせもち、連想ゲームのように話題をつなぎ、話し合いそのものを楽しむ気持ちを忘れないようにしましょう。自分の考えを通すための議論は禁物です。会話とは互いの思いを受け止め合うキャッチボールのようなものです。真剣になりすぎると、相手をやっつけるドッヂボールになりかねません。過度の摩擦や対立は場を白けさせてしまいます。

⑤無理に話をまとめたり、決めつけたりしない

　会話は交流のための話し合いであり、無理に結論をまとめる必要はありません。勝ち負けをつけたり、合意点を強引に見出すこともやめましょう。会議の進行の慣れた方が、落としどころを最初から決めつけ、そこに向けて仕切る、というのもよくある構図ですが、それも会話の妨げになります。まずは、互いの考えや思いを「なるほど、そう思うんだ」と共有することに全力を注ぐようにします。

▬会話の基本となる傾聴のスキルを習得する

　自分の思いや持っている情報を伝え合う会話で最も大切なのは、話すことではなく聴くことです。互いの話をしっかりと聴き合うのが会話だと思ってください。

　単に相手の話をフムフムと耳で聞き流しているだけ（ヒアリング）ではいけません。体から相手に向き合い、目を軽く合わせ、相手を分かろうと思って、真

073

剣に話を聴くようにします。こういった能動的な聴き方を「積極的傾聴」（アクティブリスニング）と呼びます。いわば、耳ではなく心で聴くのです。

そのためには、いったんは自分が話すことを手放さないといけません。そうしないと、意識が自分の考えに向いて、相手に向かなくなるからです。「なぜそうなんだろう？」と分析したり、「それは変だよ」と評価や判断をしたりするのも、とりあえずおいておきましょう。「なるほど、そうなんだ」とそのまま受け止める、共感的な聴き方が求められます。

ときどき勘違いする人がいるのですが、「可哀そうに…」というのは同情であって共感ではありません。「私もそうだよ」というのも、同感であって共感ではありません。共感とは相手の心の中にあるのと同じものが、そっくりそのまま自分の心の中にある状態です。それができたときに、通じ合った感じが得られるわけです。

傾聴をうまくやるためのコツは、相手に興味や関心を持つことです。「相手のことは分かっている」という思い込みを捨てて、「どういう人なの？」「何が出てくるのかな？」と好奇心を持てば自然と積極的に聴く態度になります。

相手自身に興味が持てなければ、相手が話していることに対してでもOKです。「そのことはよく知っている」「どうせ〇〇の話だろ」という思い込みを捨てれば、好奇心が湧いてくるはずです。

リアクションの仕方に気持ちが表れる

いくら興味を持って真面目に聴いていても、その気持ちが相手に伝わらなければ意味がありません。何もリアクションがなく無反応のままでは、相手は不安になります。

逆に、話に応じて力強くうなづけば、相手は受け止めてもらえた感じがします。「へぇ〜」「なるほど」「それで？」と相槌を打って興味や関心を示し、「〇〇と思っているんだね」とポイントを返せば、確かに受け止めたことが伝わります。会話が盛り上がるかどうかは、リアクションにかかっています。

「それはすごい！」「よかったね」と大げさに褒めるのも会話を弾ませるのに効果的です（ただし、口調に注意しないと評価につながるので要注意）。ポジティ

ブなフィードバックを受けると、その行動が強化されるからです。

　特にオンラインでの話し合いはリアクションが薄くなりがちなので、気をつけないといけません。相槌を返すと声がかぶってしまい、アイコンタクトも使いづらいので、大きくうなづくのが最も効果的です。普段の２倍増しくらいで力強くうなづくようにしましょう。OKサインを送るなど、手の動作をつけるとさらによしです。

図 3-3 ｜ リアクション

```
┌─────────────────────────────────────────────┐
│  言葉によるリアクション                        │
│                                               │
│  ・共感を示す相槌      「そうなんだ」「それもあるよね」 │
│  ・関心を示す相槌      「へえ」「なるほど」「知らなかった」 │
│  ・次の話を促す相槌    「それで？」「ということは？」   │
│  ・語尾を繰り返す相槌  「〇〇なんだ・・・」          │
│  ・話をまとめる相槌    「要は〇〇なのね」           │
└─────────────────────────────────────────────┘

┌─────────────────────────────────────────────┐
│  態度によるリアクション                        │
│                                               │
│  ・目線：アイコンタクト（回数、時間、パワー・・・）  │
│  ・動作：うなづき、首（頭）、手、仕草・・・         │
│  ・態度：体の角度、距離、ポジション・・・           │
└─────────────────────────────────────────────┘
```

　ただし、相手の様子をよく観察してやらないと、的外れになってしまいます。下手をすると「え、そこ？」「ちゃんと聴いていた？」となって、かえって会話に水を差してしまいます。

　相手のメッセージは言葉だけではなく、目、声、体など全身からあふれ出ています。言葉に表れない「心の声」を非言語メッセージや場のムードから心の声を見つけ出すことも大切です。また、ホンネを引き出す際も、相手の反応を読みながらやらないと、思わぬ地雷を踏む恐れがあります。いわゆる「空気を読む」というのも、円滑に会話を進めるための重要なスキルです。

　場を読む力は、良好な関係を築くのに欠かせないものの１つです。チーム・ビルディング全体に関わる話であり、第７章で詳しく述べることにします。

関係性を築くための問い

個性を問う　〜どんな人がここに集まっているのか？

　関係性を築くにはどんな話し合いをしたらよいでしょうか。思いつくままに雑談していては、時間がいくらあっても足らず、思うように話が深まらない恐れもあります。少し的を絞ったほうが話しやすく、そのほうがポイントを押さえた会話ができます。

　ここからは、そのための会話のテーマを紹介していきます。あくまでも例であり、自分なりにアレンジして使ってもらえればうれしいです。複数をつなげるときは、身近なテーマから始めて、徐々にホンネに迫るようにしましょう。

持ち味を問う

　あなたはどんな人ですか？　何が得意（苦手）で何にこだわりをもって仕事をされていますか？

　1人ひとりの個性を語り合うときの問いですが、いきなりどんな人かと問われても話しづらいので、少しブレイクダウンしたのが2つ目の問いです。得意なことを問われて答えづらければ、苦も無くできること、やっていて楽しいこと、やる気になることなどに言い換えてもかまいません。また、こだわりにはその人の価値観が反映されており、見逃せないポイントです。

原点を問う

> なぜ、あなたはここにいるのでしょうか？　あなたが○○を始めた（チームに入った）とき、どんな印象を持ち、どんな期待を抱いていましたか？

　原点を見つめ直す問いで、そもそもどんな思いで始めたのかを語ってもらいます。何事でも、最初の印象（驚き、とまどい、発見など）や期待には、偽らざるストレートな気持ちが隠れています。ここにいることが不本意な方がいる場合は、後半の問いを使うとうまくいきます。

経験を問う

> あなたはこれまでどんな道のりを歩んできましたか？　あなたの今までの人生の中で、最高に輝いていたときは、いつどんなときですか？

　道のりとは経緯、背景、キッカケ、理由などを意味します。これらを語れば、原点に立ち返って考えることができます。その人の立ち位置や関わり方のもとになっているものも見え、どんな世界を観ているのかが多少なりとも分かるようになります。後半は、ハイポイントインタビュー（P89）でよく用いられる問いで、最高の体験には話し手の人柄や価値観がよく表れています。

自己認識を問う

> あなたは自分をどんな人だと思いますか？　どんな人だと他者から思われていると思いますか？　それに対してどう思いますか？

　自分が思う自分と、他者が思う自分は必ずしも一致しません。両者をつきあわせることで、その人が立体的に見えてきます。本章の冒頭で述べた「ジョハリの窓」の応用です。ある程度見知った仲であれば、他者からの視点については、その場で他者から指摘してもらうと、意外な発見につながります。

077

状況を問う　〜私たちを取り巻く状況はどうなっているのか？

　自分たちを取り巻く状況に関する情報を共有するといっても漠然としすぎていて、何から手をつけてよいかよく分かりません。２つの軸に展開すると扱いやすくなります。１つは空間軸であり、自分たちの外の話か内の話かです。もう１つが時間軸で、過去、現在、未来、どの時点の話かです。これら２つの軸で考えれば、ヌケモレなく網羅的な情報共有がしやすくなります。

外部環境を問う

　　私たちの活動に外から影響を与えているものや、これから影響が見逃せなく
　　なるものは何でしょうか？　何が追い風となり何が向かい風となっています
　　か？　その中で何がどう変わりつつありますか？

　事業や活動を取り巻く要因を的確にとらえることは、今後のチームを考える上での出発点になります。現在影響があるものだけではなく、未来を見据えて外部要因を洗い出すことを忘れてはいけません。

　追い風とはチャンス（機会）、向かい風とはピンチ（脅威）となる外部トレンドを意味します。さらに、市場環境やお客様のニーズなどの「変化の兆し」をつかまえることが大事です。単にマクロな情報を分析するのではなく、環境変化に近い現場の人が肌で感じている直感や洞察を活かしたいところです。

内部資源を問う

　　私たちはどのような資源（リソース）があり、何をどのようにやりくりして事
　　業や活動を行っていますか？　どんな強みと弱みをもっていると思っていま
　　すか？

　さまざまな資源をやりくりして私たちは活動をしています。ヒト・モノ・カネのように目に見えるものもあれば、情報、スキル、関係性といった目に見え

ないものもあります。それらを洗いざらいテーブルの上に並べてみると、チームの姿を俯瞰的に見ることができます。なかでも強みと弱みは押さえておくべき重要なポイントです。ただし、両者は客観的なものではなく、何を強みや弱みと認識しているか、という主観的なものです。

過去を問う

> 過去○○年間、私たちの周りで起こった見逃せない重要な出来事にどんなものがあるでしょうか？　それにつれて、私たちはどのように変わってきましたか？

　ベテランと新人など、経験年数が異なるメンバーが1つのチームに混在することがあり、チームがまとまりづらい原因の1つとなります。経験年数の違いをすべて埋めることはできませんが、今に至る経緯や歴史を知ることで、なぜこのようなチームになったのか、どうしてこんなやり方をしているのか、現在の姿への理解が進みます。成功や失敗の体験を語り合えば、歴史の教訓を分かち合うこともできます。

現在・未来を問う

> 今私たちにどんなことが求められていますか？　どんなニーズや期待に応えたいと思っていますか？　どんな制約条件のもとで実現しないといけないのでしょうか？

　意外に認識がずれているのが、こういった活動の枠組みに関する話です。チームに課せられた役割、目標、達成すべき課題、活動の手順などがずれているとメンバーの足並みがそろいません。どこまで資源を使ってよいのか、何が許されて何が許されないのか、活動の制約条件や守るべきルールなども共有すべき大切な前提となります。最終的には、これらの話をインプットした上で、次のステップでチームのビジョンなどを話し合っていくことになります。

079

心理を問う　〜今、何を思って活動をしているのか？

　互いの人となりを知り、前提となる情報が共有できたら、いよいよチームや仕事に対する思いを語り合っていくことになります。ここで、何かに忖度して遠慮したり、優等生の話でお茶を濁しても仕方ありません。1人ひとりがホンネをぶつけ合うことが重要です。そのための工夫が以下の問いには散りばめられています。

　とはいえ、問いの力だけでホンネが引き出せるわけではなく、みんなが安心して話せるようなムードや関係性をつくることがファシリテーターに求められます。詳しくは第4章（P158）で説明します。

心情を問う

　今の自分（チーム）に対して、どのように感じていますか？　その中であなたは何を思って活動をしていますか？

　今の認識を問うストレートな問いです。答えにくいようなら、最初に「今のチームのワクワク度は何％だと思いますか？」といった具合に、定量的な問いから始めてみてください。その上で、「なぜ、その数字なの？」と問いかけていきます。あるいは、「ワクワク」「モヤモヤ」といった言葉を書いたカードを並べておいて、自分の気持ちに最も近いものを選んでもらってから説明するという方法も効果的です。

違和感を問う

　仕事やチームに関して疑問に思っていることや違和感を覚えることは何ですか？　モヤモヤを感じていることがあるとすれば、何でしょうか？

　あからさまに不平不満を述べたり、問題点を言い立てるのがためらわれる場面で使うとよい問いです。疑問、違和感、モヤモヤであれば比較的気軽に挙げ

られます。きっとそこにホンネが見え隠れしているはずです。それをどう引っ張り出すかはファシリテーターの力量にかかっています。調子に乗ってしゃべってしまった正直者が馬鹿を見ないよう、みんなをうまくそそのかしていきましょう。

出来事を問う

最近、組織（チーム）の中で起こった気になる出来事は何でしょうか？　なぜそれが気になったのでしょうか？　それはどんなことを意味していますか？

これもメンバーのガードが高いときに効果がある問いです。考えていること（思考）や感じていること（感情）よりも、起こったこと（事実）や体験したこと（経験）のほうが話しやすく、それを手がかりにしてホンネを引き出していきます。本人も気づいていないことが少なくなく、順番に語っているうちに気づいたり、他の人から指摘されたりすることがよくあります。

願望を問う

あなたが思い描く理想のチームとはどんなものですか？　それは今のチームと何が違うでしょうか？　もし、どんな願いごとでもかなうとしたら、自分やチームに対して何を望みたいと思いますか？

仕事やチームへの思いを理想と現実とのギャップであぶり出そうという作戦です。理想のチームの姿を説明しづらい場合は、具体例（例：Googleのような）や比喩（例：ジャズバンドのような）を使うのも手です。3つ目の問いは、すべての制約をはずして自由に考えるためのものであり、ミラクルクエスチョン（奇跡の質問）と呼びます。普段は言えないホンネや潜在的な願望を引き出すのに役に立つ問いです。

関係性を築くための
アクティビティ

▰ 互いの人となりを知り合う技法（12種）

　アイスブレイクと呼ばれる、メンバー同士がお互いのことを知り合い、打ち解け合うために使われるアクティビティを紹介していきます。最初に、どのような場面や対象者でも使える、汎用性の高い技法を取り上げます。気軽な自己紹介や情報交換をするものばかりであり、特に初対面のときに役立ちます。

●チェックイン　　　　　　　　　　（人数無制限、所要時間10分、準備物なし）

　会議が始まる前に気軽に行える代表的なアイスブレイクです。1人ずつ順番に、最近身近にあった話題（Good & New）や気になるニュースなどを1分程度で話していきます。テーマは何でもよく、通常はファシリテーターがテーマを提示します。その後の議題とのつながりを考えるのもよいでしょう。

　あくまでも話し始めのきっかけをつくることが目的ですので、それぞれの話を全員が否定することなく受け止めます。内容を深掘りする必要はなく、あっさりとした進行のほうがリズムも出てきます。気負うことなく、進めていくことが何よりも大事です。

　気恥ずかしそうな人や慣れてない人に対しては、さりげなく「たとえば○○なことはどうですか？」などと質問をして、発言を促すとよいでしょう。1人の発言が終わるたびに全員で拍手をすると、その場の一体感が醸成されやすくなります。話の長い人がいるようなら、ファシリテーターが最初に見本を示して長くなりすぎないように誘導します。

リアルでもオンラインでもでき、前者ではコの字型かサークル型が、お互いの顔が見えてやりやすいでしょう。お茶や飴などを飲んだり食べたりしながら行うと、気楽な場としての演出効果が高まります。話す順番を決める、話したい人から話す、話し終わった人が次を指名するなど、進め方もいろいろです。

　そして、終了後にも同じような場を**チェックアウト**として持ち、感想や言い残したことを語ってもらうようにしましょう。振り返りを通じて、お互いの気持ちや感情の交流が深まり、チームの力が高まってきます。

図3-4 ｜ チェックインや自己紹介のネタ（例）

私のニックネームは？	今日の私の取説は？	今の気分を一言
最近あった出来事は？	Good&Newな話題は？	○○になれば私は……
私のマイブームは？	お勧めの○○は何？	子供の頃の私は？
今日、何を期待する？	○○の思い出は何？	私のお気に入りは？
「実は私……」で一言	○○と聞いて一言	いつも家では？
私を○○に例えると？	私のあこがれの○○は？	今日なぜここに？
私の好きな○○は？	今言っておきたいこと	最近の○○話を1つ

何をしている時が一番楽しい？	いつも朝ごはんに何を食べる？
1人で過ごしたいのはどんな時？	今お勧めのグルメは何？
なかなか捨てられないものは？	最近撮ったベストショットは？
生まれ変わるとしたら何がいい？	子どもの頃好きだった遊びは？
1つだけ願いがかなうとしたら？	小さい頃にあこがれた職業は？
性別が変わったら、何をしたい？	人生で1回やってみたいことは？
宝くじで10万円当たったら？	
明日、休みだったら何をする？	
一番行きたい所（会いたい人）は？	
仕事中の楽しみは何？	
嫌い（苦手）な科目は何？	
どうして今日はその服なの？	

●ひとこと自己紹介 （人数無制限、所要時間20分、付箋）

　大きめの付箋やＡ４の紙を１枚ずつ配り、①名前、②普段やっていること、③今日の気分といった具合に、そこに書き込むテーマをファシリテーターが告げてホワイトボードに書き出します。各自は、示された内容を付箋に記入し、書いた内容だけを自己紹介として順番に披露していきます。

　テーマを与えると、何を話してよいか分からない人でも、内容を考えやすくなります。話す内容を書き出したものに限定することによって、話しすぎる傾向のある人を抑える効果もあります（それでも長いようなら、ファシリテーターか次に紹介する人が順番にタイムキーパーをします）。

　３つ目以降のテーマを何に設定するかによって、自己紹介の幅が広がります。ここに、「今日期待すること」というテーマを設定すれば、その日の参加者のニーズを聞き出すことができます。

　たとえば、業務改革に関する会議なら「業務改革という言葉を聞いてイメージするものは？」といったように、後の話し合いのウォーミングアップをするようなテーマを持ってきてもよいでしょう。

図 3-5 │ ひとこと自己紹介

●私の取扱説明書　　　　　　（人数無制限、所要時間30分、紙と筆記具）

自分を家電製品のように見立て、自分の取扱説明書を作成します。項目としては以下のようなものがあります。

・商品の名称、機能、特徴など
・商品の上手な使い方、使用上の注意事項など
・「故障かな？」と思ったときの対処法など

その後、この取扱説明書を用いて自己紹介します。普段から顔なじみのメンバー同士であっても、意外に知らなかった１人ひとりの性分が見えてきて、互いのより深い理解につながります。大人数でやるのは時間的に厳しく、３〜６人の小グループでやるのが適当です。

●ウソ？ホント？　　　　　　（人数無制限、所要時間30分、紙と筆記具）

最初に４〜６人のグループをつくります。Ａ４の紙を配り、各人が自分のことについて４つの事実を箇条書きします。ただし、そのうちの１つには、まったくの嘘を書きます。どのような嘘を入れるかがミソです。

グループ内で各自がそのリストをもとに自己紹介し、他の人はその４つの中から嘘と思う内容を考えます。全員が自己紹介を終えた後、最初に自己紹介した人から順に、何が嘘だったかをみんなで話し合って当てていきます。最後にどれくらい当たったか、誰の嘘が見事だったかを振り返ります。

短時間で楽しく相手を知ることができ、共通点が見つかったり、見かけと真実のギャップを楽しんだりできます。

●漢字一文字　　　　　　　　（人数無制限、所要時間20分、紙と筆記具）

付箋を１枚ずつ配り、会議やワークショップを始めるにあたっての気持ちや終わった後の感想などを、漢字一文字で表します。順番にみんなの前で書いたものを見せて、なぜその漢字なのかを説明をしていきます。

毎年行われる「今年を表す漢字一文字」（日本漢字検定協会主催）のように、そのときの心境を漢字一文字に表すのです。そこには、書いた人の思いが凝縮され、キャラクターがにじみ出てきているはずです。

また、漢字一文字に表すことによって、発言が締まったものとなり、ダラダラとした進行になりません。最初のチェックインや終了時のチェックアウトの

際にあわせて使うと効果的です。漢字ではなく「絵で表すと？」「動物で表すと？」といったバリエーションもいろいろあります。

●他己紹介 　　　　　　　　　（人数無制限、所要時間30分、準備物なし）

　最初に知らない人同士でペアを組みます。片方が３～５分間ずつ自分自身のことや関心事などを話します。もう片方は、聞き手となってその話をしっかりと聴くことに徹します。このときにメモを取るのもかまいません。時間になったら交替して、同じ作業を繰り返します。

　両方のインタビューが終わったら、全員が車座になって座り、ペアごとに立ち上がって相手のことを１分ずつ紹介します。ペア同士がよく知り合えるだけではなく、他人から紹介されることでチームに溶け込みやすくなります。

図 3-6 ｜ 他己紹介

●ショー＆テル 　　　　　　　　（人数無制限、所要時間30分、発表素材）

　テーマを事前に告知しておき、それに関係する素材（商品、本、写真、記事など）を持ち寄り、見せながら自分の体験や考えを順番に述べていきます。みんなで戸外（現場）に出て、目に留まったものを拾ってきたり、写真に撮って見せ合うというやり方もできます。また、進行側で素材を多く用意しておいて、その中から参加者に選んでもらうというやり方でもOKです。

オンラインの場合は、自分が大切にしているもの、自慢の一品、一番古いもの、虹の7色のうちどれかの色のものなど、その場でテーマを告知して、1つ持ってきてもらいます。それを画面上で一斉に見せた後、1人ずつ順番に持ってきた物について説明してもらいます。

いわば**借り物競争**であり、皆がさまざまな場所から参加しているオンラインならではのアクティビティです。「これは何？」(P94)と組み合わせて、クイズにすることもできます。

●タイムライン　　　　　　　　　　（人数無制限、所要時間30分、紙と筆記具）

過去から現在までの自分（あるいはチーム）を図示して、これまで歩んできた道のりを共有しやすくするアクティビティです。たとえば、今までの人生を折れ線グラフで表してみましょう。好調なときをプラスに、不調なときをマイナスにして、年齢とともにどう変化したかを表すのです。大きく変動しているところには、転機となったトピックを記録します。書いたら互いに紹介し合います。

あるいは、働くスタイルや業務時間削減を考えるのであれば、1週間のカレンダーを描いて、1週間のうち何にどれくらいの時間を使っているかを記入すると、楽しみながら業務の棚卸しができます。

図3-7 ｜ タイムライン

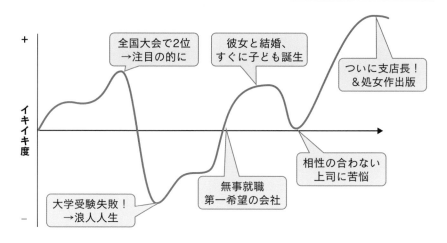

●ピクチャーカード 　　　　　　　（人数無制限、所要時間30分、写真カード）

　いろいろなものやシーンの写真を100〜200枚程度用意して、机や床の上に全部並べます。

　たとえば、「今のチームの気分は？」「今のチームはどれに近い？」と問いかけ、各自でそれを表していると思える写真を直感的に1枚選んでもらいます。その後で選んだ理由を語ってもらうと、豊かな言葉が飛び出してくると同時に、選んだ人の思いに共感できるようになります。発言しにくいテーマや感情や感覚がからむ話をするときに効果的です。

図 3-8 ｜ピクチャーカード

●カードゲーム 　　　　　　　　　（人数無制限、所要時間30分、カード）

　最近、コミュニケーションを促進するためのカードゲームがネットなどでたくさん販売されています。いずれも話すキッカケ（視点や切り口）を与えてくれるもので、手慣れたファシリテーターがいなくても、それなりに話が盛り上がるようにできています。ここではその草分け的存在である*カタルタ*（福元和人）を紹介しましょう。

　カタルタは語るためのカードセットです。そこには、「しかし」「そもそも」「もちろん」といった、話をつなぐ言葉が1つずつ書かれています。カードを引いたら、書かれた言葉を受けて、無理にでも話を続けなければなりません。そう

することで、強制的に視点を転換させ、秘めた発想力を引き出し、コミュニケーションを促進してくれます。自己紹介をはじめ、ちょっとした頭の体操、話し合いをする前のアイスブレイク、ブレーンストーミング（P108）などでの発想の転換に活用できます。

●バズ　　　　　　　　　　（人数無制限、所要時間10分、準備物なし）

　近くにいる人2〜3人でワイワイガヤガヤと自由に雑談をするのがバズです。蜂がブンブンとうなっている様子からこのように呼ばれています。

　大人数を前にして発言するのは勇気がいり、どうしてもあらたまった話になってしまいます。ところが、2〜3人なら気兼ねなく話せ、話をしているうちに自分が言いたかったことに気がついたり、話を聞いている間にひらめいたりすることもあります。雑談には、考えを深める大きな力が秘められているのです。

　使い方としては、何かテーマ（問い）を決めて、感じたことや思ったことを自由に語り合うというのが一般的です。あるいは、振り返りをバズで行うのもよいでしょう。バズは会議やワークショップのいろいろな局面で使え、バズをうまく組み込むことで、話し合いにアクセントをつけることができます。特に、大人数の話し合いでは欠かせないアクティビティです。

●ストーリーテリング　　　（人数無制限、所要時間30分、紙と筆記用具）

　人生の象徴的な出来事を物語のように語るのがストーリーテリングです。たとえば、「あなたが最高に輝いていたチーム体験は？」といったテーマで10〜20分体験談を語ってもらいます。語った後に、聞き手から感想やコメントを述べ、語り手も語って気づいたことを述べます。物語を共有することで深く相手を知ることにつながります。

　これを2人ペアになり、聞き手と話し手に分かれてインタビューし合うのが、組織開発でおなじみのハイポイント（ヒーロー）インタビューです。後述するアプリシエイティブ・インクワイアリー（P153）の手法の1つとして用いられています。

▬硬い雰囲気を和らげる技法（12種）

　話し合いの時間がゆっくりと取れないときや、短時間に打ち解けて、すぐに本題に入りたいようなときに使える技法です。ゲーム的要素を入れながらも、準備があまりいらず、体1つでできるものを選びました。

●手をたたこう　　　　　　　　　　（人数無制限、所要時間10分、準備物なし）

　ファシリテーターが指を1本立てたら、各自で手を1回たたいてもらいます。2本では2回といった具合に、ファシリテーターがリードしながら、みんながたたく拍手の数とタイミングが合うまでやります。ファシリテーターは少しずつ指を出すタイミングを早めていき、参加者の一体感を引き出します。ときおり、「馬の足の数は？」「クモの足は？」といった具合にクイズ形式で出してみると考える要素が入って面白くなるでしょう。

●勝てるかな、負けるかな　　　　　（人数無制限、所要時間10分、準備物なし）

　全員が立ち上がって、ファシリテーターとジャンケンをします。最初はファシリテーターが出したものに後出しで勝つようにします。次に、ファシリテーターが出したものに後出しで負けるようにします。

　慣れてきたところで、ファシリテーターから「次は勝ち」「次は負け」と指示をランダムに出し、その指示通りになるようにジャンケンをします。間違えた人はその場に座り、最後の1人になるまでやります。

　誰もが慣れ親しんでいるジャンケンを使っているので、初対面の人が多い場合や子どもがたくさんいる場合に使うと効果的です。

●連想ゲーム　　　　　　　　　　　（人数無制限、所要時間10分、準備物なし）

　発言する順番を決め、最初の人が頭に浮かんだ単語を1つ口にします。次の人がそれを聞いて連想したことを一言述べます。ここであまり考えてはいけません。ひらめいたことをすぐに口に出すようにします。そうやって、連想をつなげていき、テンポよく言葉がつながるまで繰り返します。慣れてきたら、反対に関連のない言葉をつなぐ逆連想ゲームをするのもよいでしょう。

●ワンワード　　　　　　　　　　（人数無制限、所要時間15分、準備物なし）

　たとえば、「チーム・ビルディング」といったように、ファシリテーターからテーマを投げかけます。各自は、チーム・ビルディングについて1つの言葉を連想して、思いついたことを付箋に書き出します。そして、1人ずつ順番にその言葉を紹介していきます。

　もう1つのやり方は、各自が一言（単語＋助詞、接続詞など）だけを順番に述べながら、1つのストーリーをみんなが即興でつくっていきます。

　このアイスブレイクでは、他人の話をよく聴いて受け入れることの重要性に気づかせてくれます。アドリブの力を養い、即興の面白さで場をほぐすことにもつながります。

●流れ星　　　　　　　　　　　（人数無制限、所要時間10分、紙と筆記用具）

　全員に紙を配り、ファシリテーターが話す言葉をその場で絵にしていきます。たとえば、「まず、流れ星を描いてください。次に、家を描いてください。そして、池を…」といった具合に、いくつかのモノや情景を示して描いていきます。途中での質問は一切受けつけません。

　できあがったら、メンバー同士で作品を見せ合います。同じ話をしてもずいぶんと絵の違いが現れているはずです。一方通行のコミュニケーションによって生まれる、受け手の多様性を感じることができます。

図 3-9 ｜ 流れ星

①流れ星が1つ落ちてきました。
②その星の下に家が建っています。
③家の前には池があり鳥が泳いでいます。
④玄関には日の丸の旗がかかっています。
⑤家の後ろには木が1本立っています。
⑥木のてっぺんのところに月が見えます。
⑦渡り鳥が数羽飛んでいます。

参考：星野欣生『人間関係づくりトレーニング』（金子書房）

●スノーフレーク　　　　　　　　（人数無制限、所要時間10分、A4程度の紙）

　全員に紙を配り、各自で2つ折りにします。その紙の一部を手でちぎってから、また2つ折りにします。この動作を3～4回繰り返したところで、全員が自分の紙を開き、できあがった作品を見比べます。同じ作業をしたはずなのに、できた形は人により異なってきます。これも多様性を学ぶことにつながるゲームです。後で、作品の違いを使ってグループ分けすることもできます。

図3-10 | スノーフレーク

●ここまでおいで　　　　　　　　　　（人数無制限、所要時間5分、準備物なし）

　ペアをつくって、向かい合わせになります。2人が近づけられるだけ近づき、どこまで近づけるかギリギリまで挑戦します。いきなりのことで戸惑う人も多く、近づけたりそうでなかったりするペアが生まれます。

　終わった後で、近づけたペアとそうでないペアのそれぞれに理由を聞きます。知り合いだったり、同性であったりすると近づけることが多いようですが、逆に、初対面であったり、異性であったりするとなかなか近づきにくいようです。

　そんなやり取りの中から、人との距離感の取り方や人とつながるきっかけといったことに気づくよう、ファシリテーターが橋渡しをしていきます。最後は、ほどよい距離になって握手して終わるとよいでしょう。

●背中でモジモジ　　　　　　（人数無制限、所要時間10分、準備物なし）

　初めての人同士でちょっとしたスキンシップを取りながら、簡単な自己紹介をすることができる技法です。大きな会場から座席が固定された動きの取りにくい会場まで幅広く使うことができるのが特徴です。

　ペアをつくって、親と子の役を決めます。最初に子が親に背中を向け、親は自分の苗字ではなく、名前をひらがなで子の背中に指で書きます。子は背中に書かれる感触からその名前を当てます。当たったら振り向いて相手と握手をして、親は簡単な自己紹介をします。

　次に親が子に背中を向け、子は同じことを繰り返します。以前からの顔見知り同士でも相手の下の名前は意外と知らないものです。相手の名前が分かった人はその場で手を挙げてもらい、その速さを競うと部屋全体が盛り上がります。

●漢字クイズ（書けるかな）　　　（人数無制限、所要時間10分、Ａ４程度の紙）

　全員に紙を配り、「カン」「コウ」「タイショウ」など何通りもの漢字で表せる言葉を１つ告げ、思いつく限り書き出してもらいます（２〜３分間）。書き終わったら、いくつ書けたか数を競います。個人で競ってもよいし、グループ対抗戦をやるのも楽しいです。あらかじめ答えを調べておいて、模範解答を提示する場合もあります。これを何回か繰り返し、頭をほぐすと同時に、場の緊張をほぐしていきます。「-mentで終わる単語」と英語版にすることもできます。

　こういった知識を問うクイズ（物知りクイズ）は、格好のアイスブレイクとなります。その日の話し合いのテーマにからめると、討議のウォーミングアップにもなります。

図 3-11 ｜ 漢字クイズ（書けるかな）の例

コ ウ										
校	高	鋼	公	江	耕	甲	好	候	功	鉱
抗	項	黄	講	興	考	交	香	港	洪	行
侯	攻	稿	工	効	硬	厚	孝	紅	仰	光
航	幸	更	降	康	衡	皇	購	浩	構	向
郊	綱	酵	巧	孔	荒	口	溝	広	弘	後
喉	恒	河	浩	鴻	腔	宏	膏	肯	神	拘

●ミラーゲーム　　　　　　　　　　（人数無制限、所要時間10分、準備物なし）

　2人1組になって、お互いに向かい合わせになります。部屋の広さにもよりますが、お互いの距離は1〜1.5mぐらいが適当です。2人で親と子の役を決め、まず親が右手を挙げます。そうしたら、子は鏡に映るかのように左手を挙げます。

　次に、親は好きなように自由に身体を動かします。子は親の動きに合わせて、あたかも鏡に映っているかのように、動作についていきます。2分ぐらいしたら、親子の役を交代します。

　ゲームが終わったら、どのような感想を持ったかを自由に発言してもらったり、それぞれが相手のどこを見て動きを追っていたかを話し合ったりします。言葉を交わさずとも、身体を動かすことで、初対面同士でも何らかの意思疎通を図ろうとした自分の姿を振り返ってもらうのです。最後は、ペアで握手をしてゲーム終了です。

図 3-12 ｜ ミラーゲーム

●これは何？　　　　　　　　　　（人数無制限、所要時間10分、準備物なし）

　オンラインならではのアイスブレイクを1つ紹介しましょう。全員が1つずつクイズの問題となるアイテムを用意します。それを順番にカメラの前にかざして、何かを当ててもらいます。そのときに、近すぎてピンボケになる距離から段々ピントが合う距離に遠ざけていって、早く当てた人が勝ちです。最近接

が10点、次が5点、お手付きはマイナス5点といったふうにして、総合得点を競うこともできます。

　アイテムによっては遠いところから段々カメラに近づけていくほうが面白い場合もあります。いずれにせよ、それぞれの出題者のアイテムの選び方とそれに合った見せ方が、クイズが盛り上がるかどうかのポイントになります。

●握手でチェーン　　　　　　　　（10〜30人程度、所要時間10分、準備物なし）

　輪をつくり、スタート点に決めた人が、右隣の人の前に立って、「○○です」「△△です」と自分の名前を紹介し合います。次に、「△△さん」「○○さん」と相手の名前を呼び、最後に「よろしくお願いします」と握手をします。終わったら、隣の人に移って同じことをします。

　握手をされた人は、スタート点の人の後に続いて、右隣の人と同じことをします。これを繰り返して、全員が全員と握手をしていきます。もちろんこれだけで全員の名前を覚え切れませんが、互いの名前を呼び合って、握手をするだけでずいぶん親近感が湧いてきます。

図 3-13 ｜ 握手でチェーン

小グループに分ける技法（6種）

　比較的手ごろで準備が少ない、グループ分けのアクティビティをいくつか紹介します。分けた後、グループに名前をつけると一体感が高まります。

●番号！　　　　　　　　　　　（人数無制限、所要時間5分、準備物なし）

　たとえば、20人を4人×5グループに分けるとすると、参加者に順番に1、2、3、4、5、1、2、3、4、5…と番号をコールして、自分の番号を覚えていきます。全員に番号がついたら、同じ番号の人同士で声をかけ合ってグループをつくっていきます。

　ランダムに分けるときに最も手軽な方法で、いったんつくったグループをばらして、新しいグループをつくるときにも使えます。順番を間違えやすいときは、ファシリテーターが1人ひとり指を差しながら番号をコールさせます。

●ラインナップ　　　　　　　　（人数無制限、所要時間15分、準備物なし）

　スタートの合図とともに、名前の50音順に並んで部屋全体に広がる大きな輪をつくります。これをネームラインナップと呼んでいます。輪にすればお互いの顔も見えて好都合です。輪ができあがったら、正しく順番に並んでいるかのチェックを、自己紹介を兼ねてしてもらいます。その際は時間がかかりすぎないように、名前と所属ぐらいの紹介に留めておくのがコツです。

　次に、先頭の人を決め、「番号！」の要領で順番に番号をコールして、同じ番号同士でグループをつくります。ファシリテーターは、ラインナップをつくっている間に、グループの配置図を書き、数字を記入しておきます。そうしておけば、番号が決まったら速やかに席に移動できます。

　ラインナップには、名前のほかに誕生月日順（年は入れません）に並ぶ方法もあり、バースデーラインナップと呼ばれています。進め方はネームラインナップのときと同じですが、参加者が声を出さずにジェスチャーだけで誕生日を確認し合ってやる方法もあります。また、番号をコールする先頭を今日に最も近い誕生日の人にすると、話題づくりにもなって場が和むことでしょう。

　また、ラインナップは2つの要素（たとえば推進派と慎重派など）をうまく混

ぜながらグループ分けをするときにも使えます。推進派と慎重派とでそれぞれにラインナップをつくって番号をコールして、同じ番号同士でチームをつくれば、両派がほぼ均等に配分されていきます。これで、偶然性を活かしながらも、2つの要素の人たちが出会う必然性を生み出すグループ分けとなります。

図3-14 | ラインナップ

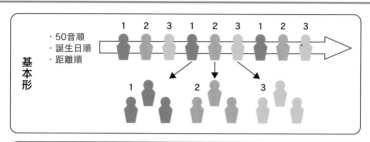

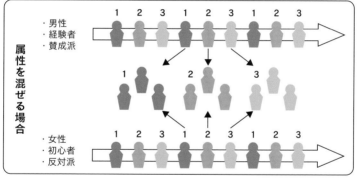

●人間マトリクス　　　　　　　　（人数無制限、所要時間15分、準備物なし）

　グループを2つの属性で分ける方法です。あらかじめ部屋にロープやテープで線を引き、マトリクスの枠(軸)の設定をします。ファシリテーターはその縦軸と横軸にさまざまな条件を提示します。

　たとえば、縦軸にはテーマに関する関心度を10段階で、横軸にはそのテーマにおける活動年数という具合に設定すれば、気持ちと行動のマトリクスができあがります。また、いろいろな団体の代表者が混じる会議で、縦軸に団体の設立からの年数、横軸にその財政規模といった設定を行うと成長度や安定度を測ることができます。

　スタートの合図とともに、自分が一番近いと思う位置に立ちます。身体を動

かしながら考えるところがミソ。それぞれの立ち位置の微妙さが面白いところ
で、言葉では言い表せない感覚を位置で示すことができます。

　位置が決まったら、近くにいる人同士で簡単に自己紹介をしてもらうと親近
感がさらに湧きます。なぜその位置なのかをインタビューするのも面白いです。
移動時間を区切ってリズムよくやっていくと、ちょっとしたゲーム感覚も出て
きます。軸をいろいろ変えながら、何度もやっていくと活気が出てきます。そ
のときは、軸が分かりやすくなるよう、ホワイトボードにマトリクスを書き出
したり、軸を書いた紙を持ったスタッフを四隅に配置するようにしましょう。

　マトリクスをつくることによって、ファシリテーターは一目でメンバーの傾
向や分布バランスがつかめます。メンバーにとっては、同じような傾向の人と
知り合えるチャンスが広がります。

　最後に、同じ傾向の人同士で分けるなら、近くの人とグループをつくっても
らいます。逆に違う傾向の人同士で分けるなら、それぞれの塊から1人ずつ出
てもらってグループをつくっていきます。その中間もでき、ここの設計をどの
ようにするかでグループの組み方のバリエーションが広がります。

図 3-15 ｜ 人間マトリクス

●共通項探し　　　　　　　　　（人数無制限、所要時間15分、準備物なし）
　与えられたテーマに沿って、スタートの合図とともに共通項を出し合って、

同じもの同士でグループをつくります。たとえば、「コンビニでよく買うおにぎりの具は？」と問い、参加者が「梅！」「昆布！」「おかか！」などを呼び合って集まります。人数が多すぎるグループは複数に分け、逆に少なすぎるグループは「バラエティチーム」と称して複数のグループを一緒にします。みんなとは異なる発想だっただけでも共感性が高まります。

　また、あらかじめいくつかのテーマを用意しておき、メンバーがその中から好きなテーマを選んで、同じテーマに興味がある人たち同士でグループをつくっていくこともあります。メンバーには自発的に選択する機会が与えられますので、同じグループになったことに対する納得感が高まります。

●甘い仲間たち　　　　　　　　　　　　（人数無制限、所要時間1分、飴やお菓子）

　部屋の入口や受付に飴を入れた箱を置いておき、好きな飴を1つ取って入場してもらいます。飴の種類はつくりたいグループの数だけ準備します。参加者は飴を取ったら、あらかじめ飴の名前の札が置かれているテーブルに座ってもらいます。これで、くじ引きのような形でグループ分けができます。

　もちろん、その後飴を食べながら議論を行います。飴だけではなくチョコレートやおせんべいなど、そのときにあるもので代用可能です。ペットボトルのお茶や缶コーヒーを数種類準備しておくというのも面白いかもしれません。遊び心を持って、グループ分けから楽しい雰囲気づくりを演出しましょう。

●ナンバーコール　　　　　　　　　　　（人数無制限、所要時間10分、準備物なし）

　輪になって、スタートの合図とともに、歌や音楽に合わせて時計回りに回ります。区切りのいいところでファシリテーターが音（手、笛、鐘）を数回鳴らします。たとえば、4人グループをつくろうとするときには、手を4回たたきます。メンバーは、音の回数と同じ人数になるように集まって、その場に座ります。手をたたく代わりに「馬」や「タコ」など動物をコールして、その足の数だけ集まるようにする手もあり、いくつかの動物を組み合わせても面白いです。

　さらに、集まるときの条件（男女混合、異年齢を入れる、異分野を入れるなど）をつけ加えると、狙った組み合わせを促すことにつながっていきます。その際には、お互いの違いや属性が一目で分かるように名札を色分けしておくなどの工夫をしておくとよいでしょう。

一体感を醸成する技法（10種）

　大人数でありながらも、身体を動かしながらお互いのコミュニケーションを図り、一体感を醸成するための技法を紹介します。いつでもどこででもできる、ぜひ覚えておいてほしいものばかりです。

●共通点探し　　　　　　　　（人数無制限、所要時間10分、紙と筆記具）

　ペアになって、軽く自己紹介をした後、互いの共通点を見つけます。見つかったら握手をして別れ、また別に人とペアになり共通点を探します。ただし、一度見つかった共通点は使えず、新しい共通点を見つけてください。そうやって、できるだけ多くの人と知り合い、なるべくたくさんの共通点を見つけていきます。

　人と人が仲良くなるのに一番よいのは共感することです。その一番手っ取り早い方法が共通点を見つけることなのです。共通点が見つかれば、互いの距離はグッと近くなるはずです。10分もやれば、部屋全体が和やかなムードになること間違いなしです。

　バリエーションとして、グループ分けをした後で、グループのメンバー全員の共通点を探し出し、その数をグループ対抗で競う方法もあります。あるいは、座席が固定をした大人数のワークショップでは、隣に座っている人と5分間で何個共通点が見つかるかを競うのも楽しいです。状況に応じて、いろいろアレンジをして使ってみてください。

●キャッチボール　　　　　　　（20人まで、所要時間20分、ボール）

　全員で輪になり、自分が呼ばれたいニックネームを1人ひとりがつけて、みんなで覚えます。その後に、「〇〇さん」と相手のネームを呼んでボールを投げ、受け取った人は「△△さん、ありがとう」と応えます。これを繰り返していき、慣れてきたらボールの数を増やしていきます。

　今度は、名前を呼ばずに目で合図を送ってボールを投げます。アイコンタクトをしっかりとってから投げないと、ボールを受け取ってもらえません。さらに、投げるのを架空のボール（エアボール）にして、みんなでキャッチボールを

していきます。人数が多いほど、ボールの数が多いほど楽しめます。エアボールならオンラインでもでき、大いに盛り上がります。

●パチン！　　　　　　　　　　　　（人数無制限、所要時間10分、準備物なし）

　内側に向かって円陣をつくって、スタート点にあたる人を1人決めます。その人は、左隣りの人のほうに身体を少し傾けながら、自分の両手で「パチン！」とたたきます。拍手された人は、同じように左隣りの人のほうへ両手で「パチン！」と拍手を送ります。その動きを順に連鎖させ、拍手を全員で1周させます。

　そして、最初はゆっくりと、そして次第にスピードを上げていきます。よどむことなくリズミカルに円陣の手をたたく音が1周するようにしていきます。フライングすることも、遅れることもなく音が1周するように、みんなで気持ちを合わせることが大事です。

図 3-16 ｜ パチン!

●目かくしマスゲーム　　　　　　　（50人まで、所要時間20分、準備物なし）

　全員で手を取り合って円をつくって、目をつぶります。ファシリテーターは、「絶対に目を開けずに、全員で正方形をつくってください」と指示をします。互いに声をかけ合いながら想像力を働かせて指示された形をつくっていきます。

全員ができたと思ったら、「できた！」と作業完了を宣言してもらいます。

　できあがりまでの時間を計ると、何度か繰り返すうちにビックリするほど早くなるはずです。さらに、正三角形、二等辺三角形、長方形と形を変えてやっていくと、どんどん手際がよくなります。複数のグループをつくって、グループ対抗で時間を競ってゲーム感覚でやるのも面白いです。

　終わったら、言葉によるコミュニケーションの重要性、適切な言葉を使用することの大切さ、リーダーシップやフォロワーシップなどを振り返ります。

●キャッチ　　　　　　　　　　　　（人数無制限、所要時間10分、準備物なし）

　一重の円をつくり、円の中心に体を向けます。自分の左手の人差し指を下に向け、それを左隣りの人の横に差し出します。差し出された人は、差し出された指をいつでもつかめるよう、右手を上に開いて構えます。

　準備ができたら、「キャッチ！」の合図とともに、左指は相手につかまれないように上に逃げ、右手は隣りの人の指をつかめるように閉じます。それを同時に行い、自分はうまく逃げ、相手の指をうまくつかめたらOKです。

　ファシリテーターはときどき、合図を「キャッ」で止めてみたり、「キャット」などのまぎらわしい言葉でフェイントをかけると面白さが増します。また、右と左の役どころを交代したり、「キャッチ」の合図をメンバーが自由に号令をかけられるようにするとさらに盛り上がってきます。

図 3-17 | キャッチ

●動作の足し算　　　　　　　　　（人数無制限、所要時間10分、準備物なし）

　全員で輪になり、スタートの人を決めます。その人が話した言葉や行った動作を右隣りの人が真似ます。これを繰り返し、言葉や動作を順番に伝えていき、スピードと正確さを競います。言葉や動作を複雑にすればするほど面白くなります。

　それができたら、スタートの人が話した言葉や行った動作を右隣りの人がそっくり真似た後、一言（または一動作）を即興で加えます。これを繰り返して、言葉や動作を足し算していき、どこまで伝えられるかを競います。これも、オンラインでも盛り上がるアクティビティです。

●隣人の証言　　　　　　　　　　（人数無制限、所要時間20分、準備物なし）

　全員で一重の円をつくります。まずは、両隣りの人とお互いに簡単な自己紹介をします。次に、その両隣りの同じ人と再び両隣りにならないように、円を組み替えます。できあがったら、新たな両隣りの人と自己紹介をします。この要領で円づくりと自己紹介を最低3回から5回程度繰り返します。

　何度か終わったら、まずは1回目の円を再現します。お互いに声をかけ合い、両隣りの相手は誰だったか、記憶を辿りながら円を再現していきます。うまくできたら、再会を祝して両隣りの人と握手します。この要領で、2回目以降の円を順次再現していきます。

図 3-18 ｜ 隣人の証言

老若男女を問わず幅広く参加することができ、盛り上がること請け合いです。いろいろな人と知り合うだけでなく、円を再現する過程で、他人の力を借りることによる連帯感も生まれてきます。

●地図をつくろう　　　　　　　　（人数無制限、所要時間15分、準備物なし）

出身地をもとに全員が部屋のフロアに日本地図を描くように立つゲームです。北海道出身者が右上のコーナーに立てば、本州の人は部屋の中央部にといった具合に参加者全員で会場内に日本地図をつくります。同じ出身地の人が見つかると大変盛り上がります。

ファシリテーターは会場内でどこにどう地図を描くという指示は出しません。参加者のコミュニケーションのもとに地図ができるようにしていきます。時間を計ると適度な緊張感が生まれて楽しくなります。

グローバルなミーティングでは世界地図、地域でのワークショップでは市内地図を想定してつくると、近くに誰がいるのかが確認できます。地図はお互いの関係性を可視化するには大変分かりやすいツールです。ワークショップのさまざまなシーンに応用してみてください。

●人間イスゲーム　　　　　　　　　（50人まで、所要時間10分、準備物なし）

全員が内側に向かって１つの輪になります。手をつないで隣りの人と肩が触れる程度に近づいて立ちます。そして、手を離して90度右に身体を向け、時計回りとは逆向きの円をつくります。

次に、前の人の両肩に両手を置き、ファシリテーターのかけ声とともに一斉にゆっくりと全員が中腰になります。たとえば、あなたは真後ろの人の膝の上に座り、あなたの膝の上に前の人が座るという格好になります。

うまくいったら、今度は逆向きになって同じことを繰り返します。大人数の場合は、グループを複数に分け、イスづくりの速さと円の美しさを競わせると一層活気が出てきます。

このアクティビティは若干の危険を伴いますので、ファシリテーターは何よりも参加者の安全確保に努めてください。お互いに声をかけ合いながら、ゆっくりと安全を確認しながら進めるように誘導しましょう。

●署名運動 （人数無制限、所要時間10分、リストと筆記具）

人を表す属性を10〜15項目列挙したリストを用意して、全員に配布します。項目としては、たとえば以下のようなものがあり、該当者が多くて見つけやすいものと、該当者が少なくて見つけにくい人を混ぜるのがコツです。

- ・楽器が演奏できる人
- ・中国に行ったことがある人
- ・1週間以内にラーメンを食べたことがある人
- ・コンタクトをしている人
- ・昨日ビールをコップ3杯以上飲んだ人　など

リストとペンを持って、部屋中を探し回って、該当する人を見つけてサインをもらっていきます。ただし、同じ人から複数の項目のサインはもらえません。1つの項目に複数のサインももらえません。そうやって、できるだけ多くの項目のサインをもらうよう、その数を競います。

図3-19 | 署名運動

チームづくりを学び合う技法（12種）

　ある程度互いを知り合った人同士が、協働作業を通じて、チーム活動のポイントを学ぶエクササイズを紹介していきます。どちらかといえば、大きな会議、ワークショップ、研修、合宿といった、普段の活動の場から離れたオフサイトで使いやすいエクササイズです

●コンセンサスゲーム　　　　　（人数無制限、所要時間60分、ワークシート）

　ランキングゲームとも呼び、全員の合意形成を図りながら、人それぞれものの考え方や価値観の違いを知ったり、協働作業や対立解消のポイントを学ぶゲームです。代表的なものに、「月で迷ったゲーム」「砂漠からの脱出ゲーム」があります。やり方に、正解がある場合とない場合の2通りがあり、チームに合ったオリジナルの問題づくりに挑戦してみてください。

①個人作業

　提示された項目に対して、個人で優先順位をつけたり、妥当解を選んだりしてランキングシートに記入します。あらかじめ項目を設定せずに、最初に各自から出してもらい、多数決によって5〜7個程度に絞り込む方法もあります。

　＜テーマ例：正解ありの場合＞

　・消費者の意識に関するランキング（マーケティング調査より）

　・主要な生産物の都道府県ランキング（政府統計より）

　・マネジメントに関する5択クイズ6問（経営資料より）

　＜テーマ例：正解なしの場合＞

　・組織にとって今一番必要とされているもの

　・仕事をする上で大切にしているもの

　・これからのビジネスパーソンにとって重要なスキル

　・組織変革を成功させるのに欠かせないもの

②グループ討議

　4〜5人のグループで話し合って、1つの答えにまとまるよう、できるだけ意見を調整します。正解ありの場合は、単に答えを見つけるのではなく、正解に至る筋道（ロジック）を明確にして議論します。正解なしの場合は、妥協、取

引、多数決などを使って無理に１つにまとめる必要はなく、互いに自分の考えや根拠を説明し、すり合わせるだけでもかまいません。

③全体討議

　正解がある場合は、正解と個人の答えやグループの答えがどれだけズレたかを計算し、チーム効果（個人で考えるよりもグループで考えたほうがよい答えになる度合い）を測ります。正解がない場合は、グループの答えを並べ、それぞれの意見や根拠を聞き、違った考えができないか全員で議論していきます。

④振り返り

　終わった後で、アクティビティ全体の進め方について気がついた点や改善すべき点をグループごとあるいは全体で話し合います。

図 3-20 ｜ 月で迷ったゲーム

あなたの乗った宇宙線が月に不時着してしまいました。壊れた宇宙船の中には15個のアイテムしか残されていません。これらのアイテムを重要度順にランク付けしてください（正解はP193に）。

		①NASAのランク付け	②あなたのランク付け	あなたの失点（①-②）	③グループのランク付け	グループの失点（①-③）
A	マッチ箱					
B	濃縮された食べ物					
C	50フィートのナイロンロープ					
D	パラシュート					
E	太陽熱利用の携帯用暖房機					
F	45口径のピストル					
G	粉末ミルク1ケース					
H	100ポンドの酸素タンク					
I	月面上用の星座図					
J	自動膨張の救命ボート					
K	方位磁石					
L	水5ガロン（19リットル）					
M	照明弾					
N	注射器の入った救急箱					
O	太陽電池のFM受信送信機					
				失点合計		失点合計

0〜25：最優秀、26〜32：優秀、33〜45：良、46〜55：可、56〜70：不可、71〜112：落第、真面目にやろう

参考文献：浅海義治、伊藤雅春、狩野三枝『参加のデザイン道具箱』世田谷まちづくりセンター

107

このアクティビティで最も重要なのが最後の振り返りです。討議の進め方、グループの思考の道筋、メンバーの感情の動きなど、さまざまなプロセスに焦点を当てて、「何が起こったのか」「それはなぜなのか」「どうすればもっとうまくいくのか」など、教訓や改善点を引き出していくようにします。

●フェルミ推定 　　　　　　　　　（人数無制限、所要時間30分、準備物なし）

そもそもは、論理的な思考力を高めるためのエクササイズです。これを、グループ対抗で正解を競い合うことで、問題解決に際してのチームの結束力を高めることにつながります。

テーマは、誰でも意見が出せて、正解の想像が容易につかないものを用意しておきます。とはいえ、正解が分からないと居心地が悪いので、インターネットなどを使って正解（できれば、正解を導く考え方も）も探しておきます。

（例）・アメリカにピアノの調律師は何人いる？

　　　・お寺の多い都道府県ランキングのトップ5は？

　　　・戦車1台の値段はいくら？

数人のチームに分かれて20〜30分かけて正解を導き出して、一番近いチームが勝者となります。ただし、①直観ではなく、論理的に答えを出すこと、②全員が納得できるよう独断や多数決を避けることをルールとします。メンバーの知識や思考力を結集できたチームは、正解に近い答えを発見できるはずです。正解・不正解よりも、事後の振り返りを通じて、チーム活動の良い点や改善点を議論することが大切です。

●ブレーンストーミング 　　　　　　（人数無制限、所要時間30分、紙と筆記具）

集団でアイデアを出す方法ですが、チーム活動のウォームアップに使うと効果的です。次の4つのルールを守ってアイデアを出していきます。

・自由奔放：一切の聖域や制限はなく、どんなアイデアでもOK

・批判厳禁：人のアイデアを批判したり、評価してはいけません

・便乗歓迎：アイデアを付け足して、発想を広げていきましょう

・質より量：質の高いアイデアを生むには、量を増やすことです

あくまでもチーム・ビルディングですので、テーマとしてはアイデアを出しやすい軽いものを選びます（例：ペットボトルの活用法、丸いものと言えば？

遅刻したときの言い訳、おいしい酒の飲み方、休日の過ごし方など）。

●ペーパータワー 　　　　　　　　　　（人数無制限、所要時間30分、紙）

　協働作業を通じて、リーダーシップ、フォロワーシップ、参加、コミュニケーションなどチーム活動のポイントを学ぶ代表的なエクササイズです。紙の代わりにストローやパスタでやる方法もあります。

　数人のチームに分け、Ａ４の紙を30〜40枚程度配布し、この紙だけを使って、できるだけ高い「自立したタワー」をつくることを指示します。タワーづくりに入る前に、作戦タイムを10〜15分取りますが、この間は紙に一切触れてはいけません。作戦タイムの後、3〜5分の時間でタワーを作成し、高さを競います。

　これも勝ち負けに目がいきがちですが、どのようにチーム作業を進めたのか、プロセスを振り返ることが重要です。作戦の立て方、役割分担、話し合いのやり方などを振り返り、チーム作業のポイントを学ぶようにしましょう。

図 3-21 ｜ ストロータワー

●協力パズル 　　　　　　　　　（人数無制限、所要時間30分、紙のパズル）

　厚紙の正方形を5枚のピースに切ったパズルを複数セット（ぜんぶ違う切り方で）用意します。それを混ぜた上で5ピースずつに分けて、5人のメンバー

にそれぞれ渡します。

　チームが助け合って５人全員のパズルを完成させなければいけません。ただし、作業中は一切会話をしてはいけません。また、自分のピースを人にあげることはできますが、人のピースを欲しいという表現をしてはいけません。

　やってみると、会話や意思表示が制限されているため結構難しく、複数チームの対抗でやると盛り上がります。自分のことばかり考えず、相手の状態や欲求を見極めることが、チーム活動を促進する秘訣だと気がつきます。正方形で物足りない場合は、新聞紙やマンガを切り抜いてやると難易度が上がり、楽しくなります。

●トレード　　　　　　　　　　　（20人、所要時間30分、準備物なし）

　５〜６人で１チームをつくりテーブルに着席します。誰も座っていないテーブルをもう１つ用意しておき、各チームから１人ずつメンバーを出して、20分以内に新たに１チームをつくることにします。送り出すメンバーを決めるに際しては、以下をルールとします。

　・ジャンケンやアミダくじなどの偶然性に頼る方法をとらない
　・「では、私が…」と立候補で決めるのも禁止
　・「おまえ、行け！」と押しつけるのも禁止
　・必ずメンバー全員が納得できる理由を見つけること

　不思議なもので、いったんチームをつくってから１人出そうとすると、抵抗感が生まれてきます。納得できる理由を見つけるには、どういう基準でメンバーの線引きをするかの議論が欠かせず、互いをよく知らないと話が進みません。出て行く人にも納得してもらうためには、理屈だけではなく感情を組み取ることも大切で、チーム活動における論理と感情の問題も考えることができます。

●貿易ゲーム　　　　　　　　　　（50人、所要時間60分、紙や文房具など）

　実際に世の中で起こっていることをゲームに仕立て、楽しみながら擬似的に体験してもらうのがゲーミング・シミュレーションです。SDGゲームなどたくさんのゲームが開発されており、その草分けともいえる、国際理解のための貿易ゲームを紹介します。詳しいやり方を知りたい方は、開発元の開発教育協会（http://www.dear.or.jp）にコンタクトしてください。

①ゲームの準備

4～5人でチームをつくり、紙、文具、紙幣などの資源を不平等に配ります。指定された形の製品をつくれば、世界銀行がある値段で買い取ってくれることを示し、できるだけ収益を増やすことを目指します。

②ゲーム開始

ゲームが始まると、チームによっては、自分たちの資源だけでは収益が増やせないことに気がつき、取引や分業など、さまざまな戦略や駆け引きが始まります。製品の価格が変動したり、規格が変更になることもあり、環境変化にも機敏に対応しなければなりません。

③ゲーム終了

45分～1時間程度でゲーム終了を宣言し、残った資源を金額で換算して、その多寡や増分を競います。ポイントはここからで、振り返りの時間をたっぷりとり、達成感、不公平感、戦略やチーム作業の改善点などを話し合います。

図3-22｜貿易ゲーム

●人間知恵の輪　　　　　　　（人数無制限、所要時間30分、準備物なし）

1人のリーダー役に対して、7～8人でチームを組みます。メンバーは円になって互いに手をつなぎ、絶対に離さないようにしながら、体を入れ替えたりして、できるだけ複雑に腕をもつれさせます。

リーダー役は、メンバーの体に一切触れることなく、口頭による指示だけで、

もつれた輪をほどいていきます。そのときに、手を下すのはもちろん、メンバーに指示以外のことはしてはいけません。何秒でほどけるか時間を計り記録しておきます（チーム対抗で競わせる手もあります）。

　次に、もう一度もつれた輪をつくり、今度はメンバー同士がコミュニケーションを取りながら、自分たちでほどいていきます。ほとんどのケースでは、リーダーの指示よりもはるかに短い時間で簡単にほどけてしまいます。振り返りを通じて、この経験が何を物語っているのかを議論します。自律的な行動がチームによる問題解決を促進することを、体を使って学ぶエクササイズです。

●プロジェクト・アドベンチャー　　（20人程度、所要時間30分、準備物なし）

　チーム・ビルディングのアクティビティには、前記のような体を使ったものがたくさんあります。それらを総合したプロジェクト・アドベンチャーと呼ばれる手法があり、たくさんのアクティビティが開発されています。

　体感系のエクササイズは大きな効果を生みますが、きっちりやるには少なくとも２〜３日程度はかかり、普段なかなかそこまで時間が取れないのが実情です。膨大なアクティビティを詳しく解説するだけのスペースもありません。

　そこで、本書では主にメンバー同士の「信頼」を体感するエクササイズをいくつか紹介するのにとどめておきます。体を使うだけに注意も必要で、詳しく知りたい方は『グループのちからを生かす』などの書籍を当たってください。

①トラストフォール

　２人１組になり、１人が手を胸の前で組んで目をつぶって立ちます。声をかけ合って後ろに倒れ、もう１人が受け止めます。慣れてきたら人数を増やし、いろいろな方向に倒れるのをチーム全員で受け止めるようにします。

②ペアウォーク

　２人１組になり、１人が目を覆い、もう１人がその人を連れて戸外を歩き回り、視覚以外でいろいろな体験をさせてあげます。最初は、腕や肩をつかんで歩き回り、慣れてきたら声がけだけでやってみましょう。

③スタート＆ストップ

　５人１組で横一線に並び、目をつぶったままスタートラインからゴールラインまで歩きます。合図を送ったり、声をかけたりするのは禁止です。お互いの気配を感じて同時に歩き出して、同時にストップします。

図 3-23 │ 体を使ったエクササイズ

●**リーダーズ・インテグレーション**　（20人、所要時間60分、ホワイトボード）

　組織やプロジェクトの立ち上げで新しいリーダーが着任してきたときに、リーダーがチームに溶け込む（同化する）のを促進するアクティビティです。相互理解を深めてメンバーがリーダーを素早く受け入れるだけではなく、チームのビジョン、方針、目的、問題点などを共有し、リーダーとメンバーとの約束事を決めるのにも役立ちます。

①**オープニング**

　初めに、ファシリテーターから今回の目的やリーダー／メンバー双方への期待を説明します。次にファシリテーターの役割（話し合いを活性化させる、時間やルールを管理するなど）を紹介します。最後に大まかな段取りとルール（楽しくやる、正直になる、批判をしないなど）を説明して協力を要請します。

②**メンバーから質問を募る**

　いったんリーダーに別室に退席してもらった後、リーダーやチームに関する質問をファシリテーターが引き出し、ホワイトボードに箇条書きで記録してい

113

きます。そのときに、誰が意見を言ったかは分からないように記録します。

　・リーダーについて知っていること

　・リーダーについて知らないこと（知りたいこと）

　・リーダーがチームにやってほしいこと（期待すること）

　・チームがリーダーに貢献できること

③回答の準備をする

　メンバーに退席してもらい休憩時間とします。代わりに別室で待っていたリーダーに戻ってきてもらい、質問事項を眺めて回答の準備をします。あわせて、ファシリテーターからリーダーの心得を説明しておきます（自己開示に務める、犯人捜しをしない、建設的でない意見には毅然とした態度を取るなど）。

④リーダーが回答する

　メンバーが再登場して、質問に順番に回答していきます。ただし、回答したくないところがあれば、回答しなくてもかまいません。リーダー（チーム）がチーム（リーダー）に対する約束があれば、その場で宣言をします。

⑤クロージング

　約束した内容やアクションプランを確認した後、リーダーやメンバーに感想を発表してもらい、みんなで分かち合います。できれば、終わった後で飲みにいくとさらに相互理解が深まります。約束やアクションプランは、同じような方法で数ヶ月後に進捗状況を必ずチェックするようにしましょう。

図 3-24 ｜ リーダーズ・インテグレーション

このエクササイズが成功するかどうかは、いかにリーダーが自分の心の中を開くかにかかっています。メンバーからの質問にリーダーが率直に答えれば、両者の距離はグッと近づきます。逆にごまかしたりはぐらかしたりすれば、かえって関係性が悪くなります。そんなことにならないよう、リーダーの自己開示を誘い出すようなムードを、ファシリテーターがつくらなければなりません。

●ジョハリの窓　　　　　　　（20人、所要時間60分、ホワイトボード）

本章の冒頭でも紹介しましたが、ジョハリの窓とは、自己と他者の関係を、自分の心の中を、自分が知っている／いない、他人が知っている／いないで区分けして考えるモデルです。リーダーズ・インテグレーションはこの原理を応用したものであり、部門や組織を超えたチームづくりに活用してみましょう。

たとえば、Ａ部門とＢ部門のチームづくりをする場合、最初はＡ部門に、

・自分たちＡ部門をどう思っているか？

・Ｂ部門に対してどういう気持ちを持っているか？

・Ｂ部門がＡ部門に対してどういう思いを持っているか？

を挙げてもらい、付箋に書き出して整理します。次に、Ｂ部門に対しても同じ作業を行い、互いの結果をつきあわせます。

互いの見方の違いを知ると同時に、食い違っている点については、なぜそのような見方になるのか、それを直すにはどうすればよいのかを議論し、アクションプランにまとめていきます。チームが２つ以上の部門にまたがる場合は、総当たりで行うとよいでしょう。

●フィッシュボウル　　　　　　　（20人、所要時間60分、観察シート）

金魚鉢という意味で、観察とフィードバックを使って、考えを深める方法です。まず、参加者を活動チームと観察チームに分けます。観察チームは、活動チームの周囲を取り囲み、彼らが活動する様を観察します。

活動が終わったら、観察チームのメンバーが、自分たちが観察した結果を共有し、話し合います。それを今度は、活動チームが周囲を取り囲んで、観察するのです。これは何度でも繰り返すことができます（リフレクションチームと呼びます）。考えを深めたいときや最後に振り返るときにも使えます。もう少し詳しいやり方を第7章（P276）で紹介したいと思います。

115

会話を効果的に進めるには

3つのレベルで相手を理解する

　互いを理解し合うことは関係性を築くための出発点となります。深く理解すればするほど絆は深まっていきます。

　相手を理解するには3つのレベルがあります。一番浅いのが、相手の意見、態度、行動など、目で見たり耳で聞いたりして分かるレベルです。「彼は働き者だ」「彼女は用心深い」といったものです。一緒に仕事をしたり、相手の振る舞いを観察すれば、ある程度つかみとることができます。

　ただ、これだけだと、「なぜ働き者なのか？」「なぜ用心深いのか？」が分かりません。理由を掘り下げてみると、そのもとになっている価値観、信念、感情などが見えてきます。そうやって相手の心や頭の中が分かると、理解度が一段深まります。これが次に目指すレベルです。先ほどの例でいえば、「責任感が強い」「失敗が怖い」となります。

　では、なぜ「責任感が強い」のでしょうか。その理由が分かればさらに理解度のレベルが上がります。生まれつきもあるのでしょうが、多くの場合、何かの経験（例：まだ新人だった頃…）、契機となった出来事（例：東日本大震災があった日…）、置かれた環境（例：実は両親が…）が色濃く影響しています。背景に物語や事件が隠れているのです。

　こういった物語を聞けば、聞き手も同じ経験（疑似体験）をしたような気持ちになります。より深く理解するとともに、共感が芽生えてきます。最も深いレベルで相手とつながることができるのです。

図 3-25 │ 相互理解の3つのレベル

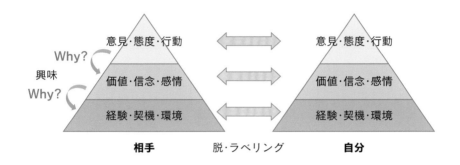

もちろん、常にこのレベルを目指す必要はありません。浅くてもよいので、知っていることを増やすほうが大事な場合もあります。なので、より深いつき合いをしたい（しなければならない）ときや、「さっぱりわけが分からない」といったときに理解のレベルを深めることを考えてみましょう。

典型的なのが、異なる職種の専門家が集まってチームを組むときです（多職種連携：インタープロフェッショナル）。もちろん、異なる文化を持った多国籍の人間が集まるチームでもこの考え方が活きてきます。こういったチームで対立が起こったときは、ここに立ち戻ってみることをお勧めします。

ラベリングの罠から抜け出そう

私たちの脳は常に省エネを目指しており、「用心深い」「働き者」といった分かりやすいラベルを相手に貼って分かった気になりがちです。これをラベリングと呼びます。ところが、いったんそれをしてしまうと、そのラベルをもとにして相手を判断しがちになります。「どうせ彼女は用心深いから、この仕事は無理だろう」といったように。そのほうが脳のコスパがよいからです。

これを避ける1つの方法が、理解のレベルを深めることです。そうすれば、見える景色が少し変わり、自分が思う用心深さと相手の用心深さの意味がずれていることに気がつきます。一面的なものの見方から解放され、新鮮な目で相手を見ることができるようになります。

117

長年関わってきた相手であればあるほど、互いにラベルを貼りまくっておつき合いをしているはずです。「相手のことはすべて分かっている」という思い込みを打ち破り、興味と敬意をもって、双方ともに理解のレベルを深めることを試みてみましょう。それがマンネリを打破することにつながります。

■ その場で生まれたものを大事にする

　会話の楽しさの1つは、話題がどんどん移り変わってくるところにあります。まるで連想ゲームのように次から次へと話題が転換して、思わぬところに話がいって盛り上がることがよくあります。議論とは違い、論点がずれることが必ずしも悪くないのです。

　結果的に予定調和ではなく、話の展開が予想できない、ライブ感あふれる場になります。もっといえば、そうならないと会話をやる意味がありません。

　話し手があらかじめ用意してきた話や、既に何度も話をした鉄板ネタを繰り出すことをダウンロードと呼びます。データのダウンロードと同様、頭の中にある話を吐き出す行為です。それがいけないわけではありませんが、ライブ感ある会話を目指すなら、そのときにその場でひらめいたことを話すことをお勧めします。ファシリテーターとしても、そこを求めてください。

　それは、話し手と聞き手の相互作用で生まれるものです。その場の空気やタイミングも大きく影響しており、メンバーや環境が変われば話も変わるはずです。そんな話が複雑に連鎖反応したときに、予想外の話が偶然に飛び出してくるわけです。

　そのためには、準備はほどほどにしておきましょう。たとえば、話し合いのテーマを事前に告知して内容をまとめてきてもらうと、1人で考えたことを発表し合うだけになり、相互作用が生かせません。だったら、その場でいきなりテーマを告げ、「今ここで頭の中に浮かんだことを話してください」とやったほうが、予期せぬ展開が起こりやすくなります。

　なかには、「あらかじめネタを用意しておかないと、うまく話せるかどうか不安だ」、という方もいらっしゃるでしょう。心配は無用です。とにかく思いついたところから話し始めてみましょう。話しているうちに話したいことが見つ

かり、どんどん話が進んでいくはずです。本当に話したいことは、話している
うちに見つかるものです。

　前節で紹介したアクティビティもそうです。なかには気恥ずかしくて、やる
のがためらわれるものもあるかもしれません。いくら目的や意味を説明されて
もピンとこないものもあります。二の足を踏む気持ちは分かりますが、四の五
の言わず、一度船に乗ってみてはいかがでしょうか。体験すれば必ず何か感じ
るはずで、それを語り合っていけば、きっと何かが生まれます。場の力を信じ
て、相互作用に実を委ねることもときには必要となります。

いつも大切にしたい3つのルールとは

　だからといって無理強いは禁物です。前節で紹介したアクティビティの中に
は、特定の人に不愉快な印象を与えるもの、身体の接触や危険を伴うもの、子
ども、女性、高齢者、障碍者などにとって困難なもの、過剰な自己開示を誘発
しかねないものなどが混じっています。

　使い方を間違えると、本人が傷ついたり、感情がぶつかり合ったりして、チー
ムの結束をかえって弱めかねません。使う際には、**安心できる場**をつくるこ
とがファシリテーターに強く求められます。具体的には、3つのルールを必ず
守るようにしてください。

①互いを尊重する約束をしておく
　（フル・バリュー・コントラクト）
②参加したい人が参加し、強制はしない
　（チャレンジ・バイ・チョイス）
③段階を踏んでレベルを上げていく
　（ステップ・バイ・ステップ）

　これは前節で紹介したプロジェクト・
アドベンチャーの世界で大切にしている
考え方です。さまざまな手法を用いると
きの基本的な態度として身につけておき
ましょう。

図 3-26 ｜ 3つのルール

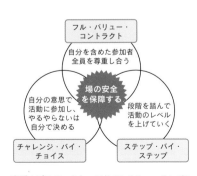

出所：プロジェクト・アドベンチャー・ジャパン

119

安全な場であることをリーダーが示す

　ある程度関係性ができているチームであっても（だからこそ）、会話が単なる雑談に終始して、互いに踏み込み合わないことがよくあります。おしゃべりでお茶を濁し、ホンネで語ろうとしないのです。

　これを避けるためにも相互作用は重要です。たとえば、Aさんの話にひらめいたBさんが話をする。それに刺激を受けたCさんが意外なカミングアウトをしだす。そうやって、互いに影響を及ぼし合いながら話を進めていくと、ある種のノリが生まれてきて、いつか「え！」「マジ！」というような予期せぬビッグウェーブがやってきます。1人では誰も越えられないホンネの壁を、相互作用の力で飛び越えるのです。

　こうなるには、率先して自己開示してくれる人が要ります。自己開示には**返報性**があります。相手から何かをしてもらったときに、同じようなお返しをしないと悪いと思う気持ちをそう呼びます。率先してホンネを語ってくれた人がいたら、聞いたほうもホンネを語らないとまずいと考えるのです。

　なかでも効果的なのが、リーダーやベテランなど社会的ランクが高い人です。こういった方々が、自分の弱みを見せたり、弱音を吐いたりすると、みんな自己開示のハードルが一気に下がります。「リーダーがそこまでやるなら」「弱みを見せても大丈夫なんだ」と相互に自己開示が起きやすくなります。逆に、強がりを言ったり、いいカッコをすると、みんなのガードが固くなります。

　だからといって、無理にやる必要はありません。それではあざとくなってしまいます。「私がやったんだから君もやれ」と無理強いされている感じがしては、元も子もありません。繕わず背伸びをせず、自然体でありのままの等身大の姿を見せるので十分です。それがみんなのありのままを引き出すわけです。まずはファシリテーターから始めてみてはいかがでしょうか。

毎日の積み重ねがチームの結束を生み出す

　チームの関係性を築くといっても、ワークショップを1回やったくらいでは、

できることに限りがあります。職場やプライベートの場などでの普段の積み重ねがものをいいます。

今、日々の生活の中で雑談が減ってしまい、絶滅危惧種化しています。職場を見ても、みんな黙々と自分のパソコンを相手に孤軍奮闘しており、おしゃべりが聞こえてきません。これに追い打ちをかけたのがコロナ禍です。リモートワークの普及により、ちょっとした雑談をする機会が減ってしまいました。ここを何とかしないと、とってつけたようにワークショップをやっても焼け石に水です。コミュニケーションが活性化するような仕掛けが求められます。

たとえば、会議に早目に参集したり、居残りをしておしゃべりをしたりする。議題に入る前にチェックインをすることを定例化する（ネタを振る当番を決めておく）。特に、オンラインの会議ではこういった工夫が欠かせません。

朝礼を活用するのもよい方法です。業務連絡と経営方針の唱和に加えて、2人ペアになって体験を語ったり自慢話をしたりする。本書で紹介したような軽いアイスブレイクをやって互いの人柄を知る。朝礼時のコミュニケーションを促進するための雑誌も刊行されており、それを利用する手もあります。

図 3-27 ｜ 朝礼の活用例

リーダーのための朝礼

伝達事項の連絡　　経営方針の唱和　　3分間スピーチ

毎日の声がけが大切！

チームのための朝礼

●互いを知り合う
顧客のお喜びの声の紹介　　　　　感謝したい社員の紹介
最近嬉しかったこと（Good & New）　今の気分を一言
私のお得意様自慢　　　　　　　　私の小学校の一番の思い出
最高の体験を披露する　　　　　　悩みをポジティブに

●やる気を高める
1分間、褒め合う　　　　　　　　大声でNo.1行動宣言
目を見て本気で握手する　　　　　声をかけ合って肩もみ

●学びを深める
来る途中で感じたこと気づいたこと　　顧客情報を共有する
身の回りで起きたことを仕事に置き換えて振り返る
テーマを決めて問題解決のアイデアを出す

121

あわせて、自然と雑談が起こるような場づくりが大切です。人と人が交流できるちょっとしたスペースを用意したり、ホワイトボードをあちこちに配置したり、従来のたばこ部屋の代わりに軽い飲食のコーナーを用意したり…。

リモートでやるなら、オンライン会議システムを常時接続したり、毎週違うメンバーとグループになってSNSで語り合ったり、オンラインだからこそできる雑談の仕掛けがいろいろあります。こちらのほうが若い世代にはとっつきやすいかもしれません。

さらに重要なのが毎日の声がけです。内容もさることながら、「あなたに関心を持っています」というメッセージを送ることが大事です。リアルでやりづらければ、チャットを使うなどオンラインならではの方法を考えましょう。

こんなふうに工夫を凝らせば雑談を促進することは可能です。ただし、こういったものは強制的にやるものではなく、自然と雑談が湧き起こらなければ本末転倒です。そこに楽しさをいかに盛り込めるかが勝負の鍵となります。

実践のヒント③

Q　アイスブレイクをやってみたのですが、全然盛り上がりませんでした。どうしたらうまくいくのでしょうか？

A　皆の気持ちをほぐそうと思っても、ファシリテーターが緊張していたのではうまくいきません。ファシリテーターの心の中の状態は、敏感に場のムードに影響します。アイスブレイクをやる際に重要なのは、自らがリラックスしていることです。その上で、正しい手順を相手に分かるように説明しなければなりません。ほんの些細な手順を間違えるだけで、アイスブレイクどころか、逆に場が冷えてしまうことさえあります。段取りが悪くて、マゴマゴしているうちにもどんどん場が白けていきます。さらに、タイミングを見計らうことも重要です。たとえば、あまりに場が固いときは、相手のペースで話し合いを始め、話術などで少し緊張をほぐしてから、アクティビティを使うようにしましょう。これをペース＆リードと呼びます。

第4章

技術編②

4

意味を探求する「対話」

意味を共有して
チームを一体にする

意味が分からなければ頑張れない

　人間は意味を求める動物だといわれています。たとえば、午後の遅い時間になって、いきなり上司から「これを明日までにやっておいて」と仕事を頼まれると、多くの人はすぐにスイッチが入りません。「なぜ私に？」「なんで明日までに？」「これって何の役に立つの？」「どうしてこのタイミングで？」とワケを知りたくなります。理由、背景、事情、帰結など、自分がこの仕事をやる意味を知りたくなるのです。

　意味のないことや、ワケが分からないことをすることほど苦痛なものはありません。仕事に疲れたときに、ふと「私は毎日なんで忙しく働いているんだろう？」と考えるのも、働く意味を探しているのです。

　逆に、意味が腑に落ちるとがぜんやる気が高まります。極端なケースではありますが、「お国のため」と命を投げ出すことさえいとわなくなります。それくらい意味が持つ力は大きいのです。

　メンバー1人ひとりの中に、チーム活動の意味が息づいているか。各人がてんでバラバラではなく、みんなが同じ意味を抱いて動いているか。個人の意味とチームの意味とがリンクしているか。チーム・ビルディングにとって意味の共有は欠かせないものとなります。

　チームがメンバーを引きつけ、チームの一員として留まらせる力を**集団凝集性**と呼びます。それは4つの要因で決まると心理学者L・フェスティンガーは説きます。①目標の魅力、②目標の受容度、③対人関係、④外部からの評価認

識の4つです。この中で、目標に関する要因（①②）がまさに意味に関わる部分であり、集団凝集性の根幹をなします。意味を共有することで、チームの求心力や帰属意識が高まるのです。

また、チームに対する愛着や愛社精神など、メンバーと組織との深いつながりを**エンゲージメント**と呼びます。個人が働き甲斐や成長を高めることが、チームの価値や発展を高めることにつながり、それがまた個人の働き甲斐や成長を高めていきます。そんな強い関係性があれば、個人のウェルビーイングにもつながります。

その根幹をなすのが、やはり意味の共有です。チーム活動に関して、メンバー同士あるいはメンバーとチームで同じ意味を持っているからこそ、貢献意欲や愛着が湧いてくるのです。

チーム活動の柱となる3つの拠り所

では、いったい何を共有すれば、意味を分かち合ったことになるのでしょうか。主だったものは次の3つです。英語の頭文字をとってMVV（Mission, Vision, Value）と呼びます。組織が活動する際の共通の拠り所となることから**コモングラウンド**と呼ぶこともあります。

何のためにするのか？　（目的、意義、使命：ミッション）Why

チームには必ず結成した目的があります。何かに貢献したり、誰かの役に立ったり、あるいは何かに影響を与えるためにチームをつくります。英語では**ミッション**と呼び、目的、意義、使命などを表したものです。最近ではパーパスと呼ばれることが増えており、ミッションとほぼ同義ですが、社会的な意義を指すことが多いようです。いずれにせよWhyを表したものです。

ミッションは、チーム活動の根幹をなします。にもかかわらず、目の前の仕事や成果に追われ、目的を見失いがちになります。「何のためにするのか？」を問うことで、チームがそもそも「何のために存在するのか？」を見つめ直すことができます。

125

何を目指すのか？　（目標、理想、将来像：ビジョン）What

　何を目指してチームで活動するのか、何を達成してどんな未来をつくりあげるのか。それを表したものがビジョンです。先ほどの目的に対して目標を指し、理想の姿や将来像と呼ばれることもあります。いわばWhatを表したものです。多くの場合、いつまでに到達するのか、目標となる期限（When）とセットで語られます。

　ミッションは未来永劫変わることはなく、チームが存在する限り探求し続けることになります。それに対してビジョンは、そこに到達すれば新たなビジョンへとアップデートしなければなりません。また、ビジョンと呼ぶように、映像が目に浮かぶように表現することがポイントとなります。

図 4-1 ｜ MVV

何を大事にするか？　（価値、規範、行動指針：バリュー）How

　ミッションやビジョンが達成できるなら、何をしてもよいわけではありません。チームの一員としてすべきことと、すべきでないことがあります。何を大事にして行動するのか、なぜその行動がふさわしいか、拠り所となる価値観、規範、指針などを共有しておかないと、チームが1つにまとまりません。これらをバリューと呼びます。いわばHowを表したものです。

　ミッションやビジョンは通常1つだけですが、バリューは複数あって「行動指針10か条」といった形でまとめられることが多くなります。それらを物事を判断する際の拠り所として活用していきます。

■自分たちの力でMVVを見出す

　MVVの大切さが分かったところで、どうやってこれらを共有すればよいの

でしょうか。一番の方法はメンバー全員で話し合い、自分たちの言葉にまとめた上で、日々実践していくことです。人は参加しないものには納得しません。誰かが決めたMVVを受け入れるより、自ら参加して設定したほうが、納得感や当事者意識が大幅に高まります。MVVを自分事にするには、自分たちで決めるしかありません。

やり方に大きく2通りあります。1つは、1人ひとりのメンバーの経験や思いから立ち上げていって、チーム全体のMVVにまとめていく方法です。**インサイド・アウト・アプローチ**と呼びます。個人

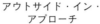

図4-2 | 2つのアプローチ

アウトサイド・イン・アプローチ　　インサイド・アウト・アプローチ

とチームの意味がリンクしやすくなる半面、下手をすると独りよがりなMVVになる恐れがあります。

逆に、社会の変化や利害関係者の期待からMVVを考え、個人にブレイクダウンしていくやり方もあります。**アウトサイド・イン・アプローチ**です。理想的なMVVがつくりやすいものの、べき論や綺麗ごととなってしまうと個人のモチベーションが下がり気味になります。

つまり2つのアプローチは一長一短があり、どちらで進めてももう片方で検証するなど、うまく組み合わせるのが理想的です。それにふさわしい手法も開発されています。

ところが、既にMVVが設定されており、1からつくるのが難しいケースもあります。その場合は、今あるMVVは何を意味するものなのか、どういう意図でつくられたのか、1つひとつの言葉の意味を含め、解釈を話し合うようにします。その手がかりとして、MVVがつくられた経緯や、MVVにふさわしい（ふさわしくない）実践など、具体的な事例を話し合うのもよい方法です。

もちろん、現状に合わない部分が見つかったら、修正や解釈変更を検討します。見つからなくても、キャッチフレーズやロゴなど、新たな表現方法をみんなでつくりあげることで、腹落ち感はぐっと高まります。

127

対話のスキルを身につける

効果的な対話のための5つのポイント

　こういった話し合いで使うのが対話です。まさに、意味を共有し、新たな意味を協働でつくり出すための話し合いです。

　対話では、自分の考えをしっかり持ちつつも、常に他の考えに思考の扉を開いておかなければなりません。どちらかといえば、私たち日本人が苦手な話し合いであり、下手をすると会話や議論に陥りがちになります。次のような事柄を守って、創造的な対話を心がけるようにしましょう。

①発言をよく聴き、判断を保留して探求する

　対話で大切なのは語る（主張する）ことではなく考える（探求する）ことです。語るのに夢中になると、十分に考えられなくなります。他人の発言をよく聴いて、それをヒントにして自分の考えを深めていくようにします。

　早計に良い／悪いの判断をしてしまうと、相手の意見が真摯に聴けなくなり、自分の考えも広がらなくなります。すべての意見は「こういう考え方もできる」という仮説です。判断を保留して場に並べておき、新たな仮説を探求するための素材として活用しましょう。

②言葉にこだわり、自分の経験をもとに語る

　対話は、互いの考えを言葉を介してやりとりする、一種の知的ゲームです。世間でいわれているような常識的な考え方（一般論）や、本に書いてあるような借り物の知識を、知ったかぶりで披露しても役に立ちません。

　そうならないためには、「それはどういう意味ですか？」と、その人が当たり

前と思っていること、なかでも使っている言葉にこだわることです。言葉には
その人自身が裏打ちされているからです。互いの経験から生まれた考えを持ち
寄ってこそ対話が深まります。

③思い込みを打ち砕き、多様な視点で考える

「○○は△△に決まっている（違いない）」という一面的な物の見方や固定観念
が、対話を深める邪魔をしています。そこにもう一度疑いの目を向け、「本当に
そうなんだろうか？」「他の考え方はできないのだろうか？」と考えるところか
ら、新たな仮説が生まれてきます。隠れた前提がないか、常識を疑ってかかる
のです。そのためには、そもそも論に戻ってゼロベースで考えること、多様な
切り口でテーマをとらえることが大切となってきます。

④対立を恐れず、新たな考え方を探し出す

対話は、互いの考えが違うことが前提で
あり、対立を避けようとすると会話になっ
てしまいます。「こういう考えもあるよ」と
異なる考えをぶつけ、自分の意見を変える
ことも恐れてはいけません。人と意見を切
り分け、遊び感覚でやるのが対話のコツで
す。考えがぶつかったときは、白黒決着を
つけたり、妥協案を探す必要はありません。
「なるほど！」「そういう考え方があった
か！」と皆をうならせるような、さらに上
をいく統合的な新しい考え方を探していき
ましょう。

図4-3 | 正反合で新たな考えを

⑤無理にまとめず、意味の発見を楽しむ

結論を無理にまとめようとすると、対話が議論になってしまいます。対話で
は、皆の腹に落ちる新しい考えを見つけることを狙うものの、人によって答え
が違ってもかまいません。「これだ！」と思う自分なりの意味を発見することが
大切だからです。おそらくそれは正解ではなく、また対話をやれば新たな正解
が見つかるかもしれません。哲学の対話がそうであるように、対話には終わり
がなく、「新たな問いをつくり出すこと」が対話だといっても過言ではありませ
ん。

129

柔らかく主張するスキルが求められる

　対話とは、共に考え、新たな考えを生み出す話し合いです。そのためには、会話のところで紹介した傾聴などのスキルに加えて、主張のスキルが大切になってきます。

　人は自己主張をしようとすると、どうしても意見を押しつけたり、相手を攻撃したりする調子になりがちです。そうすると相手は、感情的に反発して受け入れ難くなり、攻撃し返そうと思うものです。挙げ句の果てに、どちらかが相手を屈服させるか、物別れになってしまい、対話になりません。

　そうならないよう、**非攻撃的自己主張**と呼ばれる、押しつけにならないように自分の意見を伝えるやり方があります。その基本が質問を使うことです。

　　×　私はAだと思います
　　○　Aという考え方もあるんじゃないでしょうか？
　　◎　たとえば、Aという考え方については、いかがお考えですか？

　このように質問を使って意見を伝える場合には、クローズド・クエスチョン（Yes/No型）より、オープン・クエスチョン（5W1H型）のほうが、柔らかな自己主張になります。どちらの場合でも、語尾が不完全な質問にするのがポイントです。さらに「私が間違っているかもしれませんが…」「個人的な意見なんですけど…」といった**クッション言葉**を頭につけると、感情的な反発を和らげる効果があります。

　相手に反論する場合や質問に回答する場合でも、いったんは発言を受け止めた上で、質問で意見を返すようにします。そのときに、受け止めた意見を全面的に否定せず、「さらに、こういう意見はどう思いますか？」という追加型の表現を取ると、相手は受け入れやすくなります。ButではなくAndで返すのです。

　　×　そうおっしゃりますが、Aという考えもあるんじゃないでしょうか？
　　○　なるほどBというわけですね。だとしたら、Aという考えもあるんじゃないでしょうか？

◎　なるほどBというわけですね。さらにAについてお考えになるのはどうでしょうか？

なかには、どうしても相手の主張を否定したり、反論したりするような内容を言わなければならないときもあります。そういうときは、最初に同意点を話し、次に反対意見を述べ、最後にもう一度一致する点を強調するとよいでしょう。

チーム全体でもこのような言い回しができれば、対話がおだやかになり、感情的な対立を防ぐのにも役立ちます。そのためには、ファシリテーターが見本となると同時に、攻撃的な主張を柔らかく言い換えるなど、臨機応変に介入することが必要となります。

図4-4 ｜非攻撃的自己主張の例

●質問を使う

私はこう思います　→　こういう考え方もできるのでは？
あなたは間違いです　→　間違っている可能性もあるのでは？

●オープンクエスチョンを使う

賛成ですか、反対ですか？　→　どのように考えますか？
こうすべきだと思いませんか？　→　どのようにすべきと考えますか？

●不完全質問にする

こうすべきだと思いませんか？　→　こうしたほうがいいんじゃないですかね？

●Weを主語にする

どうするつもりなのですか？　→　私たちはどうすればよいのでしょうか？

●人ではなく内容を責める

なぜ失敗したのですか？　→　何が失敗させたのでしょうか？

●一歩引いて主張する

あなたの意見はおかしいです　→　私が間違っているかもしれませんが…
このようにすべきです　→　個人的な意見なんですけど…

●一致できる点を強調する

あなたの意見とほとんど同じで、１つだけ食い違うとすれば…

多彩な質問のスキルを使いこなす

　対話でもう１つ大切なのが質問のスキルです。質問は、相手から情報や思い
を引き出すために使うのが一般的です。それに対して対話では、新たな論点を
投げかけたり、考える方向を舵取りするための質問が重要となってきます。問
いかけのスキルといったほうが分かりやすいかもしれません。相手に問いかけ
つつ、自分も一緒に考えるのです。

　　普通の質問　「Aについて、あなたのご意見は？」
　　問いかけ　　「Aについて、私たちはどう考えたらよいでしょうか？」

　さらに、相手から答えが返ってきたら、考えを深堀りするための質問を投げ
かけます。代表的なツッコミどころを紹介しましょう。

　　理由　　　　「なぜそう考えるのでしょうか？」
　　帰結　　　　「だとしたら、どうなるのでしょうか？」
　　抽象化　　　「つまりそれは何を意味しているのでしょうか？」
　　具体化　　　「たとえば、どんなことをすればよいのでしょうか？」
　　目的　　　　「そもそもそれは何のためにあるのでしょうか？」
　　手段　　　　「そのために何をするのがよいのでしょうか？」
　　選択肢　　　「他にどんなことが考えられるでしょうか？」
　　優先順位　　「なかでも大切なことは何でしょうか？」

　ときには、固い頭を打ち破り、発想を広げるために、仮定や極論を投げかけ
るのもよい方法です。

　　仮定　「仮にAだとしたら、どうなるのでしょうか？」
　　極論　「極端に言えば、Bということでしょうか？」

図 4-5 │ 問いかけの例

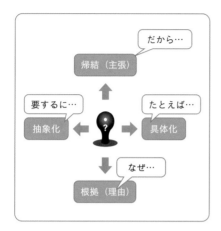

　そうやって、相手に問いかけたり、自分の仮説を披露したりしながら、共に考えを深めていきます。特に、意見の前提となっている考えに疑いの目を向け、思考をゆさぶってみることが効果的です。対話を深めるための重要なツッコミどころとなります。

　　論理性　「そう考える一番の根拠は何なのでしょうか？」
　　柔軟性　「いついかなる場合もそうだと言えるのでしょうか？」
　　実現性　「現実的にそんなことができるのでしょうか？」
　　効果性　「そう考えることがいったい何の役に立つのでしょうか？」

　こういった質問は、対話のメンバー同士で相互にやり合うのが理想的です。ただし、質問が詰問になったり、質問する人と回答する人が固定化したりしてしまわないよう注意してやる必要があります。それがうまくいかなかったり、踏み込み方が弱かったりするときは、ファシリテーターから質問をすることはいうまでもありません。

気持ちが1つになる言葉を紡ぐ

　そもそも対話は考えを高め合うためにやるものであり、必ずしも結論を出す必要はありません。1人ひとりの考えが深まったら、対話の目的は達したことになります。

　ところが、チームのミッションやビジョンを対話するときは、そうはいってられず、結論をまとめないわけにはいきません。チーム内に浸透させるためにも、きっちりと言葉でまとめないといけません。どれだけ言葉を紡いでいけるか、ボキャブラリーが勝負となります。

　とはいえ、合意が大切だからといって、誰かの意見を多数決で採択したり、みんなの意見の最大公約数を求めたりしたのでは、対話の意味がなくなってしまいます。普段の会議とは異なるまとめ方をしないといけません。それが**創造的合意形成**と呼ばれる方法です。

　たとえば、チームでビジョンの対話をしていると、大きくA、B、Cの意見があることが見えてきました。既に1時間近く話し合っていますが、どれかに落ち着きそうな気配がありません。今日はもうまとまらないと諦めかけたとき、今まで発言していなかった若手が、「だったら、Dというのは？」と3つの考えを包含しつつも、一歩上をいく新たな考えを口にしました。「それだ！」と多くの方が口にし、その瞬間チーム全員の気持ちが1つになりました。

　これが創造的合意形成です。まとめるというより、まとまるような新しい考えを出し合う、といったイメージです。そうしないと、本質をつきながらもインパクトのあるエッジの効いた言葉が生まれてきません。それは、みんなの波（ノリ）が合わさったとき生まれてきます。

みんなで伝説を生み出そう

　ただ、そこまでやったとしても、新たな言葉が生まれる瞬間に立ち会わなかった人にとっては、新味のない当たり前の言葉に聞こえるかもしれません。そのときはノリで言葉を生み出したものの、参加しなかった人には意味不明なも

のになっているかもしれません。

　これはある程度は仕方がありません。誰からも文句が出ないようにと、万人受けする言葉で表したり、抽象的な表現にすることのないようにしましょう。

　意味を深め合う対話の本質は、単にカッコいい言葉をつくり出すことではありません。それどころか、極論をいえば、できあがった言葉は何でもかまいません。

　大切なのは、そこに至るプロセスを共通体験する、すなわち、みんなでやり切ったというういわば"伝説"をつくることです。「もうまとめるのは無理だと皆諦めていたら、今まで黙っていた若手が…」といったような。言葉はいずれ陳腐化しますが、その物語がチームに生き続けることでしょう。

　そのことを理解し、意見をまとめることやキャッチーな言葉をつくることに気を取られないように注意して、対話を楽しんでください。

実践のヒント④

Q　チームのビジョンづくりの話し合いを始めたのですが、対話があまり盛り上がりません。どうしたらよいでしょうか？

A　私たち日本人は、どちらかといえば、ビジョンを掲げて邁進するのが苦手です。自然災害の多い日本では想定外の事態が起こりやすく、臨機応変に状況に対応しながらみんなで助け合って生きてきたからかもしれません。その点では、大きな夢や志を抱いて海を渡ってきた人が集まったアメリカとは段違いです。逆に、私たち日本人が得意なのがミッションやバリューです。「誰の何の役立つのか？」「どう振る舞えばよいのか？」であれば、活発に意見が出るはずです。なので、無理にビジョンを話し合う必要はなく、ミッションやバリューでチーム・ビルディングするのが賢明な方法です。実際、企業の経営理念を見ると、そこにはミッションやバリューが表現されており、ビジョンの代わりに数値目標だけを掲げている。そんな企業が少なくありません。それも１つのやり方だと思います。

意味を探求するための問い

　ミッションとは、チームが「何のために存在するのか？」、目的、意義、使命などを表したものです。そのままだと、とても根源的で大きな問いになり、面食らってしまうかもしれません。いきなり問うのが難しければ、足がかりにする少し小さな質問から始めるのがポイントです。

意義を問う

　　私たちの仕事（活動）は、どんな価値を生み、誰の何の役に立っているのでしょうか？　またそれがどんな貢献を社会にもたらしているのでしょうか？

　ストレートにミッションそのものを問うています。利害関係者をなるべく広くとらえ、社会全体にまでつなげることで、本質的な意味（パーパス）を見出していきます。どちらかといえば、メンバーの成熟度が高いときに効果的な問いです。

貢献を問う

　　私たちが生み出す価値や貢献が組織や社会の隅々までいきわたったときに、

どんな世界が生まれているでしょうか？　将来、理想的な組織や社会ができあがったとき、私はどんな役割と貢献を果たしているでしょう？

　ミッションのイメージが湧きにくいときは、我々の活動がどんな将来をもたらし、それにどう貢献しているのか、ビジョンとセットで考えるのが近道です。ここで語るビジョンは、あくまでもミッションを考えるためのものであり、少しくらい夢物語になってもかまいません。やりにくければ、後述するFIND YOUR WHY（P156）という手法を活用してください。

利害関係者を問う

　私たち（あなた）がいることで、喜んだり、助かったりしている人は誰ですか？　いないことで困る人は誰でしょうか？　私たち（あなた）の仕事は、その人のどんな役に立つのでしょうか？

　具体的な体験を持ち寄って、そこからミッションを導き出す問いです。後半にあるように誰が誰の役に立つかを順番に追っていけば、いつか大きなミッションにいきあたるはずです。役に立ったという自覚がない方がいたら、メンバーが協力して探してあげましょう。

言葉の意味を問う

　経営理念の中にある○○という言葉（フレーズ）は何を意味しているのでしょうか？　それは、どんな未来を実現しようとしているのでしょうか？

　既に明文化されたミッションがあるときは、その中のキーワードやキーフレーズを拾い出して、意味を考えてみましょう。経営理念の文章全体を問いに入れてしまうと、人によって着目する言葉が違い、対話が深まっていきません。話し合う人数が多くなればなるほど、ワードを絞るのがコツです。「たとえば」と具体例を挙げることで意味が共有しやすくなります。

137

ビジョンを問う　〜私たちは何を目指しているのか？

　自分たちが目標とする将来の姿を、メンバー全員がイメージしやすい表現でまとめたのがビジョンです。単に「5年後に売上100億円！」と数字を挙げるのではなく、100億円を達成したらチームや世の中がどのようになっているか、達成したときの姿を話し合わないといけません。みんなが達成したいと願うようなワクワクさせる姿を描いていくのです。メンバーの頭の中に同じイメージが湧いてくるかどうかが勘所となります。

将来像を問う

　ミッションの完遂に向けて、どんな○○年後の姿を私たちは望んでいるのでしょうか？　○○年後にどんなチームになってほしいと思いますか？

　ミッションからビジョンをストレートに考える問いで、メンバーの心や頭の準備が十分にできているときに使います。いつの時点のビジョンかを決めて対話を進めないと、話がかみ合わなくなるので、必ず到達年度を入れるようにします。あまり先の話だと現実味がないので、5〜10年くらいが適当なところです。将来のイメージが湧きにくければ、過去、現在、未来と順番に話し合っていくやり方もあります（年表づくり：P143）。

願望を問う

　私たちが心から望むことは何ですか？　私たちが得意としていることは何ですか？　私たちがみんなから期待されていることは何でしょうか？

　漠然とビジョンといわれても話しにくいときは、手がかりとなる切り口があると助かります。たとえば、願望（やりたいこと）、可能性（できること）、期待（求められていること）の3つを話し合ってから、最後に「では、私たちが目指すものは何でしょうか？」と問いかけるとうまくいきます。これをやりやすく

したのが、「ウィル／キャン／マスト」(P146)というフレームワークです。

未来を問う

> もし、すべての問題が解決したとしたら、どんな未来が目の前に現れている
> でしょうか？　もし、1からやり直すことができるとしたら、どんな姿を目
> 指したいですか？

　現状や固定観念に縛られてバラ色の未来や大きな夢が描きにくいときは、一
切の制約を取り払う仮定形の問いが威力を発揮します。第3章(P81)で紹介
したミラクルクエスチョンです。非現実的な問いは3D(どうせ、だって、だ
から)の壁を打ち破るのに効果があります。それでもダメなときは、「もし、魔
法の杖があって何でもかなえてくれるとしたら…」という問いを試してみてく
ださい。

イメージを問う

> ○○年後に私たちのチームが賞賛を浴びているとします。そこにはどんな姿
> が現れているでしょうか？　○○年後のチームを想像してみてください。ど
> んな姿が見えていますか？

　ビジョンをイメージしにくいときには、いったんその時間まで飛んで、あた
かも未来が実現したかのように語り合ってみることです。すぐに思いつかない
ときは、少しの間目をつぶって頭の中でイメージしてもらってから始めると、
ずいぶん語りやすくなります。ある程度対話が進んだら、絵や物語で表現して
みるのもよい方法です。プロトタイピング(P148)と呼び、さまざまな手法が
開発されています。

139

▚▚▚バリューを問う　〜私たちが大切にしているものは何か？

　行動の指針となる価値観や信条を表すバリューは、ミッションやビジョンに
比べて考えやすいです。具体的な行動や経験をもとにして考えられるからです。
それだけにいろいろな意見が出て、まとめるのに苦労する場合があります。そ
んなときは、優先順位を話し合ったうえで、複数採用するのが得策です。とは
いえ、あまり多すぎると覚えきれず、3〜5つくらいが適当で、10を超える
とチーム・ビルディングの役に立ちづらくなります。

価値を問う

　　ミッション（ビジョン）を実現するために、私たちがこれから最も大切にして
　　いきたい価値（信条、原理原則、行動指針など）は何でしょうか？

　ミッションやビジョンが既にあるときに、バリューそのものについて考える
問いです。「挑戦」「信頼」「誠実」といった紋切り型の言葉で終わらせず、修飾語
を加えたり（例：大胆不敵な挑戦）、比喩表現を加えたり（例：エジソンのよう
な挑戦）、多少長くなってもよいので、自分たちらしいフレーズで表現するよ
うにしましょう。

　「最も」となっていますが、前述したように、最終的に1つに絞る必要はなく、
複数になってもかまいません。そのときは、優先順位を考えることで、さらに
対話が深まっていきます。

行動を問う

　　どんな行動を積み重ねることが、私たちが目指す未来につながるでしょう
　　か？　反対に、どんな行動が未来の出現の妨げになるでしょうか？

ここでいう行動は、ビジョン達成のためのアクションプランではなく、「自律的に行動する」などの、未来を切り拓くのに寄与する行動規範を意味します。必ずしもプラス面とマイナス面の両方を考える必要はありませんが、対比させたほうが考えやすくなります。ポジティブに話し合いたければプラス面だけでも十分です。

こだわりを問う

　私たちが活動するにあたり、絶対に譲れないことは何でしょうか？　これがなくなったら私たちではなくなるという、一番の「こだわり」とは何でしょうか？

　大切にする価値とは、これだけは絶対に譲れない「こだわり」のことです。1人ひとりのこだわりを足がかりにして、チームとしてのこだわりを見つけていく戦法です。当たり前のようにやっているため、自分で気がついていないこともあります。メンバー同士で指摘し合うと無意識のこだわりが見つかったりします。

プライドを問う

　子どもたち（後輩、若い人など）にみんなが賞賛（感謝、誇りに）される素晴らしい行動は何でしょうか？　みんなを失望させる残念な（情けない、恥ずかしい）行動は何でしょうか？

　「すべきこと」と「すべきでないこと」を出してから、なぜそうなのかを考えることで、自尊心を形づくる価値観や行動基準を抽出していきます。さらに、子どもや若い人を想定することで、バリューという抽象的なテーマをイメージしやすくしています。「いいカッコをしたい」「こんな不細工なことは恥ずかしくてできない」という気持ちを利用しているわけです。

意味を探求するための
アクティビティ

⬛ ビジョンや目標を共有する技法（10種）

　MVVを考えるときによく使う手法をいくつか紹介しましょう。MVVそのものを考えるものもあれば、その足がかりとなる情報を分析するものもあります。必ずしもこういった手法を使う必要はありませんが、覚えておくと重宝します。

●ウィッシュポエム　　　　　　　　　（20人、所要時間60分、紙と筆記具）
①詩をつくる

　まず、全員目をつぶって何年後かの自分や自分たちのチームの姿をイメージします。イメージが湧いてきたら、それを詩（ポエム）のように表現してカードに書き出していきます。全員が書き終わったら、1つひとつ順番に読み上げて発表します。例：「○○なチームだったら素晴らしい（楽しい）なあ」

②ビジョンにまとめる

　全員のカードを集めて貼り出し、共通する思いや背景にある願望などを話し合っていきます。ある程度共通点が見つかれば、カードの言葉をできるだけ活かしながら、ビジョンに仕上げていきます。グループで分かれてやる場合は、グループでまとめてから全体をまとめていくとよいでしょう。

　何も浮かばない人には、ファシリテーターが少し後押ししてあげるようにします（例：お客さんはどんな顔をしていますか？　職場の風景はどうですか？）。まとめにくい場合は、「なぜそれをイメージしたか」「そのことを通じて何を達成したいか」を問いかけ、個々に書かれたものの上位概念に着目すると合意が得

られやすくなります。

●増えるもの／減るもの　　　　　　（10人、所要時間60分、ホワイトボード）

　チームの中で「これから増えるもの(more)」と「これから減るもの(less)」を列挙して、Tチャートにまとめていきます（例：競合が増える、顧客が減る）。チャートを見ながら将来の自分たちの姿を話し合い、問題や課題に対してどう対処していくか、そのときに何を大切にするかを話し合って、ビジョンにまとめていきます。

　増えるものや減るものの数が多い場合は、内部／外部のように切り口別に分けたり、重要度に応じてランクづけなどをして、環境変化の全体像を理解しやすくしてあげましょう。それぞれにプラス方向の変化とマイナス方向の変化が混じるので、分類しなおしてから議論するのでもかまいません。

図4-6 ｜ 増えるもの／減るもの

	増えるもの	減るもの
内部	・連絡調整のための会議 ・管理職が抱える仕事量 ・IT関連への投資 ・海外への出張→転勤も！ ・競合他社の数	・商品の利幅→粗利率 ・商品ライフサイクル ・間接部門の人員 ・管理職のポスト ・会社の保有資産
外部	・顧客ニーズの多様性 ・高齢者向けマーケット ・グローバルサウスの重要性 ・環境問題への配慮 ・企業の社会的責任	・顧客1人当たり購買額 ・子ども／若者向け市場 ・グローバル化を妨げる壁 ・さまざまな公的規制 ・系列取引の割合

●年表づくり　　　　　　　　　　（人数無制限、所要時間30分、紙と筆記具）

　過去を振り返ることは、未来を考えるための格好の材料を提供してくれます。過去に起こった出来事を時系列に並べていき、大きなトレンドや変化の波を読み取ろうというのが年表の狙いです。

　一例を挙げると、世界(Global)、地域や組織(Local)、個人(Personal)の3つの観点で過去の出来事をリストアップしていきます。さらに3つを比較して、繰り返されているパターンがないか、相互がどのように関わっているか、大きなトレンドが読み取れないか、などを考察していきます。さらに詳しく分析したいときは、後述するPESTをはじめとする環境分析のフレームワークを併用します。

図4-7 ｜ 年表づくり

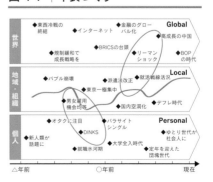

143

●コンテクストマップ　　　　　（20人、所要時間60分、ホワイトボード）

　アウトサイド・イン・アプローチでは、チームを取り巻く状況がどのように
なっているのか、どんな要因に影響を受けているのか、マクロな分析が欠かせ
ません。そこで活躍するのがコンテクストマップです。

　たとえば、外的な要因やトレンドを視点ごとに洗い出していきます。その際
に、PEST（政治：Politics、経済：Economics、社会：Society、技術：Technology）
の切り口で考えるとうまくいきます。テーマによっては、環境（Ecology）や文
化（Culture）を加える場合もあります。これらの要因がリストアップできたら、
要因同士に関連性やつながりがないかを調べてみましょう。そうすれば世の中
の大きな流れや構造的な変化が見えてきます。

　PEST以外には、４Ｃ（構成要素：Components、特徴：Characteristics、人
物：Characters、課題：Challenges）も情報の整理に役立つ切り口です。視点
を決めずに、思いつくものを自由に挙げながら整理していく方法もあり、マイ
ンドマップを使うと便利です。

　要因の中には、起こるかどうか分からないものもあります。こういった不確
定な要因も忘れずに挙げておかないと、後で足をすくわれかねません。集めた
要因にどれくらいのインパクト（影響力）と不確実性があるかを検討しておくこ
とで、さらに分析が深まります。

図4-8｜コンテクストマップ

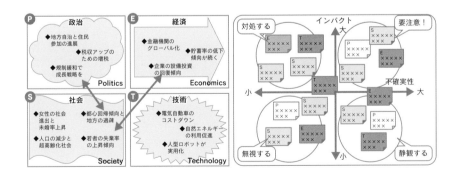

●SWOT　　　　　　　　　　　　　　　　（20人、所要時間60分、ホワイトボード）

　経営戦略の立案で使うSWOTはビジョンづくりでも役に立ちます。まず、強み（Strength）、弱み（Weakness）、機会（Opportunity）、脅威（Threat）のマトリクスを描き、1項目ずつ順番に意見を出し合って記録していきます。次に、それぞれの項目の重なり部分に着目し、何ができるかを考えて同じようにアイデアを記録していきます。

　　・機会を利用して、強みをより強くできないか？

　　・機会を利用して、弱みを克服できないか？

　　・強みを使って、脅威に打ち勝つことはできないか？

　　・脅威を逆手にとって、弱みを強みに転換できないか？

　最後に、4つの進め方の良し悪しを議論して、優先順位をつけたり統合したりしながら、1つのビジョンにまとめていきます。

　このエクササイズは、チーム自身やそれを取り巻く環境の認識が共有できるのが大きなメリットです。さらに、4つの項目の組み合わせで、正攻法から意外性のある攻め方まで、いろいろなビジョンをつくり出すことができます。

　非営利組織で使うときは、強み→資源／長所、弱み→課題／短所、機会→良い変化／追い風、脅威→悪い変化／向かい風と言い換えると使いやすくなります。

図4-9 ｜ SWOT

●ウィル／キャン／マスト　　　　（20人、所要時間60分、ホワイトボード）

　やりたいこと(Will)、できること／得意なこと(Can)、やらなければいけないこと／求められていること(Must)の３つの円を描き、１つずつ順番に意見を出し合って記録していきます。次に、２つの円の重なり部分に着目し、何ができるかを考えて同じように意見を出し合って記録します。最後に３つの円の重なりが何かを議論して、自分たちのビジョンとしてまとめます。

　このアクティビティは、静かに自分たちの内面に問いかけるムードとなり、ファシリテーターはなるべくそのムードを壊さないようにしましょう。いきなり意見が出しにくい場合は、ワークシートを用意しておいて、あらかじめ記入させてから発表させるという手もあります。似たような方法に３C(Company、Customer、Competitor)のフレームワークを使う方法があります。

図4-10 ｜ウィル／キャン／マスト

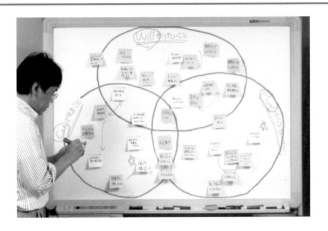

●タイムマシン法　　　　　　　　（20人、所要時間30分、ホワイトボード）

　N年後の自分たちの姿を想像して、そのときどうなっていたいか、どういう状態であれば気分がよいかなどを出し合います。次にそれを実現するためにはN／2年後にはどうなっていればよいかを、同じように出し合います。さらにN／2年後の姿を実現するために、N／4年後はどうなっていなければならないかを出し合っていきます。

　ビジョンをつくりながら、そこに至るロードマップができあがり、さらにビ

ジョン実現への責任感が強まるという優れた方法です。そのため、必ず将来を先に決めてから、現在に戻る必要があります。おそらく、最初は気楽に語り合っていたのが、年限が近くなると現実味を帯びてきて、葛藤や抵抗が生まれるはずです。そうなっても、なるべくもとのビジョンを修正せずに、決意を高める方向に促すようにしましょう。

●未来新聞　　　　　　　　　　（10人単位、所要時間60分、模造紙と筆記具）

いったん将来に身を移動させ、そのときの自分をイメージ（描写）させることで将来をイメージさせる方法です。ビジョンづくりに役立ちます。

①将来をイメージする

ビジョンの年限を決め、そのときに自分たちが新聞（雑誌）やニュース番組のトップを飾るとしたらどんな記事になるか、どんな見出し（キャッチコピー）がつけられているか、どんな解説がついているか、1人ひとり考えつくものをたくさんあげて、付箋に書き出していきます。

②共通のイメージをつくる

それぞれの記事の内容を説明し、全員が共感できたものをいくつかモチーフにして、実際の紙面（またはTVニュース）をつくりあげます。

③背景にある願望を見つけ出す

できあがった記事を見ながら、背景にある欲求や願望を話し合います。

・記事を見て気がついたことはないか？
・なぜそんな記事を思い浮かべたのか？
・その記事の中で、大切なことは何なのか？

④ビジョンをつくる

できあがった記事（ニュース）と話し合いの内容をもとに、自分たちのビジョンを文章にまとめていきます。

大いに盛り上がるアクティビティですが、お遊びにならないよう、記事の裏に隠れた願望や欲求を内省させることがポ

図4-11 ｜ 未来新聞

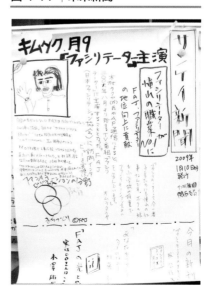

147

イント。「なぜそれをイメージしたか」「そのことを通じて何を伝えたかったのか」を問いかけ、本人が気づいていない意識を引っ張り出しましょう。

　バリエーションとして、危機感を高めるためにチームが破綻した記事をつくったり、個人のビジョンを考えるために「未来の遺書」を書かせたりするという方法もあります。

●プロトタイピング　　　　　　　　（人数、所要時間、準備物は手法による）

　MVVの漠然としたイメージが見えてきたら、分かりやすい形にまとめてみると、その良し悪しが容易に評価でき、イメージが共有しやすくなります。これをプロトタイピング（試作）と呼び、未来新聞はその1つです。

　たとえば、一口に言葉でまとめるといっても、ワンワード、短文、キャッチフレーズ（コピー）、標語、俳句、川柳、ポエム、ルール、問い、漢字一文字などいろいろな形式があります。

　もっと具体的にしたければ、ストーリー（物語）を使うのがよく、イメージが湧きやすくなると同時に、疑似体験ができます。成功談、失敗談、昔話、シナリオなど、表現を工夫することでさまざまなバリエーションが楽しめます。

　それを発展させたのが紙芝居です。言葉だけではなく、絵や台詞を使ってまとめていきます。4コマ漫画や絵コンテにするのも楽しく、起承転結やオチをつけるなどしてストーリーに工夫を凝らすようにします。

　「百聞は一見にしかず」の諺があるように、1枚の図や絵が持つ力は長い説明を聞くよりもインパクトがあります。チームの未来の姿を木（ツリー）や山登りなどの絵にまとめると分かりやすくなります。絵や写真を切り貼りしたコラージュ、粘土、ブロック、積み木などで表現する方法もあります。

　さらに、パンフレット、ポスター、チラシなどの宣伝物をつくりあげる手があります。ＴＶコマーシャルのシナリオや絵コンテをつくるのも盛り上がります。それを実際に演じてみたり、短い動画をつくったりするのもよいでしょう。

　また、身体を使った表現もよく用いられます。たとえば、仕事のストレスについて議論をしているときに、「仕事が思うように進まない」という状態を身体で表現してみるとどうなるでしょうか。1人でもできますが、数人が集まってやると、大がかりな表現ができるだけではなく、そのときの心理状態も共有できます。これを人間彫刻と呼びます。

148

さらに、そこに動きやストーリーを加えると表現の幅が広がってきます。シナリオや役づくりをみんなで考え、寸劇に仕立て上げるのです（役に入れば即興でも台詞は出てきます）。舞台演出や音響効果などにも凝って、本格的な演劇をつくるのに挑戦するのも面白いです。

図4-12｜プロトタイピング

●親和図法　　　　　　　　　　　（人数無制限、所要時間60分、付箋と筆記具）

チーム作業は、成果もさることながら「皆でつくった」という達成感がチームの肥やしとなります。いくら素晴らしい成果であっても、一部の人の力で成し遂げたのでは、チーム力は高まりません。そのことを実感させてくれるのが、付箋を使ってアイデアの発散・収束をする親和図法です。問題意識の共有化、ビジョンづくり、業務改善アイデアの立案など、チーム活動の幅広い場面で使え、チームの力を強めるのにも寄与します。

①アイデアを考える

テーマ（例：イキイキとしたチームをつくるには？）について全員で話し合いのレベル合わせをします。その後で、各自の思いを付箋に書き出します。このときにキーワードを並べるだけではなく、内容が誰でも分かるように短い文章にするのがコツです。1人10枚くらいを目標にするとよいでしょう。

②グループ化する

順番に付箋の内容を発表し合い、ホワイトボードや模造紙に貼りつけていきます。このときに似たような内容のものは近くに並べるようにします。発表を聞いて思いついたアイデアはいつでも追加してかまいません。

149

③タイトルをつける

　小さな塊となった付箋をグループ化（枠囲み）をしてタイトルをつけます。ここでいうタイトルはいわゆる表題ではなく、グループ内のアイデアをすべて統合したアイデアを意味します。必然的にそれも短い文章となります。

④アイデアを階層化する

　小グループのタイトルがすべてついたら、タイトル同士を見比べて中グループをつくり、同じようにタイトルをつけます。この作業を繰り返し、小グループ、中グループ、大グループと階層的にアイデアをまとめていきます。

⑤アイデアをまとめる

　最終的に３〜５つの大きなグループに整理できれば、グループ同士の関係を議論して矢印で結んでいきます。その上で、全体を見ながら「全員が言いたかったこと」を１つの文章にまとめます。

　親和図法では、頭の回転が速い人が先走って１人で作業を進めてしまわないよう注意しましょう。それだとみんなでやる意味がありません。また、目的がアイデア整理と勘違いして、大グループ→中グループ→小グループと作業を逆に進めてしまわないよう気をつけてください。

　ポイントは、タイトルのつけ方で、「優れたリーダーシップ」「モチベーションの向上」といった抽象的な言葉でまとめてしまうと、意味不明の結果になってしまいます。元ネタの付箋を捨てても意味が通るくらいのタイトルを考える必要があり、上位の階層にいくにつれて文章が段々長くなるはずです。

図4-13｜親和図法

MVVづくり以外でも使える、一般的な対話の手法を紹介します。なかでも、利害関係者が一堂に会して話し合う**ホール・システム・アプローチ**は、チーム・ビルディングに大きく貢献してくれます。

●オフサイトミーティング 　　　　（10人まで、所要時間60分超、準備物なし）

柴田昌治氏が提唱するチーム・ビルディングの手法で、「職場を離れて気軽に真面目な話をする場」をつくり、組織の問題について語り合おうというものです。企業に限らず、多くの組織で導入されて目覚しい成果をあげています。

①チェックイン（自己紹介）

グランドルールを確認した後、1人30分〜1時間にわたる自己紹介を順番に回して、残りのメンバーはひたすら話に耳を傾けます。自己開示と他者の受容を通じて、じっくりと関係性をつくっていきます。

②自由に対話

自己紹介が終わりお互いの理解が進んだところで、特にテーマを決めずに会社や職場の不満や問題点を語り合います。誰がどのように口火をきっても、話がどこに脱線してもかまわず、場にまかせて思うがまま話をしていきます。

徹底的に不満や愚痴などの思いを発散させると、「いつまでもこんなことを言っても仕方がないので…」と、前向きの力が生まれてきます。自分の意見に共感してくれる人がいると、互いの信頼感が深まってきます。同時に、「自分1人ではない」「みんなもやってくれる」という連帯感から、「一緒にやろうよ」「あの人がやるなら私も」と、チーム全体で改革への機運が高まってきます。自然と少しずつ具体的な話へと議論が移っていきます。

③クロージング

無理に成果を出そうと、優等生的な答えや落し所に向けて、みんなで結論づけようとしてはいけません。自然発生的に生み出されたアクションがあれば確認します。内容的には、スッキリとした結論がでなくても、「もやもやした状態」に意味があります。人と人のつながり（連帯感や信頼感）が最大の成果です。

ファシリテーターは、とりたてて議論を整理したり、問題解決を助けたりす

る必要は一切ありません。決められたルールを守るように促しながら、話し合いの場の質を高めていくことに専念していきます。

　思いを吐き出した後でも後ろ向きの話がいつまでも続くようなら、タイミングを見計らって「こんな話をいつまでも続けてよいのでしょうか？」と前向きな機運をつくっていくとよいでしょう。抽象的な議論から具体的な行動へとスイッチさせていくタイミングを見極めるのも重要な役目となります。

●ワールドカフェ　　　（人数無制限、所要時間60分超、模造紙と筆記具）

　J・ブラウン＆D・アイザックスが開発した、ホール・システム・アプローチの代表的な手法です。メンバーを入れ替えながら対話を繰り返すことで、少人数で対話をしながらも、参加者全員で対話をしているような効果が得られます。

①オープニング

　4〜5人のグループに分かれて、テーブルに着席し、テーブル一面に模造紙を広げます。まず、テーブルごとに軽く自己紹介をしてから今の気分を語り合います。あわせて、各テーブルに好きな名前（宿屋や店の名前など）をつけて、紙の真ん中に書いておきます。

②ホームでの対話

　ファシリテーターが対話のテーマを宣言し、テーブルごとに自由に語り合います。テーマは、メンバーが共通に語り合える大きなものが適当です（例：我々が目指すべきチーム像は？）。対話して、思いついたことや、印象に残ったことを、各自テーブルの上の紙にメモ（落書き）していきます。書き方はまったく自由で、色や絵を駆使しながら楽しく描いていきましょう。ただし、個人でメモを取るのは禁止で、すべてテーブルに残すようにします。

③旅先での対話

　20分程度対話をしたら、各テーブルで1人（ホスト）を残して、残りは他のテーブルに移動します。移動した人も残った人も、自分のいたテーブルでどんな話があったかを紹介し、先ほどと同じように対話を続けます。時間があれば、同じ要領で何度かこれを繰り返します。

④ホームでの対話

　旅先での対話が終わったら、全員がもとのテーブルに戻ります。旅先でどんな話があったのかを披露し合い、さらに対話を続けます。その中で皆の共通の

思いが見つかったら、それも書き加えておきます。

⑤クロージング（ハーベスト）

　各テーブルから紙を回収して、会場の前面に貼り出します。イスをその前に扇形に並べ直し、全員でさらなる対話と振り返りを行います。無理に結論をまとめる必要はなく、貼り出された紙を眺めながら、共通の思いや発見がないかを振り返っていきます。

　ワールドカフェの醍醐味は、旅先で聴いた楽しい話をお土産としてホームに帰ってきたときにあります。最初のときとは違った不思議な一体感が芽生え、大いに対話が盛り上がります。

　ワールドカフェが一番威力を発揮するのは、年に１回全メンバーが顔をそろえる、総会やセールスミーティングといった場面です。あるいは、企業合併などで複数の組織が一緒になることになり、全員が初めて顔を会わせる場です。終わったときに、仲間意識と心地よい一体感が味わえるに違いありません。

図4-14 | ワールドカフェ

　メンバーの思いを共有するための優れた方法で、何人でもできるのが有難いです。MVVづくりに限らず、新しい組織ができたときに、意識の共有化に使ってみてください。

●アプリシエイティブ・インクワイアリー　（人数無制限、所要時間60分超、模造紙と筆記具）

　D・ホイットニーらが開発したアプリシエイティブ・インクワイアリー（Appreciative Inquiry：AI）は、大切な問いかけにより、個人や組織の強みを発見して認め合い、それらの可能性を最大限に活かした取り組みを生み出していきます。４Dサイクルと呼ばれる基本プロセスの部分を紹介します。

①強みを発見する（Discovery）

　変革課題（トピック）を定めた後、２人１組のペアをつくり、「○○についてあ

153

なたがこれまでに味わった最高の体験は何か？」といったテーマで相互にインタビューを行います。ハイポイントインタビュー（P89）と呼ばれる重要なステップで、個人と組織の本当の強みや価値を掘り出していきます。そうして出てきたものをポジティブ・コアと呼びます。

②理想を描く（Dream）

ポジティブ・コアをベースにして、それが結集したときにどんな未来が拓けるのか、チームや組織として達成したい最高の未来像を話し合います。単に言葉だけで語るのではなく、実際に未来像をビジュアルに表現してみると、みんなのイメージを喚起され、実現への意欲も湧いてきます。

③未来を設計する（Design）

最高の未来像の実現に向けて、自分たちが持つ可能性を最大限に活かした組織の姿を、具体的な目標として表現します。「○○を△△する、□□までに」といったように。具体的に記述することで、漠然としたイメージをカタチに変換できます。

④実行に備える（Destiny）

あるべき姿に向けて実際にどんな取り組みをこれからしていくのか、施策や行動計画（アクションプラン）、あるいはチーム・組織体制を設計します。それらを問題に関わるメンバーに伝え、理想の実現に向けて持続的に取り組んでいきます。

このプロセスを少しずつ分けてやる場合もあれば、一時に全部やる場合もあります。後者の場合、最低でも２〜３日間のワークショップが必要となります。その際は、関係者を一堂に会してやるのが望ましいのは言うまでもありません。

図 4-15 ｜ 4D サイクル

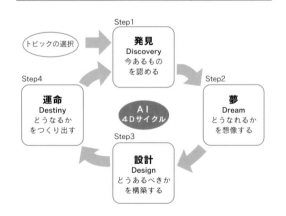

●フューチャーサーチ　　　（人数無制限、所要時間60分超、模造紙と筆記具）

　M・ワイスボードらが開発したフューチャーサーチは、その名の通り、自分たちの未来を探究するための手法です。アウトサイド・インとインサイド・アウトの両方のアプローチを取り交ぜており、フルコースでは3日間かかる大がかりなワークショップとなります。そこにいろいろなチーム・ビルディングの手法が盛り込まれており、一部だけ切り出して使うこともできます。

①過去を振り返る

　全員で大きな年表をつくり（P143）、過去から現在までに起こったことを明らかにしていきます。できあがったら、利害関係者を混ぜたグループになって、繰り返されているパターンや読み取れるトレンドはないか、そこから何が学べるかを話し合います。参加者全員が同じ土俵に立つための大切な作業です。

②現在を探求する

　次に、自分たちの現在の生活や組織活動に影響を与えている外部トレンドを、マインドマップを使って整理したコンテクストマップ（P144）を全員でつくります。それを利害関係者別グループで眺めながら、何をしているのか、どんなことをしたいのかを話し合っていきます。

　さらに、今の状況に対して「誇りに思うこと」「残念なこと」（プラウド＆ソーリー）を出し合っていきます。それを分かち合うことで、利害関係者を超えた共感が生まれてきます。

③理想的な未来のシナリオをつくる

　いよいよ、ここからが未来を創造するステップです。混合グループに戻って、理想的な未来のシナリオを作成し、あたかもそれが実現したかのように表現します。そのために一番よいのが演劇（スキット）です。演じれば、自分も見ている人も疑似体験ができます。

　演劇がやりにくければ、ストーリーボード（紙芝居）やストーリーテリングなどプロトタイプ（P148）のやり方を工夫するようにします。グループごとに趣向を凝らして、体感的に理解できるように表現するのがポイントです。

④コモングラウンドを明確にする

　シナリオの発表を通して発見したコモングラウンド（共通の価値）、候補プロジェクト（実現の方法）、合意できないことを混合グループごとに洗い出します。それらを眺めながら、みんなが共通して持っている考えは何かを話し合い、コ

155

モングラウンドとプロジェクトを集約していきます。ここで完全に意見を一致させようと思わず、合意できたことを採用します。

⑤アクションプランを作成する

プロジェクトごとにグループを組み直し、自分たちが理想とする未来を実現するための長期・短期のアクションプランをつくります。計画に対するコミットメントを全員で分かち合って、フューチャーサーチの幕を下ろします。

図4-16｜フューチャーサーチ

● FIND YOUR WHY　　　（人数無制限、所要時間60分超、模造紙と筆記具）

仕事の意味（Why：ミッション）を見つけ出す手法です（S・シネック他『FIND YOUR WHY』）。個人のWhy探しについて紹介しますが、組織についても同じやり方でできます。

①準備をする

自分のWhyを見つける話し手と、お手伝いをする聞き手（できれば2〜3人）が集まり、ホワイトボードの前にイスを並べて座ります。両者が協力して、以下のようなWhyステートメントをつくることを目指します。

　　　私は「A　　　　　　」することで「B　　　　　　」になる

　　　A：私の貢献（Contribution）、B：私以外への影響（Impact）

②エピソードを語る

話し手は、自分が最高の状態にある経験、自身を形づくっている特定の思い出や出来事を語ります（15分程度）。たとえば、以下のような話です。

・心から誇りに思う、あなたが達成したこと

・世界の見方や自分の役割についての考えが変わる契機となった出来事

・人生が過去とはまったく違うものになったと自覚した重要な出来事

・自分を無にして取り組んだ後、とても重要なことをした気分になった経験

・今の自分をつくり上げる手助けをした人との素晴らしい経験や思い出

・仕事において「自分なら報酬なしでもやったはず」と感じた場面

　一般論ではなく具体的なエピソードで複数語るようにします。そのときに抱いた感情やその経験がどんな感情をもたらしたかを語るのがポイント。思いつくままに語り、分析したり意味づけをしたりは絶対にしてはいけません。

③話を深堀りする

　その間、聞き手は、語られる話を受け止め、相手の様子や変化を観察し、もっと話すように促していきます。Yes ／ No で答えられる質問や「なぜ」を尋ねる質問は禁句。話が途切れても静かに待ちます。何が起こったかよりも、話し手がどう感じたかのほうに焦点を当てるようにします。語られる話が重要な理由がはっきりするまで質問をしてください。

④キーワードを拾う

　それと同時に、話の中で繰り返されたり、大切な役割を担ったキーワード（アイデア、言葉、表現、感情など）を「すべて」「そのまま」付箋に書きホワイトボードに貼りつけていきます。これらをテーマと呼びます。

⑤貢献と影響を探し出す

　話が終わったら、話し手は、書き出してくれたテーマを眺めて、重要だと思うものを探し出し、独特の貢献と感じるテーマと、影響をよく表すテーマを選んでいきます。聞き手はそのお手伝いをしてあげます（例：私には〇〇のように聞こえましたが…）。

⑥Why ステートメントをつくる

　話し手は、選んだテーマをもとにしてWhy ステートメントを下書きして、しっくりくるまで言葉を磨き上げます。その間に聞き手は、ブラッシュアップのお手伝いをしてあげます。（例：これでしっくりきましたか？　他によい言葉はありませんか？）

図4-17 ｜ WHY ステートメントの例

> みんなのやる気を引き出すことで（貢献）、最高のパフォーマンスが発揮できるようにする（影響）。

> 誰も思いつかないアイデアを発想することで（貢献）、社会的な課題を解決へと導く（影響）。

対話を効果的に
進めるには

■心理的安全性がなければ自由に話せない

　対話に限らず、活発で有意義な話し合いをするために最も大切なものがあります。A・C・エドモンドソンが提唱する**心理的安全性**です。分かりやすくいえば、「このチームなら何を言っても受け入れてくれる」という感覚をみんなが共有していることです。

　何かアイデアや意見がひらめいたらすぐ口にしてみる。SOS信号を発したら必ず誰か助けてくれる。間違ったことを言っても、失敗をやらかしても、責められたり嘲笑されたりせず、みんなでフォローしてくれる。

　こんな、関係性があるからこそ、心おきなくホンネで話し合いができます。安心して仕事に打ち込め、自分の能力や個性をフルに発揮し、結果として高い成果を生み出すことができます。さらに、働きがいや仲間との一体感が味わえ、人材の定着率も高まります。

　心理的安全性の高いチームをつくるには、「無知だと思われたくない」「無能だと見られたくない」「邪魔していると思われたくない」「ネガティブな人だと見られたくない」という４つの不安を取り除かなければなりません。

図4-18 ｜ 4つの不安

無知 Ignorant	無能 Incompetent
こんなことも知らない	こんなこともできない

邪魔 Intrusive	ネガティブ Negative
何の役にも立たない	消極的・否定的だ

そのためには、話し合いの場はもちろんのこと、普段の接し方やコミュニケーションの取り方がポイントとなります。なかでも年齢や地位の高い人が率先して安全性を高める取り組みをすることが肝要です。

　たとえば、話し合いの場でいえば、次のような振る舞いが1人ひとりに求められます。

　・発言を独占せず、全員が平等にできるように努める
　・相手の話を積極的に聞き、ポジティブな反応を返す
　・非言語で否定的なメッセージを送らないように注意する
　・相手を理解したことを示してから異なる意見を述べる
　・質問が詰問に、原因追究が責任追及にならないようにする
　・積極的にフィードバックやコメントを求めるようにする
　（参考：Google「心理的安全性を高めるためにマネジャーができること」）

　特に対話において心理的安全性は重要です。互いの考えに踏み込んだり、異なる考えをぶつけ合ったりしながら、新たな考えを生み出すのが対話だからです。心理的安全性が担保されていないと、相手に共感や同調するだけの会話になったり、ムキになって相手を言い負かそうと議論になってしまいます。

　心理的安全性は対話の土台となります。対話が思うように深まらない、と感じている人は、会話のステージにいったん戻って、安全・安心の場づくりから始めてみてはいかがでしょうか。

ときには「そもそも論」を投げかけよう

　対話のスキルを紹介したときに、「前提を疑う」ことが大事だ、という話をしました。チーム・ビルディングにおいて最も重要な前提は、仕事や組織の意味です。タイミングを見計らって「そもそも論」を投げかけることで、対話がグッと深まります。普段あまり意識していない意味に目を向け、当たり前だと思っていたことを改めて口にしてみると、あらたな気づきが生まれてきます。具体的には次のような質問が効果的です。

159

「〇〇って何（どういうこと）？」

「それって、本当に必要なの？」

「何のために〇〇しているの？」

「〇〇することの意味って何？」

「〇〇は何の役に立っているの？」

「もし、〇〇を止めたらどうなる？」

「〇〇は他ではできないの？」

「なぜ我々はこんなことを一所懸命にやっているの？」

「なぜあなたはここにいるの？」

　ところが、こういった質問は、「なぜそんな当たり前のことを聞くんだ？」「私（私の仕事）が無意味だというのか！」と、相手に否定的に受け取られる恐れがあります。そうなると、相手が防御モードか攻撃モードになって、対話が進まなくなってしまいます。

　だからこそ、あらかじめ心理的安全性を高めておく必要があります。話し合いを進めていきながら、心理的安全性がある程度できあがったところで投げかけるのが得策です。

━ よくある失敗へのうまい対処法

　意味を探求する対話を通じてMVVを話し合ったときに陥りやすい落とし穴がいくつかあります。ズッポリとはまってしまわないための対策とあわせて紹介しましょう。

①他人事

　せっかくビジョンを素晴らしい言葉でまとめたのに、みんな今ひとつ自分事と思えず、しっくりと腹落ちしない。こんなときによくあるのは、誰か1人がつくった文章をそのまま結論に採用してしまい、他の人の爪痕が残っていないというケースです。

　誰かとは、リーダー、ベテラン、キレのよい言葉を思いつく人などです。遠慮したのか、グウの音もでないのか、押し売りがひどくて対話を諦めてしまったのか、原因はさまざまです。いずれにせよ、みんなで紡いだ言葉になってい

ないのです。

　これを避けたければ、一度その文章をどこかに大きく書き出し、1つひとつの言葉を丁寧に吟味することをお勧めします。違和感がないか、もっとしっくりくる言葉はないか、などをチェックして、少しでも他の方の思いが反映できないか考えるのです。

②盛りだくさん

　1人ひとりが目指すことを起点にビジョンをまとめたところ、盛りだくさんな内容になってしまいました。まるで、あれもこれもとオカズを満載した幕の内弁当ができあがり、チームとしての明確な方向性が感じられません。そんなケースもあります。

　誰も取り残さず、全員の意見を盛り込むことを第一と考えるとこうなってしまいます。摩擦を恐れるあまり、一歩踏み込んで話し合っておらず、対話ではなく会話でお茶を濁してしまったのです。

　こんなときは、ファシリテーターが「AとBはどちらが優先ですか?」「この部分、CかDかと問われればどちらが近いですか?」と分かりやすい選択肢を提示して、対話を促進していきましょう。あえて、波風を立てるのもファシリテーターの大切な仕事です。

③ありきたり

　3つ目は、そつなくビジョンをまとめたものの、よく見るとどこかで聞いたようなフレーズが並んでいるケースです。

　普遍的な内容になればなるほど似通ってくるのは仕方ありません。とはいえ、どこのチームにも当てはまるものでは、わざわざ時間をかけて話し合う意味がありません。ありきたりが必ずしも悪いわけではありませんが、自分たちの言葉になっていないと、当事者意識が高まりません。

　解像度が低い抽象的な対話をしているとこうなります。たとえば、チームの強みを話し合うときに、「営業力」「フラットな組織」「個性的な人材」といった抽象的な表現で分かった気になっているのです。

　営業力とは、具体的に何を意味するのか、戦略なのか業務プロセスなのか、あるいは個人のスキルや行動を指すのか。具体的な事例や経験に基づいて話し合わないと、地に足のついた対話になりません。もし、それが見つからないのなら、ビジョンを話し合う前に、何か共通の体験をすることが先になります。

161

④綺麗ごと

　くわえて、エッジの効いた魅力的なフレーズでビジョンがまとまったものの、カッコよすぎて絵空ごとのように感じるときがあります。ビジョンや綺麗ごとやお題目になってしまっては、早晩神棚に上ってしまい、チーム・ビルディングの役に立ちません。まさに、「仏つくって魂入れず」です。

　いきなりMVVの話を始めるとこうなることがよくあります。その話をする前に、1人ひとりが心の中で抱いているモヤモヤを十分に吐き出し、それをみんなで受け止め合うことが、ことのほか重要です。つまり、1ステップ前の会話が不十分だと、他人事のまま受け売りや借り物の言葉で対話することになってしまうわけです。

　もし、そんな空気を感じたら、一番よいのは「いい加減にしてください！こんな上辺だけの話をしたくてわざわざ集まったのですか！」とキレてみせることです。他のケースでも使える必殺技であり、途中でちゃぶ台返しが起こるくらいでないと、よいMVVはできあがりません。誰もやらなかったら、ファシリテーターがやってみせるのも手です。

　一方、「首尾よくMVVはできたものの、チームに浸透しない」という失敗もよく見かけます。MVVづくりが一過性のお祭り騒ぎになってしまい、チームの血肉になっていかないのです。

　いくらMVVを朝礼で唱和しても壁に貼り出しても、チームには浸透しません。抽象的な表現のMVVでは何をすればよいかイメージが湧きづらく、どんな素晴らしい言葉を並べても、記憶に残りづらいからです。

　MVVを浸透させるには、実際にMVVに基づいてどんな行動や判断をしたか、具体的な事例や物語が必要です。なかでも重要なのがリーダーやベテランの振る舞いです。この方々が率先してMVVを体現した行動を本気で取ることで、MVVが意味するものがみんなに伝わり、行動のよいお手本となります。その上で、各自がどんな振る舞いをしたかを語り合う場を持つと効果的です。

　MVVはつくってからが本当の勝負です。そのためにも次の第3ステップが重要となってきます。

第5章

技術編③ | 5

行動を変革する「議論」

みんなで危ない橋を渡ろう

■質の高い結論を目指して議論する

　チーム・ビルディングの3つ目のステップでは、自分たちの仕事や活動、ひいては自分たち（チーム）自体の「どこをどう変えていけばよいのか？」、変革に向けての課題やアクションを話し合うことになります。それができてはじめて、ここまでの話し合いが実を結びます。

　自分の頭で考え、自分で決めて、自分で行動するからこそ、自律性が育ちます。活発な議論を通じて、みんなで力を合わせて頑張ろうという協働性も育まれます。このステップを人任せにはできず、みんなが参加して決めていかなければなりません。

　ここで大切なのは、質の高い結論を得ることです。そのためには、合理的な解決策を見出し、合理的に意思決定しなければなりません。

　合理的とは、筋が通っている、という意味です。根拠が明確である、客観的である、原理原則に合致している、多面的な観点から見て妥当性がある、といったものを合理的と呼びます。それはロジカルな議論から生まれてきます。

　ただし、これらはあくまでも扱うテーマが**技術的問題**のときの話です。解き方がおおよそ分かっていて、そのために必要な技術を身につければ解決できる問題をそう呼びます（R・ハイフェッツ）。

　たとえば、業務効率をいかにアップさせるかは、技術的な問題です。簡単に解けるわけではありませんが、新たな技術（スキル）を身につけさえすれば解決できることが分かっています。平たくいえば、やり方の問題です。

それに対して、今の思考様式のままで、技術だけを身につけても解決できない問題があります。**適応的課題**と呼びます。

　典型的なのが、行き詰まった組織をどう変革していくか、という問題です。従来の延長線上では答えはなく、新しい考え方を身につけ、それに基づいて行動を修正しないと解決ができません。分かりやすくいえば、考え方の問題です。

　その場合は合理性だけではうまくいきません。いくら合理的な結論であっても、誰もやろうとしなければ、何も変わらないからです。ときには、不合理な結論でも、みんながその気になって頑張れば、素晴らしい成果を生むかもしれません。チームが変わる前は不合理でも、変わった後にはそれが合理的だったということもよくあります。

図 5-1 | 技術的問題と適応的課題

技術的問題	適応的課題
・やり方の問題 ・解き方が分かっている ・技術習得で解決できる 　→だからといって容易ではない	・考え方の問題 ・解き方が分からない ・技術習得で解決できない 　↳ 思考変革が必要！

納得感がなければ実行はおぼつかない

　そこでもう１つ大切になってくるのが、結論に対する満足度です。決定に納得し、結論を自分事だと感じ、協働意識をもって取り組もうと思えるかどうかです。

　議論では、合理性が優先されるあまり、どうしても「べき論」が飛び交い、優等生の答えが採用されがちになります。極端な場合、できるとは到底思えない、誰もやる気のない、綺麗ごとの結論でまとまってしまうのです。これではまさに絵に描いた餅であり、話し合う意味がありません。

165

ときには、やるべきこと（Must）よりも、みんなが本当にやりたいこと（Will）、できると確信していること（Can）を優先したほうが、うまくいくかもしれません。結論への納得感は、実行段階のモチベーションやコミットメントにつながります。理想的な答えが必ずしもチームにとっての正解にならないのです。

　そもそも、今私たちは不確実で将来が予測不可能な時代に生きています。必ずこれが正しいという答えはどこにもなく、いわば正解のない時代に生きています。どんな素晴らしい答えであっても、「これが正解だ！」と証明することはできません。

　ですので、正解を求めて議論を尽くすことは重要ですが、最後は「みんなが正解と思えるか」にかかってきます。それができたら、一丸となって行動を起こし、結果的に正解にできるからです。

　見つからない正解を求めて延々と議論するよりは、正解と思えるものを素早く見つけてとにかくやってみる。それでうまくいかなかったら、軌道修正して、次の答えを試してみる。そうやって、トライ＆エラーを繰り返すしか、今の時代は正解を見つけ出す手立てはありません。

　では、納得感はどこから生まれてくるのでしょうか。それは結論の良し悪しだけでは決まりません。議論のプロセスにどれだけ1人ひとりが参加したか、意思決定への参加が納得を生むのです。実際に、会議への満足度は発言の多い人ほど高い、という研究報告もあります。いかに、みんなの参加を促すかが、ファシリテーターに求められるわけです。

図 5-2 ｜ 意思決定のポイント

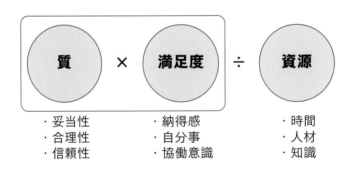

・妥当性　・合理性　・信頼性　　・納得感　・自分事　・協働意識　　・時間　・人材　・知識

▬最適なバランス点を見つけ出そう

だからといって、全員が心の底から納得するまで話し合ったのでは、膨大な時間を要してしまいます。質の高い結論を得るには、ありとあらゆる情報を集めなければなりません。第一、チームが大きいときに、全員で話し合ったのでは、いつまでたっても話がまとまりません。

同じ結論を得るなら、投入する資源は少ないに越したことはありません。できるだけ短い時間、限られた情報、最小限のメンバーでやり切ることが求められます。これが議論で3つ目に大切なことです。

実際には、結論の質、合意への満足度、投入する資源のどれを優先するかで悩みます。話し合いのテーマやチームが置かれた状況によって変わり、どれか1つが常に優先されるわけではありません。「ここは多少異論があっても、ロジカルにサクサクと決めてしまおう」「大事な話だから、時間を延ばしてでも納得してもらおう」と都度判断するしかありません。

これもファシリテーターの大事な仕事であり、状況を見極め、参加者と相談をしながら、決め方を決めていかなければなりません。決め方を決める議論こそが、議論全体の成否を握っているといっても過言ではありません。

図 5-3 | 決め方あれこれ

専制的 ↑		
	独断	意見を聞かずにリーダーが1人で決める
	説得	多数派（リーダー）の意見に従うように働きかける
	調停	意見の食い違いを第三者が調整して妥協させる
	多数決	多数派の意見をもって結論とする
	コンセンサス	全員が支持できる案を全員でつくり出す
↓ 民主的	完全合意	全員の考えが100%一致するまで議論する

167

議論のスキルを身につける

▰▰効果的な議論のための５つのポイント

　議論とは、合意・結論のための話し合いです。各々の意見をぶつけ合い、優劣を徹底的に吟味し、最良の結論を見出していきます。対立を恐れず、創造的な合意点をつくりあげていきます。そんな議論を展開するには、次のことを心がけるとよいでしょう。

①事実に基づいてゼロベースで考える

　憶測や推測をもとに考えたのでは、とんでもない結論を導く恐れがあります。事実をベースに考えるのは、合理的な問題解決を進める上での基本中の基本です。議論にあたっては、どんな事実に基づいて言っているのか、根拠となる事実を徹底的に吟味していきましょう。そうやって、事実を１つひとつ積み上げ、原点に立ち返ってゼロベースで考えることで、今まで気づかなかった新しい解決策が見えてきます。

②立場を離れて、すべて自分事として話し合う

　自分の肩書きや役割分担にとらわれていると、部分最適のアイデアしか出てこず、後述する役割の壁が突破できません。全体最適な解決策を生み出すには、いったんは立場や責任を離れて考えることです。といっても、「誰かが考えてくれるだろう」と他人事にするのではなく、１人の人間としてどう考えるか、当事者意識をもって自分事で意見を述べるようにしなければいけません。「チームのために何ができるか？」をみんなで考えるようにするのです。

③愚痴や文句を言わず、粘り強く前向きに議論する

愚痴や文句を分かち合うことも必要ですが、そのステージはもう終わりました。ここでやっていると、できない理由を考えることで頭が一杯になってしまいます。気持ちを切り替え、未来に向けてできることを考えましょう。それは苦しいことかもしれませんが、「どうやっても無理だ」と諦めたり、「まあ、こんなのでいいんじゃないの」と逃げたりせず、粘り強く考え続けることが大事です。きっと壁を突破する方策はあるはずです。

④聖域をつくらず、思い込みや決めつけをはずす

組織には少なからず「ここは触れてはいけない」という聖域や地雷があります。それが制約条件となって解決策の幅を狭くしていることがよくあり、そんなタブーはないか探してみてください。同じように、私たちの頭の中にも制約条件、すなわち「○○に決まっている」という思い込みや、「○○のはずだ」といった決めつけがたくさんあります。それを1つひとつ「本当にそうなのだろうか?」と疑って考えることで、新しい道が開けてきます。

⑤チーム全員のコンセンサスを大切にする

誰かが強引に押し切ったり、裏で取引をしたり、安易に多数決をしたのでは、実効性の高い結論になりません。全員が納得できるまで話し合うことを、議論をする前に確認しておくことが大切です。といっても、完全合意を狙うのではありません。「いろいろ不満はあるけど、多少は自分の言い分も通っているし、ここまで議論を尽くしたのだからこれでいこう」という最大公約数を目指します。これがコンセンサスの本当の意味です。

合意を丁寧に拾い出し言葉にしていく

会話や対話と議論との大きな違いは、きっちりと合意を取りつけるところにあります。それがあいまいだと、決まったことが思うように実行されなかったり、後でもめたりするもとになります。ファシリテーターは、結論はもとより、話の中で得られた小さな合意であっても、「○○ということでよろしいですね?」と都度合意を確認しないといけません。それも、必ず具体的な言葉にして。ホワイトボードなどに書いて、目でも確認できればさらによしです。

169

ここで注意しなければならないのは、合意した内容をメンバーが明確に言葉にしない場合が多々あることです。何となく合意した空気ができた時点で、次の議題に進んでしまうようなケースです。そのまま放置しておくと、「そんなこと決まったっけ？」「一応決まったけど、そういう話じゃないんだけどなあ」「そんな話だったら、やっぱり反対！」となり、後戻りさせられかねません。

　ファシリテーターとしては、議論の経緯を頭に入れ、それぞれの発言者の立場や置かれた状況を把握し、非言語メッセージや場の空気を感じながら、的確に合意事項を言葉にしないといけません。言葉だけではなく、感情を含めて真意を読み取らないといけないのです。

　その際に、合意事項だけではなく、その意味をあわせて説明しておくと、蒸し返しの議論を避けるのに効果的です。1つは、論拠、すなわちそこに至る理由や判断の決め手を述べることです。たとえば、「〇〇を合意したのは、△△と◇◇が重要だからですが、それで合っていますか？」といった具合に。

　もう1つは、合意の結果、先々に対してどんな影響やトレードオフが生まれるか、帰結を述べることです。「〇〇に合意すると、△△は◇◇となりますが、それはいいのですよね？」といったようにして。

　その上で、それで腑に落ちない顔をしている人がいないか、十分に確かめてから先に進むようにしましょう。手間はかかりますが、そうやって合意を丁寧に拾っていくことが、議論を実りあるものにしてくれます。

仕事の割り振りを自発的に決める

　話し合いの結論は、100％実行してこそ期待通りの成果が得られます。そのためには、抽象的な結論で終わらせずに、実行できる具体的な形でまとめておく必要があります。結論をブレイクダウンして、「何を（What）」「誰が（Who）」「いつまでに（When）」やるのか（3W）を明らかにしておくのです。

　だからといって、リーダーやファシリテーターが仕事をみんなに割り振ったのではチーム・ビルディングになりません。すべてのアクション項目を書き出した上で、「さてこれは誰がやりますか？」「いつまでにできればOKですか？」とメンバーに尋ねて、自発的に3Wを決めるように持っていきたいものです。

名前を書かれたらやらざるをえなくなります。そこに追い込むわけです。

　すぐに手を挙げる人がいなくても、「誰もやらなければ進みませんよ。よいのですか？」「1人で難しければ、何人かで協力してやるのでもいいですよ」と粘り強く促します。「これが決まらないと会議が終われません」とプレッシャーをかけ続ければ、必ず誰か手を挙げてくれます。もし挙がらないとしたら、前の2つのステップがうまくいっていないのです。

▬ 振り返りの予定を早めに決めておく

　あわせて忘れてはいけないのは、アクション項目を後で振り返ることができるようにしておくことです。ここで決まったアクションをみんなで実行した後は、しっかりと振り返りをして、チームにフィードバックをかけていかなければなりません。いわゆるPDCAサイクルを回すのです。

　そのためには、「できたか、できなかったか？」「どれくらいできたか？」が評価できるようになっていなければなりません。先ほどの3Wに「どれくらい？」（How much）を加えるのもよいでしょう。

　その上で、どんなやり方がその結果を生んだのか、そのやり方はどんな考え方から生まれてきたのかを振り返り、チームの経験を学習や成長に結びつけなければいけません。これを**ダブルループ学習**と呼びます。

　振り返りの具体的なやり方については、後のアクティビティのところで述べます。ここでは進め方のポイントだけ挙げておきます。

①**明るく、楽しく、前向きに話し合う**

②**ホンネで語り、相手をやっつけすぎないよう**

③**ムキにならず、ネに持たないように**

④**決めつけず、諦めずに考え続ける**

⑤**明日からできることを見つけ出す**

　「鉄は熱いうちに打て」という言葉があるように、振り返りはいつやるかが勘所の1つです。結果が出てから振り返りの日程調整をしていると、タイミングを逸してしまいかねません。アクションプランを決める段階で、振り返りの予定を決めておくことをお勧めします。

171

行動を変革するための問い

問題を問う ～私たちの本当の問題は何なのか?

　誤った方向に全力で走ることほど、愚かなことはありません。変えるものと、変えてはいけないものを間違えては元も子もありません。自分たちの何を変えないといけないのか、問題を正しく把握することが、このステップのはじめの一歩となります。

　ところがこれは案外難しく、目立った問題に飛びついたり、手当たり次第に手を打ちがちになります。これでは問題を処理できても解決できません。多くの問題は、解決策が見出せないのではなく、本当の問題が分からないことが問題となります。あるいは、メンバーによって問題と思うことが食い違い、チームが一丸となれないことが問題となります。問題の設定が問題なわけです。

障害を問う

　私たちのビジョンを実現する上での障害は何でしょうか?　何を克服しないといけないのでしょうか?

　問題が解決できないのは、その原因、すなわち障害や壁が立ちはだかっているからです。重要な障害を見つけ出して取り除けば、問題は解決できます。合理的な考え方ですが、下手をするとネガティブなムードになりやすいという欠点もあります。

願望を問う

> 私たちの夢は、どのようにして可能となるのでしょうか？　もし、何でも願い事がかなうとしたらいったい何を願いますか？

先ほどの問いよりもポジティブに議論したいときに使う問いです。原因を追及するのではなく、何をすれば解決に至るか、そのための枠組み（スキーム）や道筋（シナリオ）を探し出すアプローチです。いろいろなルートを検討した上で、一番の近道を選ぶようにします。

変化を問う

> 私たちの行動や考え方を大きく変えるとしたら、何が最も重要な変化となるでしょうか？　今のままではやっていけないとしたら、どんな変革が求められているのでしょうか？

自分たちの何を変えないといけないのか、変革にフォーカスしたいときに使います。個人の変容から大きな社会変革まで、いろいろなシチュエーションで使える力強い問いです。対話（ビジョンづくりなど）の問いとしても活用できます。

貢献と影響を問う

> 我々が抱える問題のうち、自分たちの力で変えられることは何でしょうか？影響を与えることができることは何でしょうか？

問題があまりに大きすぎるとチームの手に負えないことがあります。そういうときは、自分たちの力の範囲に絞り込んで検討するようにしましょう。ただし、あまり近視眼的にならず、「できることは何でもやってみよう」という姿勢が大切です。

173

━打ち手を問う　〜どんなことが私たちにできるのか?

　本当の問題が見つかったら、いよいよそれに対する打ち手を考えることになります。一発ホームランを狙うのではなく、たくさんアイデアを出していくことが解決の近道となります。

　ところが、複雑で大きな問題になるほど、どこから考えればよいのか分からなくなります。だからといって、思いつきを並べても効果的な打ち手は生まれてきません。考えやすくなるよう、攻め口を示してあげると、アイデアが出しやすくなります。

　特に、アイデア出しが行き詰まってしまったり、似たような案ばかりでマンネリ化してしまったりしたときは、大胆に発想を変えないとうまくいきません。それと同時に、「もう一丁頑張ってみるか!」とやる気にスイッチを入れる問いが求められます。

はじめの一歩を問う

　　ビジョンの実現に向けて、私たちができる新たなことは何でしょうか?　問題解決に向けて最初の一歩を踏み出すとしたら、何ができるでしょうか?

　いくら気合と根性を入れ直しても、同じ行動から違う結果は生まれてきません。考えつく限りの方策を考え、どんな些細なことでもよいから、ともかく行動を起こすことが大切です。たとえそれが小さな一歩であっても、積み重ねていけば、着実に前に進むことができます。いつか大きな一歩につながるかもしれません。

思考を問う

　　考え方のどこを変えれば、解決の糸口が見つかるでしょうか?　どんな着眼点に立てば、新しい地平が見えてくるでしょうか?

新しい打ち手が見つからないのは、一言でいえば、視野が狭いからです。時間軸を変える、空間軸を変える、人（立場）を変えるなど、いつもと違った視点で問題を眺めれば、少なからず新しい考えが湧いてきます。発想を転換するには、新しい視点や着眼点を見つけ出し、そこから問題を眺めてみることが欠かせません。

とらわれを問う

　仮に、私たちが信じて疑わないことが間違っているとしたら、どんな道が新たに見えてきますか？　私たちを縛っている思い込みはどこにあるでしょうか？

　既に何度も繰り返し検討し、行き詰まってしまった問題の解決を考える場合に効果的な問いです。よいアイデアが生み出せないのは、多くの場合何かの「思い込み」にとらわれているからです。自分たちが常識だと思っている暗黙の前提や固定観念に疑いの目を向けることで、新しい発想や逆転のアイデアが生まれてきます。

協働を問う

　問題解決に向けて、あなたが自分でできることは何ですか？　他の人から助けてほしいことは何ですか？　他の人に対してできることは何でしょうか？

　問題によっては、やるべきことは明らかでも、実際の行動に結びつかないことが障害となっている場合があります。メンバーの自律性や協働性に問題があるケースです。役割の壁を打ち破り、互いの領分に踏み込み合い、支え合う関係をつくれば、解決に向けてチームが動き出します。詳しくは本章の終わり（P195）に解説したいと思います。

行動を問う　〜私たちがやるべきことは何なのか？

　たくさん打ち手が見つかったからといって、すべてに手をつけるのは愚の骨頂です。時間や労力がいくらあっても足らず、すべてが中途半端になるのがオチです。それらを取捨選択して、効果的な解決アイデアにチームの力をフォーカスさせないと成功はおぼつきません。

　問題は、どうやって選ぶかです。先に述べたように、結論への納得感、ひいては実行へのモチベーションは、最終的には決め方で決まるからです。

　もちろん、いついかなる場合でも通用する、正しい決め方があるわけではありません。どんな決め方をしようが、決め方を決める議論をしっかりとやることが大事です。

優先順位を問う

　これから私たちは、どんな活動にフォーカスすべきなのでしょうか？　優先
　順位をつけるとしたら、何が最も高いでしょうか？

　フォーカスするポイントを考えるストレートな問いです。単に優先順位の議論をするだけではなく、なぜそれが高いのか、理由をしっかり話し合うようにしましょう。そうやって判断の基準を一致させていくことが、チーム・ビルディングにとって大切です。

選択を問う

　ビジョンの実現に向けて、私たちが1つだけ行動を起こすとしたら、何をす
　ればよいでしょうか？　最も効果的なアクションは何でしょうか？

　必ずしも最終的に行動を1つに絞る必要はありませんが、議論にメリハリをつけるためにこういった問いを使います。取り組みが総花的になりそうなときや、あれこれやっている暇がないときに、チームを引き締め、ベクトルを合わ

176

せるのに効果があります。

重要度と緊急度を問う

> 我々の取り組みの中で重要なことは何ですか？ 急いでやらないといけない
> ことは何でしょうか？ 今の私たちにとって、優先すべきはどちらですか？

優先順位をつける際に、重要なことかどうかと、急いでやらないといけないことかどうかの両方を考慮する必要があります。いわゆる、**重要度・緊急度マトリクス**の考え方です。両者は必ずしも一致せず、どちらを優先するかで悩みます。そのジレンマを議論することで、チームが本質的に取り組まないといけない課題が見えてきます。

図 5-4 ｜ 重要度と緊急度

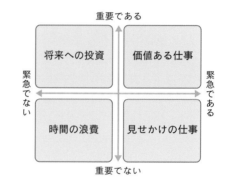

意思を問う

> 私たちがやらなければいけないことは何でしょうか？ それは私たちが本当
> にやりたいことですか？ 心の底からやりたいと願うことは何でしょうか？

いくら大切なことであっても、自分たちが心からやりたいと願うことでなければ、あまりよい結果が生まれてきません。うまくいくかどうかは、最後はメンバーの意思にかかってきます。実現に向けての決意（コミットメント）を高めたいときに使う問いです。

177

行動を変革するための
アクティビティ

▰ 問題を解決する技法（4種）

　はじめに、主に技術的問題に対して用いる、問題解決のアクティビティをまとめて紹介します。さらに詳しく知りたい方は、問題解決技法やビジネス・フレームワークを勉強してみてください。

● As Is／To Be

　問題とは、現状とあるべき姿（目標）のギャップです（ギャップアプローチと呼びます）。問題を発見するには、現状を正しくとらえる必要があります。今何がどうなっているのか（As Is）、できるだけ事実に基づいて現状を把握します。その上で、何を目指すのか、理想は何なのか、あるべき姿（To Be）を明らかにします。

　そうやって、両者のギャップを明らかにした上で、現状を理想に近づける策を考えるのが問題解決です。そのときに、解決に向けてとるべきアクションが課題となります。

図 5-5 ｜ As Is／To Be

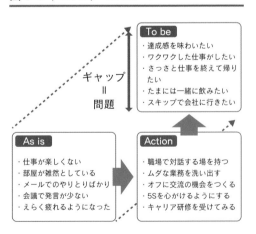

●問題分析フレームワーク

　問題を引き起こしている原因を正しく把握しないと、単なる対処療法に終わって、問題が再燃してしまいます。そうならないよう、問題の原因を見つけ出すアクティビティがたくさんあります。代表的なものが**なぜなぜ分析**(5-Whys)です。明らかになった問題に対して、「なぜ？」「なぜ？」と５回掘り下げて考えることで、本質的な要因を見つけ出そうというものです。

　１つの要因に対して、複数のもとになる要因が考えられるときは、**ロジックツリー**を使います。首尾よくツリー状に展開できたら、その中で重要な要因を選び取ります。このときは、モレやダブりなく要因を分解していかないと、見落としが生まれる恐れがあります。似たような手法に**特性要因図**があり、テーマに応じて使い分けるとよいでしょう。

　一方、要因同士が複雑に絡み合っている場合は、それぞれの因果関係を矢印でつないでいく**連関図**が役に立ちます。因果関係をさかのぼっていって、おおもとの原因を探そうというものです。

　あるいは、個々の活動のインとアウトを整理していく**プロセスマッピング**を使い、どこのプロセスがボトルネック（隘路）になっているかを特定します。それでうまくいかない場合は、後で述べる**システムシンキング**を使うのが一法です。

●アイデア発想フレームワーク

　解決策を考えるのに最もポピュラーな手法が**ブレーンストーミング**です。「自由奔放」「批判厳禁」「結合改善」「質より量」の４つのルールに従って、メンバー全員で可能な限り多くのアイデアを出し合っていきます。

　面白いアイデアが出るかどうかは、チームの相互作用にかかっており、ノリ（グルーブ）がポイントです。出てきたアイデアはホワイトボードなどに**マインドマップ**で放射状に記録すると発想が広がりやすくなります。

　ブレストではどうしても発言者が偏りがちになります。それを避けるには、１人ずつ順番に自分の意見を披露していく**ストラクチャーラウンド**が効果的です。他のメンバーが発言している間は黙って聴き、発言に口をはさまないようにします（誰に発言権があるかを示すアイテムを回すとよい）。あるいはアイデアを用紙に書いて回す**ブレーンライティング**を使うのも手です。

179

自由に発想するのが難しければ、あらかじめアイデアを出す切り口（チェックリスト）を用意しておいて、強制的に意見を出させる方法があります。**オズボーンのチェックリスト法**やその簡便法である**SCAMPER**がよく用いられています。

　与えられたテーマに対して「こうありたい」「こうだったらいい」といった希望や理想を挙げて、新しいアイデアを出す**希望点列挙法**、「これは困る」「これが悩みだ」といった不満や問題点を挙げていく方法である**改善点列挙法**も、ブレーンストーミングと組み合わせて使うと効果的です。

　２つの切り口を重ね合わせて強制発想する**マトリクス法**や、１つの切り口から３×３のアイデアに広げていく**マンダラート**を使うのも一法です。

●意思決定フレームワーク

　意思決定のときに使う基本的なアクティビティの１つが**プロコン表**です。ホワイトボードの中央に縦線を引き、左側を賛成（Pro）、右側を反対（Con）のエリアとします。次に、賛成する理由と反対する理由を出し合って記入していきます。一通り出し尽くしたら、左右を比較して採否を決めます。

　選択肢が複数あるときに効果的なのが、マトリクスや表でまとめるやり方です。有名なのが、アイデアの絞り込みに使う**ペイオフマトリクス**です。解決策のアイデアを付箋に書き、簡単にできる⇔難しい、効果が大きい⇔小さいといった２つの軸でアイデアをマッピングして、コスパの高い効率的な案を選ぶのに使います。

　意思決定マトリクスもよく使います。想定される解決策のアイデアを縦軸に、そして、選ぶ際の判断基準を横軸に置いた表をつくり、１マス１マス検討していって、最終的にどの解決策にするかを決めます。

　いずれの場合でも、検討するアイデアが多すぎる場合は、予備選抜をしておくとよいでしょう。１人で複数の票を持ってアイデアに投票する**多重投票法**を使うと便利です。

　また、選ばれたアイデアは、**３Ｗ**(何を：What、誰が：Who、いつまでに：When)に展開したり、最終目標を短期目標へとブレイクダウンする**タイムマシン法**(P146)を使って、実行可能なプランにしておきます。

図 5-6 | 問題解決のフレームワーク

●なぜなぜ分析
●ロジックツリー

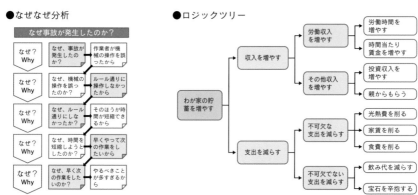

●連関図
●SCAMPER

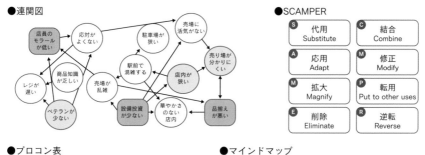

●プロコン表

プロ（賛成）	コン（反対）
・顧客の信頼を損なう恐れあり	・絶好の発売時期を逃してしまう
△ SCに問い合わせが殺到	○ 今期の売上目標が達成できない
○ マスコミ報道でブランドに傷がつく	・販売店に大きな迷惑がかかる
・消費者センターから指摘を受ける	・カタログやチラシを刷り直す費用
・発売が遅れても年末に取り戻せる	・抜本的解決に時間がかかる
・今期の目標はそもそも高すぎる	△ ライバルに出し抜かれるかも？
・事故が起こる可能性はゼロでない	・次の製品スケジュールまで遅れる
○ コンプライアンス上の問題になる？	・不具合の発生確率が極めて低い
・競合がもっと良い品質を出すかも	・わが社の品質基準が高すぎるだけ

●マインドマップ

●ペイオフマトリクス

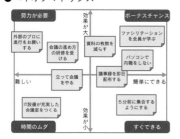

●意思決定マトリクス

ウェイト（重み）	効果性 ×3	実現性 ×2	新規性 ×2	親和性 ×1	リスク ×1	合計
プランA	6	6	6	6	6	54
プランB	10	5	1	1	5	48
プランC	1	10	1	8	10	43
プランD	3	1	10	8	6	45
プランE	3	3	5	10	3	38

変革を促進する技法（9種）

　続いて、適応的課題に役立つアクティビティです。いずれも、かなりつっこんだ議論となるため、前の2つのステップを通じて、心理的安全性を築いてからやるようにしてください。

●フォースフィールド　　　　（20人、所要時間30〜60分、ホワイトボード）

　現在のポジションを中心の1本の線として表し、右の端に自分たちが達成したい目標を書きます。目標が達成できれば中心の線が右端まで移動すると考えるわけです。まずは、目標達成を後押しする要因（推進力）を挙げて、中心線から左側の領域に記入し、同様に目標達成を阻む要因（抑止力）を挙げて、右側の領域に記入します。

　こうやって項目が出そろったら、どれが目標達成に対して影響力が大きいかを議論して、重要度に応じてランクづけし、それに応じて太さや長さの異なる矢印で表現します。また、要因の種類によって色を変えて記入し直します。

　最後に、このチャートを見ながら、自分たちでコントロールしやすく、重要度の高い要因の中から順番に、どのように対処していくか、実行策を議論していきます。その上で、現状の線を目標達成の線まで動かせるかを確認します。

図5-7｜フォースフィールド

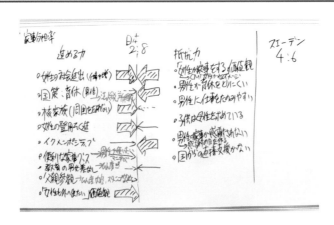

●ポジティブアプローチ　　（20人、所要時間30〜60分、ホワイトボード）

　先に述べたギャップアプローチでは、完全な解決を求めるあまり、「やるべきこと」「やらねばならぬこと」を強要しかねません。そのせいで何もやらなくなるよりは、「やりたいこと」「やれること」を着実に進めたほうが得策かもしれません。それがポジティブアプローチ（ソリューション・フォーカス：解決志向）の考え方です。やりやすい方法を1つ紹介しましょう。

　まず、ありたい姿をポジティブ（肯定的）に表現します。どれくらいできればどんな効用（ベネフィット）があるのか、理想のありたい姿を明らかにします。

　次に、何かうまくいったことはないか、どんな些細なことでもよいので過去の成功事例を洗いざらい集めます。例外でも偶然でもかまいませんので。さらに、目指す姿を100点満点だとしたら、今はどれくらいできているか。現状の到達点を明らかにします。スケーリングと呼ばれる作業です。

　その上で、あと1点でもよいから、目標に近づくためにできることを考えます。あるいは、何でもできるとしたらどんなことが起こるか、一切の制約を取り払って考えます。最後に、そうやって集まった選択肢の中から実際に行動に移すものを選びます。そのときは、効率性や投資効果では選ばず、「やりたいかどうか」「できると思うかどうか」が基準となります。

●質問会議　　（20人、所要時間30〜60分、ホワイトボード）

　先に述べたように、問題解決の要は問題を正しくとらえることです。そこで役立つのが、質問だけを繰り返す質問会議です。

　はじめに、話題提供者から問題を2〜3分で説明してもらいます。ここで扱う問題は、現実に自分に起きている、複雑かつ重要な問題で、しかも自分たちでコントロールできるものです。

　次に、参加者から事実を明らかにする質問や本当の困りごとをあぶり出す質問を順番に投げかけ、話題提供者は簡潔に答えていきます。「○○したらどう？」と解決策を助言したり、「○○だと思うけど、違う？」と仮説をぶつけたりするのはご法度。いろいろな人がいろいろな角度から尋ねて、視点の転換を促すのが狙いです。

　質問を通じてある程度問題が明らかになったら、チームとして問題を再定義します。参加者1人ひとりが「本当の問題は何か？」を書いて発表し、終わった

ら問題提供者がチームとして問題を定義し直します。

　その上で、この定義に同意できるかどうかを全員に尋ね、1人でも同意できない人がいたらもう一度質問タイムに戻ります。だからといって、安易に同意する必要はなく、違和感を掘り下げていくと新たな発見につながることがよくあります。そうやって、話題提供者の問題がみんなの問題になるまで、問題の定義を練り直していきます。

　同様の手法に**知恵の車座**があり、その場合は話題提供者本人が問題を再定義した後、それ以外のメンバーが無責任に解決策を話題提供者にぶつけて、本人が考える一助とします。

●TOC　　　　　　　　　　（20人、所要時間30〜60分、ホワイトボード）

　世の中には解決法が分かっているのに実行されないことが山ほどあります。1つの理由は、実行すると他に悪い影響がでてしまうからです。「あちらを立てればこちらが立たず」とジレンマが生じてしまうのです。

　そんなときは、E・ゴールドラットのTOC（Theory of Constrains：制約理論）が役に立ちます。この手法では、対立が解消できないのは「前提条件に誤りがある」と考えます。ある目的に対して「これしか方法がない」と手段を限定してしまうのが典型で、それがジレンマを生むもとになっているのです。

　はじめに対立している要求を明らかにして、ジレンマになっていることを確認します。次に、それぞれの行動の目的を探し、達成したいニーズを特定します。さらに、異なる2つのニーズは、各々何を実現するために行われるのかを考えます。それが「売上を拡大したい」といったように一致すれば、両者の共通目的となります。

　そして、ここまで考えてきた仮定を疑ってみましょう。その目的を達成するには、必ずそのニーズを満たさないといけませんか。そのニーズを実現する方法は、その手段しかありませんか。

　そうやって、暗黙に正しいと思っている前提を打ち破り、他のやり方で成り立つ道がないか、代替案をたくさん出していきます。きっと、ジレンマを解消する第3の道が見つかるはずです。

図5-8 │ TOC

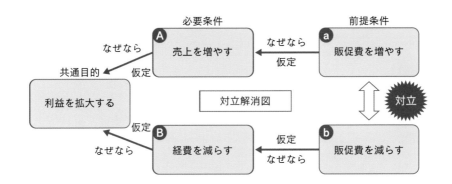

●システムシンキング （20人、所要時間30〜60分、ホワイトボード）

　なかなか解決がつかない問題の多くは、たくさんの要因の因果関係がからみあった循環構造をなしています。いわゆる「負のサイクル」です。構造を変えることでしか解決がつかず、システムシンキングが役立ちます。

　問題（テーマ）が設定できたら、問題に関係すると思われる要素を洗い出し、原因と結果の関係を矢印で結んだ因果ループ図を作成します。そうすると、要素間の関係は2種類に区分けされます。変化を強化する方向に動く拡張フィードバックループ（R）と、変化を抑制する方向に動く平衡フィードバックループ（B）です。なかには、フィードバック効果が現れるのに時間がかかるケースもあり、遅れも考慮しなければいけません。

　因果ループ図ができたら、全体構造を理解した後に、どの原型（プロトタイプ）に当てはまるかを議論します。原型が分かれば、陥りやすい過ちや取るべき対処法を共有し、具体的にどんな打ち手があるかを検討します。

　原型に対処するだけでは足らない場合は、問題の構造そのものを変えられないかを考えます。1つのやり方は、新たなループを加えることです。もう1つのやり方は、ループを壊すことで、好ましくない結果が現れないようにしたり、弱めたりすることです。

　このように、システムシンキングでは、単純な論理思考で解けない問題に対して、要素同士の因果関係を動的に分析し、全体構造を把握して、解決策を導くことができます。しっかりとトレーニングを積んでから実践してください。

185

図5-9 │ システムシンキング

●オープンスペース　　　　　　　　　　（人数無制限、所要時間不定、紙と筆記具）

　関係者一同が会して、大きな問題の解決策をつむいでいく議論の手法の１つです。まず、参加者全員が輪になって座り、中央に紙と筆記具を置きます。テーマが宣言された後、そのテーマに関して話し合いたいトピックを思いついた人が中央に進み出てトピックを書き出し、みんなに説明をします。トピックがたくさん集まったら、何時からどの場所でそのトピックについて話し合うのかを調整して、スケジュール表を掲示します。

　後は、その時間になれば、興味ある人が集まり、自由に話し合っていきます。誰がどこに行ってもよく、面白くなければ途中で移動をしてもかまいません（バンブルビー：蜂と呼びます）。あるいは、どのトピックにも参加せずに、見ているだけでも結構です（バタフライ：蝶と呼びます）。

　時間がきたら、話し合いを終え、記録係が議論の内容をパソコンなどでまとめます。必要であれば、それをニューズレターとしてみんなに配布するようにします。そうやって話し合いを繰り返しながら、全体をまとめていきます。

●プロアクションカフェ　　　　　　　（無制限、所要時間60分、模造紙と筆記用具）

　ワールドカフェのように多様な参加者の知恵を集め、オープンスペースのような具体的なアクションを生み出していく話し合いの手法です。

　はじめに、これからみんなで検討するテーマを、テーブルの数だけ募り、A

A4用紙などにテーマを書き出します。必要な数だけ集まったら、提案者が各テーブルに着席し、テーマを全体に共有した後、他のメンバーは関心のあるテーマのテーブルに分かれて着席します。

話し合いは3ラウンドを行います。提案者はテーブルに残るものの、他のメンバーは都度違うテーブルへ移動します。話し合いのテーマは下記のように毎回変わります。

①「テーマの背景や思いはどんなものでしょうか？」

　「テーマを進めるにあたり大切なことは何でしょうか？」など

②「テーマを進めるのに足らないものは何でしょうか？」

　「明確にしておくべきことは何でしょうか？」など

③「明日からどんな一歩が踏み出せるでしょうか？」

　「どんなサポートがあれば前に進めるでしょうか？」など

3ラウンド終わったら、提案者が自分の学びや参加者のコミットメントを共有し、全体で気づきをハーベスト（刈り取り）します。

●免疫マップ　　　　　　　　　（無制限、所要時間60分、模造紙と筆記用具）

問題とは、変革したいこととそれを阻む免疫機能とのジレンマである。それが、R・キーガンらが開発した免疫マップの基本となる考え方です。個人・組織の両方に対して使え、今まで思いつかなかった斬新な解決策が生まれてきます。

①改善目標を設定する

免疫マップが使えるのは適応的課題です。自分や周囲にとって重要で、達成には自分の努力が必要な課題を1つ取り上げ、改善目標を設定します。

②阻害行動を洗い出す

普段、どのような行動を取っている（いない）せいで、変革ができないかを考えてみます。目標の達成の足を引っ張る阻害行動を洗いざらい列挙します。

③不安感情を探し出す

もし、これらの阻害行動をやらなければ、どんなことが起こり、どんな感情を抱くでしょうか。不安、不快、恐怖、喪失感、怒り、屈辱、いらだち、退屈などを思い浮かべてみます。不安感情を挙げてみるのです。

④裏の目標を見つける

阻害行動が目指している裏の目標を明らかにします。そのせいで表の目標

（アクセル）と裏の目標（ブレーキ）がジレンマを起こしており、それこそが問題の正体です。不安や恐怖を回避するために持っている免疫機能です。

⑤強力な固定観念を探す

おそらく、免疫機能は何らかの強い信念によって引き起こされているはずです。固定観念の中で特に強力なものを探し出します。

⑥検証する実験を企画する

それを捨て去ろうとしても免疫機能が働きます。少し緩めてみることを考えます。具体的には、いつどんな場合も成り立つかどうかを確かめる実験をやってみます。それで支障がなければ、少しずつ緩め方を広げていきましょう。

図5-10 | 免疫マップ

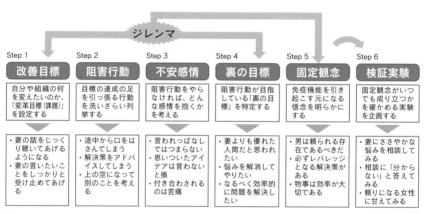

参考：キーガン＆レイヒー『なぜ人と組織は変われないのか』(英治出版)

●プロセスワーク　　　　　　　　（無制限、所要時間不定、ホワイトボード）

A・ミンデルが開発したプロセスワークでは、問題の中で起こっていることを丁寧に見て、プロセスを促進させていき、未完のままになっていることの完了を目指します。問題の解決というよりは、問題を深く理解したり、なくしてしまうための手法です。

そのもとになっているプロセス指向心理学の考え方は、専門家以外にはやや難解な部分があります。ここでは、一般の方が理解できるよう少々意訳をして、大まかなやり方とポイントを紹介していきます。

①トピックを選ぶ

　この場で扱いたい問題（トピック）をみんなで出し合ったあと、ワークの入り口となるものを決めます。プロセスワークでは、個人のちょっとした悩みから社会の大きな紛争まで、どんな問題でも扱えます。それらはすべてつながっており、ミクロとマクロで起こっていることは相似形をなしているからです。

②ロールを通して語る

　はじめに、トピックを出した人に悩みや問題を語ってもらいます。ただし、その声は本人ではなく、その場での役割（ロール）から生まれていると考えます。なので、他人がそのロールになって語ることもできます。語らない人も、語る人の側に移動して聴けば、ロールの気持ちが味わえます。そうやって、問題に関わっているいろいろなロールを使って、全員で話し合いを進めていきます。ときには、この場に存在しないロールになって語るのもOKです。

③プロセスを丁寧に扱う

　そうすると、声と声がぶつかったり、意外な声が飛び出すようになります。今この場で起こっていることは、何かを終わらせるために、起こるべくして起こっています。何が起こっているかを丁寧に見ていきながら、起こっていることの正体を探っていきます。

④ホットスポットにとどまる

　プロセスワークでは、緊張や興奮などによって、エッジを飛び越えて場全体が1つになる瞬間を**ホットスポット**と呼びます。よくあるのが、誰かの発言によって、場が一瞬で凍りつき緊張が高まる瞬間です。これも、何かを終わらせようとして起こったことです。丁寧に見ていけば、深い洞察が得られます。

図 5-11 ｜ ホットスポット

⑤ワークを振り返る

　ワークの中で起こったことは、少なからず誰の心の中にもあります。対立しているロール同士でも、相手の中に自分がおり、自分の中に相手がいるはずです。そんな気づきを振り返ってワークを終了します。未完のことが完了させられなくても、問題や自分に対する見方が少しでも変われば十分です。

▬活動を振り返る技法（6種）

　チーム・ビルディングの締めくくりは、活動の中で得た気づきを分かち合い、次の活動につなげるアクティビティです。単なる反省会やダメ出しにならないように気をつけましょう。

●チェックアウト　　　　　　　　（人数無制限、所要時間20分、準備物なし）

　話し合いが終わって感じたことや今の心境を語ってもらう、最も手軽な振り返りです。次のような問いを使って、1人ひとりの思いを引き出していきます。

　・話し合いに満足できましたか？ どこが満足（不満）？
　・終わってみて、今、どういう気持ちですか？
　・話し合いで何を気づき（感じ、学び）ましたか？
　・今日の気づきを明日からどう活かしますか？

　サークル型のレイアウトでやると、場のムードがガラッと変わり、互いに聴き合おうというムードが生まれます。話しにくい場合や特定の人の話が長い場合には、時計をトーキングオブジェクトとして使うと効果的です。

●フィードバック　　　　　　　　（人数無制限、所要時間30分、準備物なし）

　相手を見て自分が感じたことを、そのまま相手に返すのがフィードバックです。いわば相手の鏡になって、「こんなふうでしたよ」と相手の様子を伝えてあげるのです。助言や忠告は無用で、それを聞いてどうするかは、相手に委ねます。フィードバックをするときは、次の原則を必ず守るようにしましょう。

　・相手の了解のもと、建設的な目的のために行う。
　・相手の態度や行動についてのみ伝える。
　・個人の観察／印象／判断のみを伝える。
　・具体的かつ明確に相手を描写する。

●プラスとデルタ　　　　　　　　（人数無制限、所要時間30分、紙と筆記具）

　取った行動の中で良かった点（プラス）と悪かった点（マイナス）を挙げるのが振り返りのシンプルな方法です。ただ、他者に対するネガティブな意見が出し

にくいので、改善点（デルタ、チャレンジ）という表現にしておくと波風立てずに済みます。

　似たようなやり方にGood／More（Challenge）やI Like／I Wishなどがあります。良い点を2つ＋改善点を3つ（2ストライク3ボール）といったように、フィードバックする項目の数を決めるやり方もあります。

●KPT　　　　　　　　　　　　（20人、所要時間30分、ホワイトボード）

　プロジェクトマネジメントの世界で広く用いられてきた振り返りの方法です。まず、自分たちが行った行動の中で、これからも続けるべき良い点（K：Keep）をできるだけ出していきます。次に、今後改善が必要な問題点（P：Problem）を洗い出します。最後に、問題点への対策を含めて、これからやってみたい点（T：Try）を挙げていきます。

　似たようなものにYWTがあります。Y（やったこと：経験）、W（分かったこと：内省）、T（次にやること：行動）の順番で振り返っていきます。

図5-12 ｜ 振り返りのフレームワーク

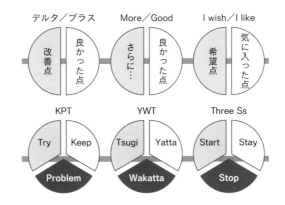

●体験学習の振り返り　　　　　（人数無制限、所要時間30分、振り返りシート）

　体験→指摘→分析→概念化の体験学習のサイクルに沿って気づきを深めていく手法で、振り返り（省察）の標準型といってもよいでしょう。以下の問いを順番に出して、体験を行動へと結びつけていきます。

①何が起こりましたか？　何を感じましたか？

②なぜそのようなことが起こった（感じた）のでしょうか？

③それは何を意味しますか？　どのように役立ちますか？

これを少し変形したのがORIDです。同じく経験を内省することから次の行動を引き出すものです。

①事実（O：Objective）　何が起こりましたか？

②反応（R：Reflective）　どう感じましたか？

③解釈（I：Interpretative）　何を学びましたか？

④決定（D：Decisional）　どう行動しますか？

いずれの場合も、いきなりでは話しづらい場合や、１人ひとりにしっかりと考えてほしい場合は、振り返りシートを活用します。そこに書いてからみんなで話し合うと振り返りがグッと深まります。

●AAR（事後検討法）　　　（人数無制限、所要時間60分、ホワイトボード）

体験学習法をもとにしてつくられたアフター・アクション・レビュー（AAR）の進め方を、少し詳しく説明します。

①目的を確認する

たとえば「お客様を怒らせて契約が打ち切りになった」といった出来事をチーム全員で振り返るとしましょう。まずは、そもそも何を目指していたのか、目的や目標を確認します。目的を見誤ってしまうと振り返りがあらぬ方向に進みます。現実と理想のギャップを知るためにも大切なステップです。

②事実を特定する

次に、いきなり原因を探したり、解決策を考えたりしたのでは、上っ面をなぜただけのような浅い教訓しか得られません。まずは、判断や評価を保留して、いったい何が起こったのか、事実を見極めなければなりません。

１つは、実際に起こったこと、すなわち客観的な事実です。私がこうしたら、お客様がこう反応し、それに対して上司が…といった具合に。できるだけ評価や判断をはさまずに事実だけを集めるようにします。

さらに、そのときどきでどんな気持ちだったか、感情や心模様なども特定していきます。「不安だった」「イラついているようだった」といったもので、客観的でなくとも本人にとっては本当のことです。心理的な事実と呼びます。

③原因を分析する

　これらの事実を手がかりにして、「なぜ、そうなってしまったのか？」、その原因やメカニズムをひも解いていきます。といっても、個々の行為の良し悪しを評価したり、責任追及するわけではありません。どんな行為がどんな感情を生み、それが次のどんな行動を引き起こしたか。それぞれの行為の関係づけや意味づけをすることがポイントです。そうやって、相互作用（関係）的に起こっているパターンやトレンドを見つけ出していきます。

④教訓を知識化する

　分析から導かれた知見を、「○○のときは○○すべき」「私は○○だと○○してしまいがちだ」といったように一般的な表現にして、次の体験に向けての教訓とします。それも前節のようにキッチリと因果関係を特定する必要はなく、仮説でOKです。人や社会がからむ問題に100％正しいことなんてありえません。何度も経験する中で仮説を修正していき、最終的にうまくいく法則性（持論：マイセオリー）が見つかればそれで十分です。

図 5-13 ｜ アフター・アクション・レビュー

月で迷ったゲーム（P107）の正解：マッチ箱（15）、食べ物（4）、ロープ（6）、パラシュート（8）、携帯用暖房機（13）、ピストル（11）、粉末ミルク（12）、酸素タンク（1）、星座図（3）、救命ボート（9）、方位磁石（14）、水（2）、照明弾（10）、救急箱（7）、FM受信送信機（5）

議論を効果的に
進めるには

思考の壁をみんなの力で打破する

　複雑な問題になればなるほど、解決策を見出すことが困難になります。意見の対立が起きて、簡単には合意形成ができなくなります。

　そうやって議論が行き詰まってしまったときに、解決策を見つけるためには、2つの壁を超えなければなりません。1つは、メンバー1人ひとりの頭の中やチーム全体にある思考の壁、すなわち思い込みです。

　私たちは物事を考える際に、暗黙の前提や正しいと信じて疑わない信念を用いて思考を展開していきます。これを**メンタルモデル**と呼びます。固定概念となった考え方、イメージ、ストーリーなどを指します。多くはさまざまな経験の中から培われてきます。

　メンタルモデルは悪いものではなく、それがないと効率的に物事が考えられません。ところが、それが「いついかなる場合も100％正しい」「1ミリも変える必要はない」と、あまりに固定されてしまうと、考えが広がらなくなります。

　特にチームの場合、同じようなメンタルモデルを持った人が集まることが多いため、毎度同じような議論をして、変わり映えのしない結論に落ち着きがちになります。考えが一致するのは、それが正しいからだと錯覚をして（フォールスコンセンサスと呼ばれるバイアスの一種です）。同じような失敗やパターンを繰り返すのも、そうなるような構造をメンタルモデルが生み出しているからです（免疫マップ参照：P187）。

　メンタルモデルにメスを入れるには、まずメンタルモデルを見つけ出さない

といけません。客観的な事実と主観的な解釈や判断をより分け、その間にどんなメンタルモデルが作用しているかを見つけ出すのです。たとえば、「残業が増えた」というのは事実であり、「みんな忙しい」というのは解釈です。「忙しくなれば残業が増える」というのがメンタルモデルです。

　メンタルモデルを打ち破るには、それに疑いの目を向けなければなりません。「いついかなる場合も100％正しいと言えるのか？」「1ミリも変えることができない（許されない）のか？」と、メンタルモデルを少し緩めることを考えるのです。

　あるいは、「もし、正しくないとしたら、どこがおかしいのか？」「仮に、それを変えたら、何が起こるのか？」「後生大事に持っておくことで何の得があるのか？」と思考実験してみるのもよい方法です。その上で、一番よいのは試しに一度やってみることです。そうすれば、恐れていたほどまずいことは起こらず、新しい境地が広がったことが分かるはずです。

　ただし、こういう話ができるのは、前2つのステップを通じて、チームの関係性が変化しているからです。「とても怖くて言い出せない」「そんなことを言ったら大変なことになる」「どうせ誰も取り合ってくれず、バカにされるだけ」と二の足を踏むようなら、前2つのステップからやり直す必要があります。

役割の壁を超えて互いに支え合う

　もう1つの超えなければいけない壁は、チームの中にある役割の壁です。

　大きな仕事をこなすには、適切な役割分担がなされていないといけません。またそうすることで、受け持った仕事への責任感が生まれ、自分事になります。チームが機能するためには、役割分担は欠かせないものです。

　ところが、いったん役割を与えられると、それを完遂することが目的になります。自分のことで手一杯になり、他に目がいかなくなります。自分の問題は自分1人で何とかしようとし、他人の問題は他人に任せっぱなし。挙句の果てに、互いの問題に口出しするのさえ憚られ、「ワタシはワタシ、アンタはアンタ」となってしまいます。

　これでは、チーム全体に関わる問題は解決できません。メンバーそれぞれが

195

抱える問題が複雑にからみ合っており、部分最適では「あちらを立てればこちらが立たず」となってしまうからです。「ワタシは頑張っている。悪いのはアンタだ」と問題のツケを他人に回しても、1周回って自分のところに帰ってきてしまいます。「誰の役割だろうがすべての問題に自分が関わっている」と思って、役割の壁を超えて、全体最適で考えないとうまくいきません。

1人ひとりが、与えられた役割に対して最大限努力するのは当たり前です。くわえて、他の人の役割に対して、「何か貢献できることはないか？」（ギバーになること）を常に考えなくてはいけません。それと同時に、自分の役割に対して、「他のメンバーから支援を得られないか？」（テイカーになること）を考え、素直に助けを借りることです。役割の壁を超えて、互いの領分に踏み込み合えば、それぞれが持つ限界を超えられるかもしれません。

その上で、みんなが役割の壁を取り払うことで、新たなアクションが起こせないかを考えるのです。きっと今まで気づかなかった新たな機会が見つかるはずです。

役割の壁を打ち壊して助け合う。サッカーでも野球でも、スポーツのチームでは勝つために当たり前にやっている話です。それができないのは、やはり前2つのステップがちゃんとできていないからです。関係性が高まり、意味が共有できていれば、全体最適で物事が考えられ、互いに支え合うチームができるはずです。是非そこを目指してみてください。

図 5-14 ｜ 役割の壁を壊す

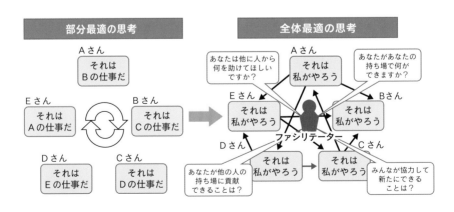

⚑ 対立が起こったときこそチーム・ビルディングを

　議論のステップになると、意見の対立や衝突が露わになることがよくあります。それ自体は悪いものではなく、異なる考えをぶつけ合うからこそ、信頼性の高い答えが得られます。そこから新たなアイデアが生まれることもよくあります。議論にとって対立はプラスに作用するのです。

　ところが、対立が起こると多くの人は感情的になってしまいます。意見と人の切り分けができず、相手を非難するようになります。それがエスカレートすると、チームを崩壊させてしまいかねません。そうならないよう、チーム・ビルディングに役立つ、対立の解消のやり方を覚えておかなければなりません。

　実は、それは既に全部お話をしました。チーム・ビルディングの3つのステップをそのまま応用すればよいのです。復習を兼ねて説明しましょう。たとえば、2人のメンバーの意見が対立して、議論が進まなくなったとします。

①関係性を築く

　はじめにしなければならないのは、互いの言い分を正しく理解し合うことです。双方とも自分の主張をいったん脇において、相手の主張（メッセージ）に全力で耳を傾けます。このときに大切なのは、「なぜそれにこだわるのか？」「なぜそう言い張るのか？」、主張の裏にある欲求（ニーズ）、事情、立場などです。それが分からないと、本当の意味で理解できません。それを引っ張り出した上、一度相手の立場に立って考えてみるのです。

　そうすれば、相手には相手の正当性があることが分かり、少なからず共感が芽生えてきます。論争の敵ではなく、立場が違うだけで、自分と同じ人間であることが分かります。すると、自分が大切にしている原理原則は変えられなくても、多少融通を利かせてもよいと思えるようになります。折り合いをつけるために、一歩踏み出そうという気持ちが湧いてくるのです。

②意味を探求する

　互いの言い分が理解でき、共感が芽生えたなら、いったん対立のもとになった論点を棚上げしてしまうのが得策です。その代わりに、本来2人がここで話し合うべき、もっと大きな論点（イシュー）を見つけ出しましょう。「どうやって顧客を満足させるか？」「どうやったら毎日楽しく働けるか？」といった、いわ

197

ゆる「そもそも論」です。

　それは、主張の意味を考えることで見つかるはずです。主張が真っ向からぶつかっていても、「何のために？」と目的をさかのぼっていくと、同じチームである限り、どこかで必ず重なるようになります。それこそが、本質的に解決すべきテーマであり、統合的目標と呼ぶことがあります。

　これで2人は敵同士ではなく仲間となりました。先に述べたように、チームとは共通の目標を持った集団であり、2人が協力しないとそれが達成できないからです。

③行動を変革する

　最後は、統合的目標をどうやって実現するか、柔軟に代替案（オプション）を考えていくことになります。先ほどとは逆に「どうやって？」を使って、手段を掘り下げていきましょう。

　このときに、メンタルモデルの壁や役割の壁を打ち破ることは言うまでもありません。アイデアが広がらなかったら、問題の定義を変えてみるのが手です。戦略の問題なのか、顧客満足の問題なのか、業務プロセスの問題なのか、組織風土の問題なのか…。何の問題ととらえるかで、解決手段が大きく異なってきます。

　そうやってたくさん出したアイデアの中から、両者のニーズを最大限に満たす代替案を選び取ります。3つのステップをちゃんと踏めば、もともとの2人

図 5-15 ｜ 対立を解消する

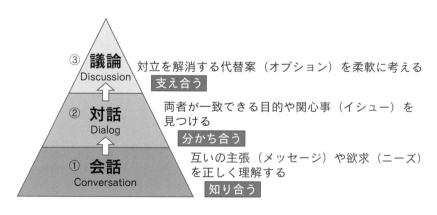

198

の言い分よりも、もっとよい解決策で合意できるはずです。両者の関係もより
よいものになります。

　このように対立をうまく乗り越えていくことでチームは強くなります。まさ
に「雨降って地固まる」です。

ポジティブな話し合いから新しい発想が生まれる

　具体的なアクションを話し合うステージになると、どうしても議論が白熱し
ます。優れた答えを出すことに夢中になり、ついメンバーの感情やチームの関
係性が意識から遠のきがちになります。

　たとえば、本質的な解決策を見つけ出すには、「なぜ」（Why）を問うことが重
要です。「なぜ、そうなったのか？」「なぜ、うまくいかないのか？」「なぜ、でき
ないのか？」といった具合に。

　それは間違っているわけではありませんが、言い方に気をつけないと、責め
られている調子に聞こえてしまいます。下手をすると、原因追及のつもりが、
「誰が悪さをしているのか？」と責任追及となり、チームの関係性がギスギスし
たものになりかねません。首尾よく該当者が見つかったとしても、みんなの前
で責められたら、どうしても防御モードになります。とても主体的にやろうと
いう気になりません。本人を含め場のムードもネガティブになります。

　先に述べたように、人と組織がからむ適応的課題では、すべての人がそれに
加担しており、全員が当事者です。分かりやすい特定の原因があるとは限らず、
しいて言えばみんなが変わらないことが問題の本質です。

　チームが変わるためには、「な
ぜ？」ではなく、「何？」（What）や「ど
うやって」（How）を問うことが大切
になってきます。「何が悪さをしてい
るのか？」「何をしたらうまくいくの
か？」「どうすればできるのか？」と。

　これなら、前向きで明るく議論で
き、場のムードがポジティブになり

図5-16 ｜ ポジティブに話し合う

Why → How

なぜ、
うまくいかないのか？

どうすれば、
うまくいくのか？

199

ます。自ら変わろうという機運が生まれやすくなります。うまくすれば、問題解決とチーム・ビルディングが同時に達成できます。ポジティブな問いを立てるというのは、是非覚えておきたい、シンプルながらもパワフルなテクニックです。

実践のヒント⑤

Q 議論のステップになるとつい熱くなってチーム・ビルディングの視点がふっとんでしまいます。どうしたらよいでしょうか？

A こうならないための1つの策は、ここまでのチーム・ビルディングの場で生まれた成果物（アウトプット）を壁などにすべて貼り出しておくことです。そうやって、いつでも参照したり立ち返ったりができるようにしておくのです。議論をしていても自然と目に入り、ここまでのチームの道のりを感じながら話し合いができます。そういう意味では、たとえ臨時のチームであっても、チーム専用の部屋を確保しておくことが大事になります。そんな部屋自体を持つことが、チーム・ビルディングに大きく寄与してくれます。

実践編 | 6

チームづくりを促進させる

チーム・ビルディングの４タイプ

　チームをつくるための基本となる考え方とさまざまな技法が理解できたところで、それらを実際にどのように活用するか、実践例を見ていきましょう。

　会議の冒頭での軽いアイスブレイクから、複数年にわたる全社的な組織開発活動まで、チーム・ビルディングの応用範囲は多岐に至ります。あまり大がかりなものよりも、身近ですぐに実践できるもののほうが参考になると思い、ステップ１（関係性を築く）の応用を中心に事例を用意しました。

　事例を選ぶにあたり、チーム・ビルディングの活用シーンを２つの軸で設定しました。１つは、チームが一過性のものなのか、ある程度の期間継続する定常的なものなのかです。もう１つは、メンバーの主体性とチームの凝集性のどちらが強いかです。そうすると、チームには４つの場面が考えられ、それぞれに応じて４タイプのチーム・ビルディングがあることが分かります。

実践例からエッセンスを学ぶ

　本章では、この分類に沿って、チーム・ビルディングが必要な典型的シーンを８種類取り上げ、具体的にどのようにチーム・ビルディングを行っていくのかを紹介します。実践しやすい状況を選びましたので、あくまでも代表例だと思ってエッセンスを学び取ってください。

　①小ミーティングを開催する（会議タイプ）

　②合宿ワークショップを開催する（会議タイプ）

　③参加型研修を実施する（会議タイプ）

　④新しいプロジェクトを立ち上げる（プロジェクトタイプ）

　⑤課や係など小チームを活性化する（定常組織タイプ）

　⑥大人数のイベントを開催する（定常組織タイプ）

　⑦元気な異業種交流会を続ける（委員会タイプ）

　⑧地域の集会を実りあるものにする（委員会タイプ）

何をしたかについては左側の「実施事項」のページを追っていけば分かるようになっています。それぞれのシーンに応じて、第3〜5章で紹介したアクティビティが適切に選定され組み合わされている様子を、まずは理解してください。そのときに、アクティビティだけに注目するのではなく、目標設定やメンバー選定など、第1〜2章で説明したポイントがきっちりと織り込まれていることにも目を向けてください。

　その上で、個別の事項やアクティビティがどこで使われているかだけでなく、それを実施しようと考えるに至った思考過程も理解するようにしましょう。それが右側のページの「解説」に、左側に対応するように書かれています。

　皆さんの置かれた状況は、ここに挙げたシーンよりさらに複雑で難易度が高いことが多いかもしれません。本章で解説したシーンの通りにやっても太刀打ちできないこともあるでしょう。しかしながら、考え方さえ理解していれば、自分の状況に合わせた工夫をどんどん盛り込めると思います。そのためのベースとして本章を役立ててください。

図6-1 | チーム・ビルディングの4つの場面

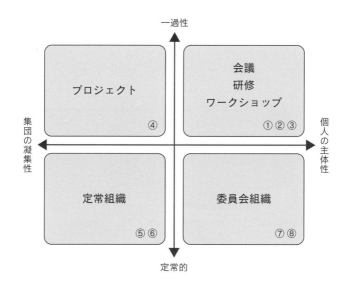

1 小ミーティングを開催する

会議タイプ

　Tさんはマーケティング部に所属しており、2年前に上市した製品HKK－07の担当です。定期的に各支店を訪問し、支店会議の場で販売施策を伝達するのですが、いつもシ〜ンとしており、なかには寝ている人までいます。Tさんはもう少し楽しくやれないものかと企んでいます。

FG本＝『ファシリテーション・グラフィック』

実施事項

●アウトプットのレベルを伝える

活動の枠組み
➡P.79

　冒頭に「今日は販売施策をお伝えするだけでなく、各エリアチームでどの施策に優先的に取り組むかまで決めていただきます。そのため私のしゃべる量はなるべく少なくして、そちらに時間を割り当てたいと思います」と伝えました。

●コンセンサスゲームで問題を掘り下げる

コンセンサスゲーム
➡P.106

　Tさんは本部で考えられている7つの施策を簡潔にプレゼンしました。その上で、「コンセンサスゲーム」の形式で、各エリアチームに重点施策を3つ決めてもらいました。

●リラックスした雰囲気で考える

自由に座らせる
➡P.65

　重点施策を決める際、エリアチームごとに好きな場所に移動して集合してもらいました。また、皆に付箋とペンを渡し、「付箋に書き出して壁に貼りながら立って討議するとやりやすいですよ」と勧めました。

付箋
➡FG本P.49

飲食物
➡P.64

　さらに「脳を回転させますのでブドウ糖が必要でしょう。飴を持ってきましたので、どうぞ」と飴を配りました。たちまち部屋はガヤガヤした雰囲気になり、笑いまで飛び出して、活気ある話し合いの場となりました。飴代ぐらい安いものです。

＜チーム・ビルディングのポイント＞

・会議のゴールやルールを明確に伝える

・小グループで密度の濃い議論をさせる

・飴などの小道具を使ってリラックスさせる

・コンセンサスゲームで意識のすり合わせをする

解説

●進め方の骨組みを初めにきっちり提示する

「自分から一方的にプレゼンテーションして終わり」という形式をまず改めています。とはいうものの、進め方を提示せずにいきなりチーム討議をお願いしても、参加者は面食らってしまいます。冒頭に予告をしておけば、「何かちょっと変わったことをするのかな？」と心の準備をすることができます。

●ゲーム感覚が傾聴を促す

普通の討議では、チームリーダーや優秀な営業担当者の独壇場になりそうです。「コンセンサスゲーム」なら、皆が自分の考えを一度は表明でき、合意の過程で抵抗感なくお互いの意見を聴き合えます。「各人が何を重視しているかを話し込んで理解できてよかった」という意見もしばしば出てきます。

理解と共感
➡P.69

●にぎわいを創出する

できれば盛り上がる環境づくりをしたいところです。しかしながら、支店会議の中の１コマという位置づけのため、机やイスの並べ方を大幅に変えるのは諦めざるをえません。こういう制約条件の下でも、Ｔさんはよく工夫しているといえるでしょう。本人たちにその場で動いてもらうこと、盛り上げに役立つ小道具を使うことを意識しています。

レイアウト
➡P.59

1　小ミーティングを開催する

第６章　実践編

205

2 | 合宿ワークショップを開催する
会議タイプ

　Kさんの所属部門で大掛かりな組織変更がありました。大きく2つに分かれていた商品開発部門が1つに統合されたのです。

　人数こそ全員で50人と多くないものの、これまで別のフロアで仕事をしていたこともあり、個人的なつながりしかありません。ただ、2つに分かれていた時代をひきずって、今後もバラバラに動くのではどうもまずそうだということは多くの人が認識しています。その一方で、具体的にどう一緒に動いたらよいのかについては皆がイメージを持てずにいます。

　Kさんは部長の命を受け、新しく誕生した部門の統合の第一歩となるワークショップを企画運営することになりました。

FG本＝『ファシリテーション・グラフィック』

実施事項

●3日間のワークショップ企画

活動の枠組み
→P.79

　Kさんはまずワークショップの目的、目標、進め方を、部長と相談しながら定めました。目的については、

・お互いが知り合い、心理的距離を縮める

・新生部門のこれからの方向性について意識を合わせる

・具体的活動への決意を生み出す

としました。なかなか欲張った企画です。

プロセス
→P.79

　1日程度のワークショップではとても扱えないと判断したKさんは、初めに2日間の合宿ワークショップを開催し、1ヶ月程度間を置いて、丸1日のワークショップを開催する、という全体像を定めました。

　皆には事前の案内で

ルール
→P.79

・講演・研修ではない／先生はいない

・話を一方的に聞く場ではなく、皆で一緒に考える

・そのために主体的な意欲を持って集まってほしい

ということを伝えました。

＜チーム・ビルディングのポイント＞

・ゴールを見据えて適切な時間を確保し、活動をする前からメンバーを巻き込む工夫をこらす

・全員参加による納得感や一体感を優先しつつも、刺激として異分子を入れておくことを忘れない

・普段とは違ったムードをつくり、カジュアルな雰囲気の中で自由に議論できるようにする

・チーム・ビルディングの時間をたっぷり取り、協働体験と具体的な成果を通じてチーム意識を高めていく

解説

●研修ではない、ワークショップだ！

　ポイントは１のケースと同じです。まずは活動の全体像を設計しなければなりません。個々のチーム・ビルディングの要素を考えるのはその先です。目的には、ただの仲良しグループになるだけでなく、１人ひとりが自分の課題として取り組む意志を持ってもらいたい、という思いを込めました。

　状況をよく踏まえて必要時間も見積もる必要があります。効率を重視して無理に短時間でやり切ろうとしても、メンバーに「答えの決まっている話し合いを駆け足でやられてしまった」という思いを残すだけです。

　また、目的ややり方を伝えて心の準備をしてもらい、始まる前から皆を巻き込むことを意識します。「ワークショップって何？」とよく分からない人には、少しでも明確なイメージを持ってもらうことが必要です。しばしば研修と勘違いする人がいるので気をつけなければいけません。

　さらに欲張るならば、２回のワークショップの間の１ヶ月に、少人数グループでお互いの仕事の仕方を見学する、という活動を企画するという方法も考えられます。

協働作業
→P.106

●新しい部門全員が参加する

統合してできた新しい部門全員が、このワークショップに参加することにしました。それに加えて、この統合がもともと営業から強く要望されたことであったのを踏まえ、営業企画および営業担当者3〜4名に参加してもらうよう取りつけました。

●カジュアルなムードをつくる

最初の2日間のワークショップは、会社から外へ出て、外部の施設を利用することにしました。ちょっとした公園に隣接したところです。

会場は、50人を5人ずつの10のグループに分け、島型に配置してちょうどよい広さの部屋を選びました。壁に模造紙が貼れることも確認しています。さらに、パワーポイントとプロジェクタを使った資料説明は一切やらないことにしました。

また、参加者には当日の服装はカジュアルでよいことを伝え、特に管理職の方々にはスーツで来ないよう部長から念を押してもらいました。当日は、お菓子やコーヒーを手配しておき、いつでも手に取れるように並べておきます。また、手を挙げるときのための旗や、大きめの名札を用意しました。

●自己紹介からグループ分け

ワークショップの趣旨説明をした後、名札に自分の呼ばれたい名前を書いてもらいます。そして、その名札を使いながら、全員で自己紹介をしました。次に、全員で立って「握手でチェーン」をします。お互いの名前を口に出せば親密度が高まり、立って動くとだんだん活気が出てきました。

その後は、誕生日順（バースデーライン）に並び、先頭から5人ずつ区切ってグループをつくり、それぞれの島に分かれました。

グループに分かれた後は、1人5分ぐらいの時間を取って、グループの中でもう少し突っ込んだ自己紹介をしてもらいました。

空間配置（レイアウト）
→P.59

壁に模造紙
→FG本P.207

小道具
→P.64

握手でチェーン
→P.95

ラインナップ
→P.96

場面転換
→P.66

●こんなケースでは思い切って全員参加でいこう

大きな組織変更がなされた時期でもあり、参加する人と参加しない人がいるのは望ましくありません。全員が参加することが最優先です。また、2つに分かれていたとはいえ、開発畑ばかりでは同質な人たちの集まりです。営業の人たちを入れ、新しい観点を持ち込んでくれることを期待します。

全員参加
→P.42

多様な属性の人を集める
→P.45

●普段とスイッチを切り替えて話せる環境をつくる

「普段の会議と違う」ということを言葉以外でも伝えましょう。いくら「主体的に参加しよう」と連呼しても、相手は引いていくだけです。言葉で伝えるとともに、環境でも伝えるようにします。「環境が整えられていたので、それにつられてついしゃべってしまった」という状況をつくり出すのです。

活動の環境をデザイン
→P.52

普段と違う場所を使う、気分転換に外へ出られるようにしておく、発表方法を変える、服装をいつもと違うものにする、ゲーム性を持ち込んで楽しくする、食べながらやるなど、リラックスできる環境をつくるための小さな工夫をたくさん織り込みます。

●互いを知る作業を通じて場をほぐしていく

合宿ワークショップでは、普段の会議や研修よりは余裕をもって時間が取れるはずです。「お互いが知り合い、心理的距離を縮める」という第一の目的から考えても、自己紹介の時間をしっかり取ることが出発点です。

ただ、ありきたりの自己紹介ではつまらないので、楽しめそうなものを選びます。

たとえば、「バースデーライン」では「え、誕生日同じだったの！」などという小さな発見が盛り上がりを生みます。それ以外に「人間マトリクス」などもお勧めです。

楽しめる自己紹介
→P.83

人間マトリクス
→P.97

●手や体を使ったアクティビティ

現状を認識するセッションでは、付箋を使った「親和図法」を用いて、各グループの意見をまとめてもらいました。

親和図法
→P.149, FG本P.203

夕方になり1日目のプログラムが終わるころ、「ペアウォーク」に取り組みました。

ペアウォーク
→P.112

2日目には、対立を実感してもらうため、イスを争うゲームに取り組みました。ちょっとしたことで感情的に対立してしまう自分たちを認識しつつ、対立を乗り越えるコツを皆が考え始めました。

体を使ったエクササイズ
→P.113

●未来新聞でビジョンをつむぎ出す

2日目の目玉は「未来新聞」です。「3年後に、この統合された部門はどうなっているのか？」を未来の新聞で表現してもらいました。5人のグループで90分ぐらいかけて取り組んでもらいます。発表の時間もゆったりと取りました。「宇宙に向けてロケット打ち上げ成功！」などという一見突拍子もないものもある中、どの記事からも、これまでバラバラだった○○技術と△△技術を融合できれば宿敵Q社に負けるはずがない、という将来像が共通して見えてきました。

未来新聞
→P.147

発表の後は、改めて3人ないしは2人ずつのチームになって、「結局、この新生部門をどんな開発集団にしたいのか？」を、新聞の内容を踏まえながらスローガンとして考えてもらいました。「トップレベルの開発者集団」などというありきたりのスローガンではなく、「日本語をとことん練ってください」と念を押します。3人はどこに行って作業してもかまいません。喫煙室で話し合っても、屋外で話し合ってもよいことにしました。

こまめな目標提示
→P.51

皆で発表し合ったとき、そこには私たちの目指したい境地が見事に表現されていました。皆の顔が満足そうに輝いていました。

臨機応変な対応
→P.65

●手や体を動かす作業はのめり込める

お互いを知ってしゃべりやすくなってきたら、だんだんと議論を深めていきます。ただし、重要な議論になるとつい協働を忘れ、「△△△はそもそも…」といった独演会が横行し始めますから、それを少しでも防ぐために、ツールやアクティビティの力を借りるのです。

重要なツールの1つが付箋です。付箋を用い、皆で手を動かして作業していると、自然と協働する雰囲気になってきます。しかも、付箋は、普段声の小さい人が意見を表明しやすいという利点も持っています。「少数意見を尊重しましょう」とわざわざ言わなくてもよいのです。

付箋
→FG本P.49

また、脳だけで考えるのではなく、ときおり切り換えて、お互い支え合うことや対立することを身体で感じ取ってもらうことも重要です。ただ、開発の頭の固い人たちにイス争いのゲームは馴染めなかったかもしれません。素直にコンセンサスゲームを使ってもよかったのではないかとも思います。

コンセンサスゲーム
→P.106

●ビジョンを具体的にイメージさせる

一体となって取り組める共通の目標、目指す姿があると、チームの力は俄然アップします。とはいうものの、現実にはいきなり「この部門のビジョンを考えましょう」と働きかけても、皆の思考が止まってしまうことが多いので、イメージを湧きやすくするために「未来新聞」を活用します。

また、チームで作業するときのサイズにも工夫をこらします。荒削りでも合意感を優先したいときは5〜7名で、しっかり深く考えることを優先したいときは2〜4名で、と考えておくと便利です。

グループサイズ
→P.41

さらに、作業しやすい環境を本人たちの意思で選んでもらい、できる限り主体的に参加してもらうようにしています。

●アウトプットを掲示していく

　未来新聞のように、何かのアウトプットを生み出すアクティビティでは、できあがるたびに発表する時間を取るのはもちろん、それが形として見て実感できるよう、アウトプットをどんどん壁に貼り出していきました。

　3人でスローガンを考えた結果も、Ａ3のコピー用紙に太いペンでしっかりと書いてもらい、それを前に鈴なりに貼り出しました。休想時間には、掲示物の前に集まって話しをするメンバーも現れました。

コピー用紙
→FG本 P.53

メンバーに書いてもらう
→FG本 P.211

●実行した結果を次の素材に

　最後に、「スローガンの具現化に向けて、私たちができる新たなことは？」をテーマに、具体的な施策を話し合ったところ、「次回までの1ヶ月の間に、我々開発のメンバーは営業に同行してみよう」という意見が出てきました。さっそくこのアイデアを皆合意のもとで採り上げ、実行に移すことになりました。第2回ワークショップでは、この体験の感想の共有から始めることにしました。

●成果が形として実感できるようにする

「私たちはこんなに話し合って、これだけのものをつくり出したんだなあ」と感じられれば、達成感が得られ、それが次の行動への原動力となります。単なる「楽しかった」で終わらないようにしなければいけません。

その場合も、言葉で「これこれの結論が出ましたね」と事務的に確認するだけではなく、成果が実際に目に見えて実感できるようにすることが非常に大きなポイントです。成果物をどんどん掲示していくのはとても効果的です。

空間演出
➔P.64
巨大な会議空間
➔FG本P.209

●相手の立場になることで相互理解を深める

たとえ擬似的にでもよいので、相手の立場になりきってみるのは、新しい発見をもたらし、お互いの理解をさらに深めます。このケースでは、時間を取って「ジョハリの窓」に取り組むのもよさそうです。

ジョハリの窓
➔P.115

また、体験した後に、その感想を忘れずに共有するようにしましょう。自分たちのやってみたことを振り返ってはじめて、私たちはそこに意味や教訓を見出し、次の行動へつなげていくことができるのです。

振り返り
➔P.190

しかも、感想は全員が対等に口を開けるテーマです。コミュニケーションの基礎力を養うためにもうってつけといえるでしょう。感想交換には対話のスキルが参考になります。

自己開示
➔P.69

2　合宿ワークショップを開催する

第6章　実践編

3 参加型研修を実施する
会議タイプ

　Mさんは営業企画部に所属し、営業部門における研修を企画し運営する役割を担っています。4月のある日、部長から「ウチの社員は最近自分で考えることをしない。今年度はもっと脳みそに汗をかいて考えるような研修を企画・実施してくれ。そうだな、対象者は30代の中堅を中心にしよう。一方的に講義をするのはダメだぞ」との要請を受けました。

　過去にも、形だけグループ討議を取り入れた研修をしたことはありますが、あまり盛り上がらなかった記憶があります。受講者に少しでも参加意欲を高めてもらうため、いろいろ工夫しなければとMさんは思っています。

FG本＝『ファシリテーション・
　　グラフィック』

実施事項

●ニーズにあった研修名をつける

　まず、対象となる「30代の中堅」がどのような要望を抱えていそうか、社内の人脈を使って調べました。すると、いかに的確に自分の言いたいことを伝えるか、いかに上司の詭弁に対応するかで普段悩んでいることが見えてきました。そこで「使いこなす論理思考」を研修のテーマとしました。

　研修の名前は「論理思考研修」とせず、「使える！論理思考塾」としました。また、想定参加人員は12〜20名としました。

　研修のプログラムにはチーム・ビルディングの時間をしっかり盛り込みました。

＜チーム・ビルディングのポイント＞

・参加者の関心に合った興味を引きそうなタイトルをつける、参加者自身にルールを決めてもらう

・小グループで議論をするものの、１人で考えさせたり、グループメンバーの入れ替えをしたりする

・進行に応じて場の設定をどんどん変え、アクティビティとあわせて動きのある研修とする

・互いを知り合うものからグループ同士を競わせるものまで、少しずつステップアップしていく

解説

●企画段階から勝負は始まっている

受講者の参加を促すには、まずもって研修のコンテンツが参加者の興味に合っていなければなりません。知識や関心をよく探り、それに合ったコンテンツを提供するのが出発点です。

多くの人は、「研修」と言われたとたんに主体性を失い、受け身になります。少しでも楽しく参加してもらうため、名前から研修という匂いを消そうとしています。この言葉に反応する人が集まり、レベル合わせにもなります。また、参加しやすくて、全体の雰囲気がつかみやすく、しかも適度ににぎわいがある人数を設定しています。

最後に、チーム・ビルディングのための時間をプログラム中に確保します。「チーム・ビルディングなんてちょっとしたゲームみたいなものだから、プログラムの合間に適当に割り込ませておけばよい」とオマケ扱いするのではなく、プログラム作成時からつくり込んでおきます。

時間の確保
→P.19

215

●小さめの部屋で島型をつくる

気分を変えようというので、外部の研修施設を使うことにしました。

現場を見る
➡P.54

会場として使える部屋は、とても広々とした部屋と、どちらかといえばこぢんまりとした部屋の2つが候補として挙がっていましたが、実際に現地を見学した上で小さいほうの部屋を選びました。

レイアウト
➡P.59

参加人員は20名になったので、机で4つの島をつくり、5つずつイスを並べる島型の配置にしました。実際に並べて、自分であちこちに座ってみて、お互いに遠すぎ

視界をチェック
➡P.56

ないか／近すぎないか、前のホワイトボードを見ることができるかをチェックします。1つの島は、横長の机3台をくっつけてつくりました。

●オリエンテーションで心構えとルールを

「使える！論理思考塾」の目的、内容の概略、皆さんに目指してもらいたい到達点、そして参加の心構えを初めに伝え、皆で確認しました。特に参加の心構えでは「一方的な講義ではなく、習ったことをグループ討議の中で使うことが大切。積極的に話し合いに参加して初めて身につく」ということを強調しました。ただ、この部分の説明時間が極力短くなるように、Mさんは前の日から暗唱するぐらいに口上を練習して臨んだのでした。

グランドルール
➡P.79

最後に、気になる携帯電話については、Mさんから受講生の方々に「携帯電話についてはどうしましょうか？」と問いかけ、受講者みずから「こまめに休憩時間が組み込まれているし、時間内は電源を切ることにしよう」というルール決めをしてもらいました。

●会場づくりへのこだわりが活気を生む

少しでもチーム活動のしやすい環境を選びます。

人数に応じた適切な広さの部屋の選択も大切です。広ければよいというものではありません。広すぎると、せっかく皆の元気が出てきても、広い空間に音が吸い込まれてしまい、にぎわい感が出てきません。

グループサイズにも配慮します。経験的に、1つのグループが7人を超えると手抜きをする人が急に増えます。5〜6名で1つのグループをつくるのを基本とします。

グループサイズ
→P.41

他に、部屋の雰囲気そのものや、机・イス・ホワイトボードの相互の配置、空調の利き具合、壁面の使い方などを熟考します。つい手薄になりがちですが、こういったことをしっかり考えるのです。

部屋選び
→P.52

ただ、グループの島を机3台で構成したのは疑問です。机の上で作業をしてもらうという意図があったのかもしれませんが、たとえ手狭になっても机2台で構成し、1人ひとりの距離を詰めるほうがよいでしょう。

距離感を縮める
→P.55

これらの工夫によって、お互いの距離が縮まって親密感が増し、また、グループワークのときにもガヤガヤと活気のある空気が生まれます。

●全体像と規範を共有できれば参加しやすくなる

この研修で何をするのか、どのように進めるのか、を最初に受講者が理解すれば、自分の立つべきスタンスが分かって、研修に参加しやすくなります。

見えるようにする
→P.54

ただ、このときに進める側が演説してしまってはいけません。説明が長くなればなるほど、受講者はイライラしたり受け身になったりします。

また、進め方も全部こちらで決める必要はありません。受講者が主体的に決めれば参加意識や責任感が高まります。

参加させる
→P.79

●チェックインと共通点探し

　まずは、全員でイスを動かして円になり、１人が一言ずつしゃべる「チェックイン」を行いました。そのときに、「１人40秒ぐらいですかね。あまり長くなったら、私が手を挙げて合図をしますね」と伝えておきました。

チェックイン
→P.82

　次に、席を立って、「共通点探し」を行いました。そうしておいて「論理思考ができていないと実感する場面は？」というテーマで、各グループで自由討議を始めてもらいました。

共通点探し
→P.100

●グループ対抗で頭を使ったアクティビティを

　最初のレクチャーが終わり、いよいよ本格的なグループ討議に入ります。

　それに先立って、まずは各グループのグループ名を10分間で決めてもらいました。子供じみていると感じつつも、討議する皆の表情は真剣です。たちまち４つの特色を活かしたグループ名が決まりました。

グループ名を決める
→P.96

　また、その後にも、論理思考に関連づけて「フェルミ推定」に取り組んでもらったり、グループ同士のディベート対決をしたりしました。

フェルミ推定
→P.108

　さらに、グループ発表の後の質疑応答タイムでは、いきなり各人に質問を出すようお願いするのではなく、まずグループ内でどんな質問をするかを話し合ってから、厳選した質問を出してもらうようにしました。

●内容の濃い討議の前にまず場をほぐす

　いきなり本論には入りません。お互いが緊張せずに話せる関係にならなければ、実り多い討議はできないからです。

アイスブレイク
→P.82

　そのためにまずは自己紹介です。「今さら自己紹介など…」と考えずに、自己紹介タイムを楽しめる工夫を施しましょう。しゃべるテーマを指定する、円になる、動き回る、といろいろ工夫する点があります。あまり発言が長くなっても困るので、それをやんわり抑える必要もあるかもしれません。

円になる
→P.58

　その上で、皆がなるべく対等の立場で参加・発言できるテーマ、つまり、知っている人と知っていない人との差がつきにくいテーマを選び、グループで語り合う時間を取って、グループ討議の中で全員が発言する雰囲気をつくってもらいます。そのテーマを本論につなげていくのがベストです。

●力を合わせる作業で協働する癖をつける

　参加型研修では、受講者1人ひとりが個として積極的に参加するだけでなく、グループとして協働することが成果を左右します。本番のグループ討議に入る前に、協働作業の模擬演習をしてもらいます。簡単で、しかも達成感のあるアクティビティを選びましょう。

　その後も、違和感なく取り組めるチーム作業を随所に取り入れます。チームで協働しなくてはならない場面を織り込み、協働していく中で少しずつ連帯感を生み出していくのです。

まずはやってみる
→P.119

協働作業
→P.106

●自分の考えを深める

その一方で、グループ討議の前に、1人ひとりが静かに考えて、自分の考えを手元に書き留める時間を取りました。そのためのシートも用意しました。

●体を動かして気分転換

ブレイクを取る
➡P.262

ときどき休憩を取って体操などをしました。Mさんは、簡単にできる体操のネタを仕入れて、以前から練習しておいたのです。

ワールドカフェ
➡P.152

一方、研修途中の、ここまでの気づきを全体で共有してもらいたい場面では「各テーブルに1人残って、他の人は違うテーブルに散らばってください」とお願いしました。こうすることで、いわゆる他花受粉を促したわけです。

●大好評を得て無事終了！

研修後のアンケートを見ると「今までにない研修で新鮮だった」「眠くなる暇がなかった」「研修が楽しいものだと分かった」「明日から使えそうな気がした」「継続して勉強したいと思います」とポジティブなコメントが目白押しでした。それは研修の内容もさることながら、チーム・ビルディングの成果だとMさんは思いました。

220

●主体的参加の最小単位は「1人」

皆にグループ討議をしてもらおうと一所懸命になりすぎて、グループ討議一本槍ではダメです。1人ひとりが主体的に参加するために、まずは自分の考えを落ち着いてまとめるステップを適宜確保しましょう。

グループサイズ
➡P.41

すぐにグループ討議に入ると、考えがまとまらずあまり討議に参加できない人も、いったんじっくり考えて文字に定着すれば、チームの中で主体的に意見が言えるようになります。

書いてもらって意見を
引き出す
➡FG本P.241

●慣れを打ち破るため場面転換を入れる

ときおり、気分転換になるような活動をはさみこむことで、皆の気持ちがリフレッシュされ、新たに取り組もうという気持ちが湧いてきます。眠気も飛ぼうというものです。

また、グループ編成を途中で変えるのも効果的な気分転換です。会場がとてもにぎやかになり、しかもこれまでやってきたことを効果的に全体で共有できます。さらに、多くの人と知り合えるという副次的効果もあります。

場面転換
➡P.66

いろいろな方法を隠し持っておいて、その場の雰囲気や進み具合に応じて、臨機応変にこうした活動を織り込んでいくことが大事です。最初から計画しきれるものではありません。

臨機応変に対応する
➡P.65

●学びは場から生まれてくる

参加型研修の成果は、チーム・ビルディングにかかっているといっても過言ではありません。それは、人と人の相互作用の中から、学習が生まれてくるからです。

また、研修だけで新しい能力は育たず、実際に身につけるのは現場です。研修は、そのための目標や改善点を気づく場であることを忘れないようにしなければなりません。

4 新しいプロジェクトを立ち上げる
プロジェクトタイプ

　Hさんは経営企画室の課長です。最近Hさんの会社では、猛烈なリストラの努力が実って業績が急上昇していますが、その反面、精神的に疲れ果てた従業員が増えてきたとあちこちで耳にします。そこで、Hさんがリーダーとなって、「従業員の実情を把握し対策を提言せよ」とのお達しが出ました。期間6ヶ月のプロジェクトです。プロジェクトリーダーとして、どのようにチーム・ビルディングを図っていくことができるでしょうか。

FG本＝『ファシリテーション・
　　　　グラフィック』

実施事項

活動の枠組み
➡P.79

●上司と相談をして全体計画をつくる

　Hさんは、まずこのプロジェクトの目的、目標、取組み指針（狙い）、スケジュールを上司と一緒になって計画しました。たとえば、目標については、しっかりと対策まで提言することを意識して、
・従業員のどの層がどのように疲れているのか実情を把握する
・なぜ疲れているのか原因を明らかにする
・解決策を3つに絞って提言し、経営層のゴーサインを獲得する
と掲げました。この中で、実態把握は安易なアンケート調査に頼ってしまいがちですが、それではホンネがなかなか見えてきません。そこで取組み指針の1つを、
・広く浅く調査するよりも、我々自身が面と向かって深く聴き出す
と定めました。

●各部門から多様なメンバーを集める

メンバー選び
➡P.44

　メンバーは、人事1名、生産2名、営業2名、開発2名、とバランスよく集めました。Hさんを含めて全員で8名です。女性も3名います。しかも、日頃の人脈を活かして、誰がどんな意見を持っているか探りを入れ、悲観的な人ばかりでなく楽観的な人にも加わってもらうようにしました。また、机に座ってモノを言うのではなく、疑問に思ったことはどんどん現場に足を運んで自分で確認するタイプを選びました。

＜チーム・ビルディングのポイント＞

・活動の枠組みは、事前にデザインしておくものの、全員参加で決められる余
　地を残しておく
・部門間のバランスと発散・収束系を混ぜて集める
・互いの距離を詰めてホワイトボードが見やすい配置にする
・チェックインや他己紹介で、主体的かつ対等に発言できる雰囲気を生み出し、
　小さな協働体験を積ませる

●計画をつくり込みすぎない

　最初に概略の活動全体像を描いておいてはじめて、関連部門の
理解が得られ、メンバーを集めることができます。また、上司と
一緒に計画すれば、最後になって「そのようなプロジェクトを期
待していたのではなかった」という意識のズレが表面化すること
が防げます。

　一方、それほど精緻なスケジュールは定めていません。現段階
では、上司やメンバーと活動イメージが共有できればよく、あま
り精緻に計画してしまうと、メンバーのアイデアや思いを反映す
る余地が乏しくなってしまいます。

　スケジュールを精緻にするよりは、目標や指針を表現する日本
語を練るほうに注力しましょう。「現状調査」といった無味乾燥な
表現でなく、どんなことをするのかが伝わりやすい日本語を一所
懸命ひねり出すのです。

●関与すべき部署を外さない

　このテーマに関与すべき部署を外さないように配慮しています。
こういったケースの会社では人事の存在感が弱いのですが、人事
の人を忘れずに含めています。また、女性と男性では疲弊の要因
がずいぶん違うことが予想されますから、両性の視点を含めねば
なりません。その一方で、あまり多人数になってもプロジェクト
活動がしにくいので、全員で8名になるようにしています。さら
に可能な限り、賛成派⇔反対派、長期志向⇔短期志向、中央集権
志向⇔権限委譲志向などといった持論や性向の多様性も確保すべ

223

●事前にメンバーと1対1で話し合う

メンバー選びのプロセス
➡P.50

プロジェクト開始のキックオフミーティングまでにはまだ時間的な余裕があります。そこでHさんは、選んだプロジェクトメンバーに1時間ずつ時間をとってもらい、全員と1対1で話をしました。

今回のプロジェクトの背景や狙いを手短に説明した後で、メンバーの考えや思い、さらには「今、とても仕事が忙しい」といった現況にじっくり耳を傾けました。1人ひとりの性格も少しずつ見えてきました。

●全員でチェックインとアイスブレイクを

いよいよキックオフミーティングです。目的、目標、スケジュールなどを説明して、すぐに討議に入りたいところですが、そこを我慢して1人ひとりが口を開く時間を確保しました。

チェックイン
➡P.82

他己紹介
➡P.86

明るい場をつくる
➡P.51

はじめに、全員で「チェックイン」を行い、その上で、ペアになって「他己紹介」をします。キックオフミーティングのときだけでなく、それ以降のミーティングのたびにチェックインを行うようにし、自分の思っていることを語り合ったり考えたりする時間を取りました。もちろん、ときおり飲み会も開催しました。

●コの字型でこぢんまりと場をつくる

レイアウト
➡P.59

Hさんの会社には大きめの会議室があって、机が大きな口の字型に並べられており、30人ぐらいが座れるようになっています。いつもならそのままのレイアウトで会議を始めるのですが、このプロジェクトでは8人がコンパクトに座れるように机を集めてコの字型に並べました。しかも全員が見られる位置にホワイトボードを2枚配置しました。

また、1回目にこの配置で好評だったので、2回目からは皆で力を合わせて机の並べ替えをするようにしました。さらに、討議時間は2時間（必要なら3時間）と基本ルールを定めました。

224

きでしょう。

●リーダーとメンバーの距離を縮めておく

　チーム・ビルディングは、メンバー全員で集まる前から始まっています。事前に1対1で話しておけば、彼女／彼がどんな人なのかをよく知ることができ、たとえ少しでもお互いの関係性を育むことができます。全員で集まった場所では話せないようなホンネや要望も聴け、リーダーとメンバーの心理的距離がグッと縮まります。

　注意としては、背景や狙いを自分から説明するのに時間をかけすぎないことです。それでは相手に多くしゃべってもらえず、相手のホンネも引き出せません。それどころか「一方的にしゃべるリーダーだな」という印象さえ与えてしまいかねません。

●メンバー全員に口を開かせる

　お互いを知る時間は無駄だと切り捨てられることが多いのですが、チーム・ビルディングのためには、その時間をしっかり取ることが大切です。また、全員が対等に口を開けるアクティビティを選ぶことによって、主体的に発言しやすい雰囲気をつくり出せます。

自己開示
➡P.68

●距離を詰めて話しやすい環境を

　「積極的に発言してください」とお願いするのも1つの方法ですが、もとから話しやすい空間を準備しておくほうがはるかに効果的です。お互いの距離を詰めれば発言がしやすくなります。また、ホワイトボードを見ながら討議すれば、論点をずらさずに深い討議が可能となります。皆で協働して同じ課題に挑んでいるという一体感も生まれてきます。

距離を詰める
➡P.55

見ながら討議する
➡FG本P.186

　本当は、8名というサイズに適したもう少し小さめの会議室がよいのですが、ない場合には、使える環境を最大限活用します。時間設定も重要な要素で、メンバーの緊張感が続く時間は長くありません。ミーティングの目的にもよりますが、短めの時間設定が基本です。

部屋のサイズ
➡P.52

●活動の骨組みを全員参加で決める

プロジェクトの目的、目標、取組み指針、スケジュールをメンバーに説明しました。次に、メンバーと1対1で話した内容をまとめたものを皆に提示しました。その上で、皆で2時間じっくり自由に意見交換をしました。

枠組みを共有する
➡P.79

最後に皆で活動イメージを合わせて終わります。目標や取組み指針、スケジュールについて、修正点や詳細補足を挙げてもらい、最後にこのプロジェクトの名前を皆で決めました。

ウィル／キャン／マスト
➡P.146

2回目のミーティングでは、4名ずつ2グループに分かれ、「ウィル／キャン／マスト」を使って自分たちの理想像を形にし、それをプレゼン合戦して、目指す理想像を練り上げ、共有しました。

●課題図書を皆で読む

第2回ミーティングまでに森時彦著『ザ・ファシリテーター』を皆で読んでくることにしました。プロジェクトの進め方のヒントが得られ、それがメンバー共通のノウハウ基盤となりました。

また、「いきいきプロジェクト」を進めているモデル企業を皆で取材に行き、その感想を皆で話し合う時間を取りました。

●小さな目標を決めて取り組む

プロジェクト自体は6ヶ月後に提言ができればよいのですが、2ヶ月後に「従業員の現状について調査した結果と、そこから得られる見解について、経営層に納得してもらう」という小さな目標を設定しました。

こまめな目標掲示
➡P.51

まずはそれに向けて全員で一丸となって取り組むことにしたところ、首尾よく2ヶ月後には経営層に向けて提言でき、理解を得ることもできました。

●安全な場がチーム意識を生み出す

自由な意見交換はいわゆる「ガス抜き」です。愚痴や悲観論を言い合っているにすぎないようですが、まずはそれを皆で出し切ることで、「では、対策を考えなくては」という機運が盛り上がる効果があります。

発散後に前向きの力
➡P.151

また、この過程で、このメンバーの間では何を発言しても大丈夫だという「安全な場」がつくられていくことが重要です。どんな意見が出てきても互いに否定せずに聴く姿勢をリーダーが身をもって示さなければいけません。

安心して自己開示できる場
➡P.158

そうしておいて、与えられた目標ではなく、自分たちで定めた目標に取り組めるよう、活動の骨組みを全員参加で決めます。小さなことでも、皆で一緒に作業し、合意をつくりあげる過程がチームの一体感を高めます。

全員参加で決める
➡P.166

また、ときには全員で取り組むのではなく、グループに分けて少人数でより濃い討議をしてもらいましょう。競い合う要素も含めていくと、次第にメンバーに活力がみなぎってきます。

サイズの使い分け
➡P.41

競い合う
➡P.263

●小さな協働体験が一体感を生む

定常的に「同じことを協働してやっている」という気持ちを生み出す活動を取り入れ、小さな協働体験を積み重ねます。理屈で考えて一体感をつくっていくのではなく、まずは一緒にやってみて一体感を生み出すのです。

協働体験
➡P.106

まずはやってみる
➡P.119

また、1つのことを体験した後には、そのことについて語り合う時間を取るようにするとよいでしょう。

●短期成果が活性化につながる

いくらメンバー間の人間関係が良好に築けても、それだけで皆のやる気を維持するのは難しいです。「成果が出てきた」という達成感なしにエンジンを回し続けるのは辛いことです。「チームが活性化されてから成果が出始めるのではなく、成果が出てそれが活性化につながっていく」（高野研一『勝ちぐせで組織は強くなる』）という側面があるのです。

早い段階で、達成できたことが明確に認識でき、しかも成果の出やすい目標を設定して、その目標の達成に全力を傾けねばなりません。

5 | 課や係など小チームを活性化する
定常組織タイプ

　Ｓさんは品質保証課の課長です。３つの係からなる20名の組織です。どうも最近、皆元気がなさそうですし、課員同士の対話もあまり見かけません。その上、ここのところ新製品の市場投入が相次いだため、問合せや的外れのクレームが多く入り、少し疲れ気味なのも確かです。もう少し活気づけられたらとＳさんは思っています。

FG本＝『ファシリテーション・
　　　　グラフィック』

実施事項

●継続的に話し合う場をつくる

　日常業務に追われてまとまった時間は取りにくいのですが、それでも水曜日の夕方４～５時は皆で顔を合わせて話す時間を取ると宣言しました。10名ずつの２グループに分け、それぞれ隔週水曜日に集まればよいことにしました。

●キーパーソンを巻き込む

メンバー選びのプロセス
（役割や期待を示す）
➡P.50

　20名の中でＳさんが一目置いているメンバーを２人選びました。その２人には別途時間を取ってもらい、これからやろうとしていることをＳさんから熱く語り、推進役として一緒に動いてもらうことに期待していると伝えました。その上で、２人の問題意識もじっくりと聴き、具体的にどんなことをやっていったらよいか、３人で方向性を合わせました。

●チームの理想像を共有化する

　初回冒頭に、Ｓさんの問題意識と、これからこの部門をどのように変えていきたいと考えているか、そのためにこの場をどのように使っていくか、を伝えました。その上で、「あなたにとって理想のチームとは？」「どんなチームだったら参加したいと思う？」
２人で話す
➡P.41
と問いかけ、ペアで話し合ってもらい、その後、全員で意見交換をしました。

＜チーム・ビルディングのポイント＞

・チームが継続的に話し合う場を確保する

・最初からキーパーソンを巻き込み推進役にする

・活動環境を変えて目に見える形で変化を実感させる

・チームの良さを実感させるとともに、リーダーとメンバーとの関係づくりに
　力を注ぐ

解説

●ときには強制力を発揮する

　チーム・ビルディングに取り組むための場をまずつくらなければ何事も始まりません。開始時点では、皆の自発性だけを頼りにするわけにもいかず、元気のないチームではなおさらです。ここでは「こういうメンバーで水曜日4〜5時に集まってください」と強制しています。こういう強制や要求はときとして必要なのです。

●片腕になってくれるコアメンバーを育てる

　自分1人でやれることには限界があります。自分の思いを理解してくれ、しかも他のメンバーに良い影響を及ぼしてくれそうな人がいる場合には早い段階から巻き込んでおきましょう。

メンバーを巻き込む
➡P.38

●チーム・ビルディングする意義を確認する

　チームを組むことやチームで動くことの意義を最初に確認しておく必要があります。「別にチームで動かなくてもよい」と冷めた目で見ているメンバーがいると、先に進めません。とはいっても、そういうメンバーの考え方を変えようとするのも無理な話です。そこまでするのではなく、メンバー間でチームの意義を改めて討議してもらえれば十分です。また、不信の固まりになってしまっているチームでは、こういう討議すらできないことがあるので、その場合には無理に話し合わず次へ進めましょう。

229

●チームの現状をつかむ

ツールを利用する
➡P.283

次に、簡単な診断ツールを使い、皆の回答を集計して、今のこの部門がどの程度機能しているのか（いないのか）を診断しました。診断結果は、皆がさもありなんと思う、あまり芳しくない状態を示していたのですが、苦笑いをしながらうなずき合う、ある種の一体感を生み出しました。

チームの持ち味
➡P.70

それからSさんは一転して「では、明るい点、良い点にも目を向けてみよう」と言い、皆に付箋を配って「ウチの部門でうまくいっていることを３つ考えて書いてくれ。『今日も誰も病気をしていない』といったことでもよい」とお願いしました。書いた後は、１人１枚ずつ順番に披露しながら前に貼っていきます。１人ひとりがどういうことを考えているのかが見えてくると同時に、「ウチの部門も捨てたもんじゃないな」という気分が少しずつ盛り上がってきました。

●リーダーとの関係性を築く

リーダーズ・インテグレーション
➡P.113

Sさんは、片腕のメンバーにファシリテーターを務めてもらい、特別に３時間を取って、「リーダーズ・インテグレーション」を実施しました。

オフサイトミーティング
➡P.151

それを踏まえて、次は、課員１人ひとりが自分のことについて５分ずつ話す段階に移りました。「オフサイトミーティング」の自己紹介のところだけを切り出して、短めに実施する感じです。それに対して、他のメンバーは３〜５個の質問を投げかけていきます。

最初はとてもぎごちなかったメンバーですが、粘り強く続けていくうちに少しずつ深く話せるようになってきました。

●コミュニケーションを促進させる

この活動を始めたところ「課長の席に行きにくい」「打ち合わせがしにくい」「隣りの係で何をやっているかが分からない」という声が上がってきたため、それをすぐに職場環境に反映することにしました。

レイアウト
➡P.55

机のレイアウトを変え、テーブルを１つ買って打ち合わせコーナーをつくり、行き先表示にしか使われていなかったホワイトボードの半面を掲示板として使うようにしました。掲示板にはSさんが率先して、全員に知っておいてもらいたいことを、掲示するようにしました。特に、品質保証課で起こっている事柄をなるべく課員にオープンにするようにしました。喫煙ルームにもイス

掲示物で空間演出
➡P.64

●キッカケがあると話しやすい

次に、今私たちがどういう状態にあるのかについて認識合わせをする必要があります。ただ、いきなりホンネを語るのが難しい場合には、診断ツールや付箋を使うと参加しやすくなります。素直に現状の不満や要望が話せる場合には、そのまま話し合ってもよいでしょう。

付箋
➡FG本P.49, FG本P.203

また、暗い面ばかり見つめるのではなく、明るい側面にも目を向けてみましょう。前向きな気持ちと一体感を生み出すことができます。

ポジティブに話し合う
➡P.199

どちらにしても、リーダーがしっかり聴く姿勢を示すことが重要です。

●お互いを知ることで信頼感を醸成していく

お互いがどんな人なのかを知ると、お互いに興味が湧いてきて、それが日頃の「ちょっと話をしてみようか」につながっていきます。ただ、いきなり課員に「自分のことを話しなさい」と要求するのではなく、自分自身が範を示すべきでしょう。「リーダーズ・インテグレーション」で、自分の考えや意外な側面などを知ってもらい、自分を開示するという姿勢を示します。

安心して自己開示できる場
➡P.158

こういった取り組みを通じて、このメンバーの間では何を話しても大丈夫という信頼感が少しずつ芽生え、お互いの理解も深まってきます。

●目で見える形で変化を実感させる

リーダーの本気度合いを課員は敏感に感じ取ります。自分が率先し変化を起こすことです。その際目に見え、実感できる形で物事を変えていくと効果的です。

リーダーが率先する
➡P.162

また、自発的に動こうとし始めている人たちに、その環境を整備してあげるのもリーダーの役目です。特

に、皆が自律的に意思決定して主体的に活動しようと思うと、必要な情報がちゃんと与えられていることが必須要件の1つになります。情報の共有も協働意欲の源なのです。

情報の共有
➡P.70

を３脚置くようにしました。水曜日のミーティングも、ときおり
場所を変えてホテルの会議室でやってみたりしています。

●認識を共有してアクションプランを

増えるもの／減るもの
→P.143

次に、「増えるもの／減るもの」に皆で取り組み、今後、自分た
ちがどのような環境下に置かれるのかについて認識を共有しまし
た。その上で、取り組むべき活動を「ブレーンストーミング」で出

ブレーンストーミング
→P.108

しました。「課長の前でこんなに思う存分話せるなんて意外だっ
た」という声も聞えます。

さらに、集めたアイデアを「ペイオフマトリクス」を使って予備
選抜をした上で、"本当に"取り組む活動を１つ選びます。「べき論」
で終わらせず、心から皆が取り組める活動を選ぶのです。そして、
選んだ活動に対して分かりやすい目標を皆で知恵を絞って考え

活動を見直す
→P.285

（「１ヶ月でクレームに関する文書量を40％減らす」としました）、
さらに「あなた個人はいつまでに何をするのか？」を考えて発表し
てもらいました。３週間後にすでに皆はその目標を達成し、「次の
活動に取りかかりましょう」と言い出しました。

●深い自己開示と相互理解を

ある程度話せるようになってきたと判断したＳさんは、課員に、
他の人１人ひとりについて「このチームに貢献している点／こう
したらよいと思う点」を挙げてもらい、じっくり話し合う時間を
取りました。同時に、自分自身についても「貢献している点／改
善すべき点」を語ってもらいました。「盛り上げてくれる」などのあ
りきたりの言葉ではなく、具体的に表現してほしいと要求しまし
た。

●活動を粘り強く継続させる

これらはすんなりと進んだわけではありません。「課長は何を妙
なことをやっているんだ。ウチの部門なんか何をやったって同じ
さ」と文句を言う課員がいることも耳に入ってきました。しかし、

毎日の積み重ね
→P.120

Ｓさんはじっと辛抱し、粘り強く続けることを第一にしました。
継続こそが力なのです。

232

●皆で取り組める活動を短期成果につなげる

定常組織では諦め感が漂っていることが多く、短期に成果を出して「何か変わる兆しがある！」と皆に実感してもらうことが特に大切です。壮大な活動よりも、小さくてもよいから皆で取り組む目標を定めて、まずはその達成に邁進することです。小さな成功が皆を元気づけるのです。

こまめな目標掲示
➡P.51

目標を定めるときには必ず「いつまでに」を明確にします。スケジュールの設定と共有がチームに良い緊張感を生み出します。また、目標は低すぎても高すぎてもやる気を損なってしまいます。皆が燃えることのできる目標を探り当てたいところです。

目標は具体的に
➡P.126

●互いを承認して上手に衝突できるようになる

相互理解の第2段階は、お互いの承認（良い点や成長している点を認めて、言葉で伝えること）です。これを通じて、1人ひとりがチームの中で不可欠な働きをしていることが認識できてきます。

自己開示
➡P.68

その一方で、うわべだけの綺麗ごとを言い合うチームにしないためにも、もっとこうしてほしいという相手への要求も伝えられるようになっていくことが大事です。

●リーダーは忍耐力〜持続する意志が勝負

チーム・ビルディングの過程では、いくらやっても何も動きがないように見えたり、さらにはいったん混乱して沈んでしまったりする時期が来るものだと、はじめから覚悟しておきます。めげずに持続することが、よりよいチームを生み出す一番の力となるのです。

混乱期はある
➡P.18

6 大人数のイベントを開催する

定常組織タイプ

　Ｙさんは労働組合の専従です。書記長も代わり、核となる役員もかなり入れ代わったので、執行委員、職場委員、その他有志で集会を開催し、今年度の活動方針の大筋を描きたいと考えています。

　ただし、全員が集まると120〜130人になる見込みで、こんな大人数で何ができるだろうかと悩んでいます。この場で緻密な方針を作成しようとは思っておらず、皆がきっちりと思いを語れて、全体としての大きな合意が得られればよいのですが…。

FG本＝『ファシリテーション・
　　　グラフィック』

実施事項

●活動の骨子を事前に伝える

活動の枠組みの共有
→P.79

　事前の案内で、今回の集会はいつもと違い「皆で今年度の活動方針を考える場」であることを皆にしっかり伝えました。集会プログラムもそれに対応して、冒頭の書記長の基調演説を極力短くしています。

●関係性づくりに時間をかける

　まず大きめの名札を用意し、そこに太いペンで大きく名前を書いてもらいました。運営スタッフが自分の名札を見本で見せています。

バズ型
→P.60

　書記長演説が終わったらさっそく自己紹介です。会場にはまだイスしか並べておらず、机は脇に寄せてあります。イスを自由に動かして周りの人と5〜6人でグループになり、名前、所属と、「好きな食べ物」を紹介し合ってもらいました。口を開くウォーミングアップです。

共通項探し
→P.98

　次に、「この指とまれ（共通項探し）」をやりました。年代、出身地、所属部門、血液型などのプラカードを用意しておいて、自分の該当するプラカードのところへ集まります。集まるたびに短い時間を取って、その集団の中で自己紹介をしてもらいました。

＜チーム・ビルディングのポイント＞

・活動の趣旨と進め方をしっかり伝えた上で、それに沿った振る舞いをする

・関係者全員を集めて参加意識を高める

・イス→テーブル→壁と議論の場に変化をつけて、最後まで飽きさせないようにする

・意見の発散と共有を通じてのチームづくりを重要視し、適度にブレイクを入れて活気を持続させる

解説

●骨子と整合の取れた行動をする

　活動骨子を参加者に伝えることはもちろんですが、幹部側がその骨子に反する振る舞いをしたのでは、参加者に「なんだ、口だけか」と思われてしまいます。全員の主体的参加を標榜する以上、幹部および企画運営側がそのスタンスを、身をもって示すことが必要です。

●短時間でなるべく多くの人と知り合う

　大人数のイベントでは思ったほど他の人と知り合いになる機会がありません。最初から決められたグループで深く話し込むのもよいのですが、もっと他の人とも話したかったという不満がどうしても残ります。

　そこで、なるべく多くの人と知り合えるようなグループワークを取り入れ、場をほぐします。

　自己紹介では、話すテーマを決めてあげるとしゃべりやすくなります。また、立って動く要素を入れると、場が活気づきます。

場面転換
→P.65

●ワールドカフェで思いを共有する

島（アイランド）型
➡P.60

あらためて5～6名のグループをつくってもらいます。各グループは自分たちで机を好きなところに設置し、机を取り囲むように座ります。そして、机の上に模造紙を置いて各人が好きな色のペンを持ちます。

ワールドカフェ
➡P.152

準備ができたところで、「来年1年間、どんな組合にしたいか？」というテーマで、「ワールドカフェ」方式で話し合いました。グループを移りながら2時間ほど話し合って、内容を模造紙にまとめていきました。

●ブレイクや運動を活用する

体を使ったエクササイズ
➡P.112

ワールドカフェの最中に途中で休憩を取りました。また、2人ずつペアになって肩もみをし合う、といった小さなアイスブレイクをはさみ込んでいます。そのおかげで、だれることもなく、最後まで活発な議論をすることができました。

●動き回ってさらに共有を深める

部屋を選ぶ
➡P.52

各グループの成果がまとまったら、模造紙を壁一面に貼り出します。このために、模造紙をズラリと貼れる場所を選んでおいたのは言うまでもありません。

今度は自由に動き回る時間を30分取り、壁の成果物を回遊しながら見て、好きな人と好きな内容で話し合います。また、気づ

参加者に書いてもらう
➡FG本P.211

いたことはコメントを書き込んでいってもよいことにしました。皆ワイワイと楽しそうに語り合っています。

最後は、皆で壁の前に集まって、自分たちの話し合った成果を確認しました。皆の目指したい方向性、軸に据えたい方針は、実はほとんど同じなのだということが自然と浮かび上がってきています。これをもとにして今年度の活動方針を幹部が成文化するということで全員が合意し、とても納得感の高い雰囲気で5時間の会議を終えました。

スマホの活用法
➡FG本P.58

壁の成果物はスマホで撮影し、後日、参加者全員に画像を配布するようにしました。

●語り合う時間を取りつつ、全体の交流感を出す

全員で活動方針を討議するのはそれこそ無理というものです。ある程度少人数で取り組めるようにしましょう。けれども、その一方で、全員で意識を共有する必要もあります。少人数の討議と全体の共有を両立できる方法としては、「ワールドカフェ」はとても優れた方法です。

テーマはあまり絞りすぎないほうがよいようです。ちょっと広めのテーマで、とにかくいろいろな意見を発散してもらうように努めます。

グループサイズ
→P.41

●ときおりリフレッシュすることも忘れずに

やる気のあるメンバーが集まっていても、真剣に頭を使えばやはりそれなりに疲れるものです。ときおりリフレッシュできるようなアイスブレイクを取り入れるようにしましょう。また、休憩もお忘れなく。

リフレッシュ
→P.262

●成果を1箇所に集めて達成感を演出する

なるべく多くの人と意見交換をしてもらうために、自分で好きなところへ行って討議するという機会も適宜設けるようにします。グループ発表でもよく使う手です。

「ワールドカフェ」で難しいのは最後のまとめ（ハーベスト）です。会場全体の一体感をつくるためには、成果をどこか1箇所に集めるのが、効果があります。「皆でつくりあげた」という達成感が持てるようにするのです。壁の前に集まるときもイスだけ持ってきて、皆で密集隊形を取ります。また、成果物を共有するのもその一環です。

扇型
→P.60

7 | 元気な異業種交流会を続ける
委員会タイプ

　Aさんは、あるセミナーで向学心が旺盛な人たちと知り合いになりました。懇親会の席で「これからも定期的に集まって交流会を開こう」という話になり、あれよあれよという間に15人ぐらいの人が集まりました。Aさんは持ち前の世話好きを皆に見透かされ、交流会の世話役を務めることになりました。2～3回開催して自然消滅してしまう交流会が世間に多い中、Aさんは少しでも活気ある集まりにしたいと意気込んでいます。

実施事項

●定期的に集まる日を決める

　当面は、月に1回リアルで集まると決めました。現時点での皆の希望を聞き、毎月の第3水曜日の18～20時をミーティングの日とします。たとえ3～4人しか集まらない回があっても、開催することにして、オンラインについてはおいおい考えていくことにしました。

●話しやすい空間とムードをつくる

レイアウト
→P.59

　部屋に皆が三々五々集まってくると、まずは机やイスを並べ直します。たいていの会場ではスクール形式に並んでいることが多いので、全員が顔の見える配置に直します。また、ロの字型に並んでいる場合も、あまりにお互いの距離が離れているときには輪を小さくします。

チェックイン
→P.82

　そして、メンバーがそろったところで「チェックイン」から始めます。発言したい人から話し、他の人は余計な突っ込みはしません。

●情報を共有する

全員参加で決める
→P.166

　まずは活動の枠組みづくりです。最初にこの交流会の名前を皆で決め、皆で簡単な名簿をつくりました。次に、毎回の活動の概略を記録したライブラリをつくっていくことに決めました。ミーティングで使った資料やホワイトボード記録の写真などを

＜チーム・ビルディングのポイント＞

・定期的に集まることで活動のリズムをつくる

・参加度に差があることを前提にする

・話しやすい環境づくりに力を注ぎつつ、オフ会や合宿で変化をつける

・きっちりとアウトプットを出していくことをチームの原動力にしていく

解説

●チーム活動のリズムをつくる

　毎月決まった時期に必ずミーティングが開かれる、という信頼感をメンバーの間でつくることが、まずは重要です。ある程度の関係性ができるまでは対面で会うのが得策です。全員集まろうとすると無理が生じるので、毎回全員集まることを最優先にしないほうがよいでしょう。

対面で会う
➡P.248

●気の合う同士でも場づくりをおろそかにしない

　小さな私的な交流会だし、もともと気の合う人同士が集まったのだからといって、環境が与える影響を軽視してはなりません。やはり、少しでも話しやすい場をつくり、全員が口を開いて、他の人の発言を聴く準備をすることが大切です。

●アウトプットを出し、記録に残し、皆で共有する

　このような知的な興味を主軸にしてつながっているコミュニティでは、きっちりとアウトプットを出していくことがチームの原動力になります。

　ただ、自分たちの討議結果をまとめて外部に発信するばかりがアウトプットではありません。そこまですると労力がかかりすぎる場合もあります。もっと気楽に考えましょう。活動の足跡や、各人の関心を文書化して内部で発信していくことも立派なアウトプットです。

記録に残す
➡P.200

蓄積していくのです。案外役に立ち、後で「少し手を入れて、上司への説明資料に使ったよ」という声も出てきました。

　もう1つ、ニューズレターを発行することにしました。これは、大げさなものではなく、毎回3～4人のメンバーに「最近考えていること」「読書報告」「勉強になる会合情報」などを挙げてもらって、1つの文書にして全員にメール発信するものです。

●関心のあるテーマを探求する

飲み会も大事
➡P.51

　毎回のミーティング実施後には必ず飲み会を開催しているのですが、Aさんはその場でも、どんなテーマを皆が扱いたがっているか常にアンテナを張っています。さらに、3ヶ月に一度ぐらいは「この交流会で何をしたいか？」をあらたまって話し合う機会を設けています。それをミーティングで扱うテーマに反映するのです。

●話題提供や合宿でリフレッシュ

異質なメンバーを入れる
➡P.44, P.285

　最初の4～5ヶ月は興奮気味の時期が続きました。ですが、半年目にかかるころから、なんとなくマンネリ感が感じられるようになってきました。そこでAさんは、先輩に来てもらってミーティングの話題提供をしてもらったり、今のメンバーの中にはいないタイプの知人を交流会に巻き込んだりしました。また、年に一度は合宿を開催し、皆で温泉に入りにいっています。

●参加しない人にも気配りを

　面と向かって話しているときにはとても前向きに見えた人の中にも、ミーティングにまったく参加しない人がいます。また、連絡を出してもまったく反応しない人もいます。けれども、Aさんは「まぁ、そんなものさ」と達観しています。それでも、参加しない人たちにもちゃんとニューズレターが届くように気をつかっています。

　幸い、何かと作業を分担してくれる熱心なメンバーが3人いるので、十分活動は継続できています。当面は運営に心配ないでしょう。

　自分たちの活動の歴史がたまっていくのは、誰にとっても嬉しいものです。名簿をつくるような些細なことですら、チームにとっては大切なアウトプットになりえます。

活動をオープンにする
→P.287

　また、後で述べるように、こういう交流会では新しいメンバーを入れていくことがとても重要です。新たに交流会に参加する人に「こんな活動をしている」ということを説明するときにも記録が役に立ってきます。

●オフの場でメンバーの関心を探る

　単なる仲良しクラブではないので、扱うテーマに皆が関心を持てることが大切です。しかも、これは時間とともに移ろっていくので、常に皆の関心、お互いの共通点を探っていかねばなりません。オフの場はその絶好の機会となります。

やりながら考える
→P.19

●カンフル剤として異質な要素を持ち込む

　うまく回っているときはよいのですが、倦怠感が見えてきたら、あの手この手でチームに刺激を与えるようにします。このような新陳代謝が必要なのです。

新陳代謝を促す
→P.286

●参加レベルに差があることを前提にする

　15〜20人もいれば、いろいろな参加の仕方が出てきます。全員に同じ熱意と積極性で交流会に参加してもらうことを前提にしていると、こちらのほうが疲れてしまいます。中核になるメンバーもいれば、周りで様子見をするメンバーもいる、それが普通の状態なのだと受け入れてください。

　ただ、そういう人たちが緩くつながっていると感じられる程度の仕掛けは必要になってきます。

8 地域の集会を実りあるものにする

委員会タイプ

　Dさんは200世帯以上が集まっているマンションの理事をしています。最近、近隣で住居侵入やひったくりが増え、防犯への関心が高まっています。そこで「防犯寄り合い講座」をマンション内で開こうという話になりました。

　ただ、いつもだと警察の人の話を聴くだけか、お互いに不安や行政への不満を口々に話すだけの集まりになってしまいます。Dさんは、マンション住民の交流に役立ったり、1人ひとりが「我が家で○○をやってみよう」と思ってくれたりするような寄り合いにしたいと思っています。

　このケースでは、誰が出席してくるか当日にならないと分かりません。ここでは、人の出入りが激しい委員会組織と位置づけて考えてみましょう。

FG本=『ファシリテーション・
　　　グラフィック』

実施事項

●扇形にして壁に模造紙を貼る

レイアウト
→P.59

　会場はいつもの集会室を使うしかないのですが、Dさんは早めに集会室へ行き、スクール型に並んでいる机を畳んで脇へ寄せ、イスを扇形に並べました。また、この集会室は細長い部屋で、短い辺のほうに黒板があり、いつもそちらが前になるのですが、長い辺のほうに模造紙を大量に貼って、そちらが前になるようにイスを並べています。

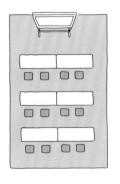
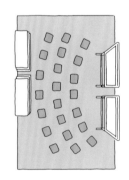

<＜チーム・ビルディングのポイント＞

・成果を焦らず、まずは互いの関係づくりと学習を通じて、自発的な動きが出るようにする

・誰が来ても、楽しく参加しながら学習できるよう、参加者同士の関係づくりに気を配る

・普段とは違う活動環境を演出して、メンバーの参加意識を醸成させていく

・関係づくりに気を配りつつも、問題行動を起こす人たちに臨機応変に対処していく

解説

●お互いの距離を詰めると親密感が増す

　スクール型で皆が前を向いていると、参加者は交流がしにくくなります。小学生の頃から染みついた習慣で、自然と「おとなしく人の話を聞く」というモードに入ってしまうのです。また、ロの字型でお互いの距離が遠く離れているときも、気軽に話しにくくなります。交流がしやすくなるように、イスや机の配置の工夫が必要です。Ｄさんのやり方なら人数変動にも対応しやすくなります。

　さらに、司会者やホワイトボードを置く前面と参加者の間の距離がなるべく短くなるようにして、一体感や共有感を生み出します。

　この準備を事前に済ませておくかどうかは、ケースバイケースです。すべてお膳立てしてしまわずに、早目に来場した方々と一緒に配置換えをすれば、それもまた1つの協働作業となって、チーム・ビルディングの一助となります。

手伝ってもらう
➡P.66

　しかしながら、有力者が早めに来場をしてドカッと腰かけてしまい、「そんな面倒なことはしなくていいよ」と一喝しようものなら、手出しができなくなってしまいます。

　どちらを選ぶかは、あなた次第です。

●受付で飴と名札を渡す

見えるようにする
➡P.54

Dさんは、事前に今日の趣旨やプログラムを模造紙になるべく大きく読みやすい字で書き、前に貼っておきました。

受付では大きめの名札とペンを渡し、名前を書いてつけてくださいとお願いをしました。また、受付には飴も置いておき、自由に取ってもらいました。

●全員で自己紹介をする

Dさんは「さっそく本題に入りたいところですが、お互い名前も顔も知らない人もいますよね。ここははやる気持ちを抑えて、まずは自己紹介から始めてみませんか」と皆に切り出しました。受付で配った名札を使って、全員が30秒ずつ簡単な自己紹介をしました。

ラインナップ
➡P.96

次に、マンションの1階から最上階の順番に並んでもらい、先頭から1、2、3、4、5、1、2、3…と声をかけて、同じ数字の人同士で集まってグループをつくってもらいます。そして、グループの中でもう少し突っ込んだ自己紹介をする時間を取りました。

●クイズを交えての講演

いよいよ防犯についての講演が始まりました。

物知りクイズ
➡P.93

Dさんは演者にお願いをして、ところどころに3択クイズを混ぜておきました。「去年1年で△△町で発生した住居侵入は何件？」「住居侵入の経路で一番多いのはどれ？」といった具合です。参加者には数字を書いた3枚の旗を渡しておき、旗を揚げて答えてもらいました。

●おや？と思わせて意識をそろえる

　大抵の人はいつもと同じ集会だと思って来場します。そこに不意打ちをかけましょう。「おや、プログラムがあんなふうに掲示してある」「イスの並べ方がいつもと違うぞ」「名札なんか書くのか」と、よい意味での先制攻撃をしかければ、皆の心がふっと緩みます。絵を上手に描く人がいたら、楽しいイラストを載せた立看板を前に出すのもよいでしょう。

　参加者の間には、いきなり面食らってしまった者同士の奇妙な連帯感が生まれることも期待できます。もちろん趣旨やプログラムが簡潔明瞭に伝わるようにして、意識を揃えるようにしましょう。

●名乗り合うところから関係づくりが始まる

　こういう集会では「あの人は誰？」を知らないまま話が進むことも少なくありません。「それが普通だ」と決めつけずに、まずはお互いが誰かを名乗り合うようにします。

　ただ、まさか自己紹介をするとは予想していなかったでしょうから、こちらから前置きをする必要はあります。また、最初に全員で自己紹介すると名前だけが淡々と続き盛り上がらないことも多いので、直ちにグループ分けに進み、グループの中で再び自己紹介をしてもらうよう心積もりをしておきます。あるいは、自己紹介のテーマを与えるのもよい方法です。

場面転換
➡P.66

●皆が楽しく参加しながら学習する

　こういう集まりでは、参加者の知識レベルがバラバラであることを前提にしておかねばなりません。共通の知識ベースをつくるための学習は必須です。

　チーム・ビルディングの観点からは、その学習を一方的なものではなく、いかに参加感あふれるものにできるかがポイントです。そのため、随所に、双方向に意見がやり取りできるような仕掛けを織り込みます。しかも、それをクイズ形式でやれば、皆は俄然乗ってきます。旗などを使うと遊び感覚が増してより楽しく参加できるでしょう。

小道具を使う
➡P.64

　また、質疑応答なども前に貼った模造紙に記録していけば、参加感や一体感がさらに高まります。

記録が参加を促進する
➡FG本P.23

●意見を模造紙にまとめる

思ったよりたくさん人が集まったので、「防犯のためにどのような活動が必要か？」を全員ではなくグループ単位で討議してもらいました。そのときに、「行政・警察がすべき活動」「私たち1人ひとりがすべき活動」の両方を考えるように念を押しました。あわせて模造紙を配り、「自分たちで机を準備して、話し合いの結果をまとめてください。最後には各グループでまとめた結果を発表してもらいます」と伝えました。

模造紙
→FG本P.207

●付箋を使って議論をする

ところが、グループ討議が始まってすぐ、Dさんはあることに気づきました。どのグループにもよくしゃべる人が1～2名いて、他の人がまったく発言機会を得られずにいるのです。しかもその人たちは年齢の上の人が多く、「我々のすべき活動はこれだ！」と断定口調でしゃべっているようです。

そこでDさんは討議を中断し、「せっかくの機会ですので、全員がアイデアに貢献できるように工夫しましょう。付箋を配りますので、1人最低3枚はアイデアを書いてから、グループ内で披露し合うようにしたらどうでしょう」と提案しました。幸い異議はなく、討議はスムーズに再開しました。普段から大き目の付箋を持っていてよかった、とDさんは思いました。

終わってからDさんは何人かの人に「長老ばかりしゃべっていてつまらないなと思っていたんです。結局、後のほうになってもしゃべっていましたけどね、でも、Dさんの機転のおかげでとにかく私たちも参加できました」とお礼を言われました。

困ったチャン
→P.250

付箋
→FG本P.49

●人と人をつなぐキッカケをつくる

この日の防犯寄り合い講座をきっかけにマンションの中で何かが変わったようです。「これって、みんなで話し合うべきじゃないの」と、あちこちでマンションが抱える問題について話題にのぼるようになったのです。「Dさん、また例のやつをやってよ」と声をかけられることも少なくありません。集会の最大の成果は、人と人をつなぐキッカケをつくったことなのかもしれません。

●紙を渡されると考えようという気分になる

講演内容を他人事ではなく自分たちの課題として考えてもらうために討議が必要です。しかし、ろくに顔も知らなかった人たちと大人数で話し合うのは無理というもの。少人数に分けるべきです。

グループサイズ
→P.41

また、ただ単に「討議してください」ではよもやま話に終始する恐れがあります。紙を渡して「後で発表してください」とお願いすれば、皆は自然と真剣に考えようとするものです。

●困った人に臨機応変に対処する

詳しくは第7章で述べますが、活動の枠組みやプログラムをきちっと定めれば、それでチーム・ビルディングがうまくいくとは限りません。やはりそこに集まった個人の性質によって、進み方がまったく異なってきます。なかには、チーム活動にあまりよい影響を与えない人も出てきます。

一番よく見かけるのが、発言を独占してしまう年長者あるいは切れ者です。このケースのように、誰が集まるか分からない場合には、こういうタイプはまず間違いなく存在すると覚悟しておいたほうがよいでしょう。こういう人たちへの対処法を幅広く持っておくことは、とても有用です。

そして、チーム活動の進行状況をよく観察しておき、その場その場に適した対処を打ち出していきます。

観察
→P.264

●チーム・ビルディングでご近所の底力を引き出す

日頃いろいろ不満に思っていることを口に出すところから、この種の問題解決は始まります。そういう場ができれば、「なんだ、あなたもそう思うのか」「だったら、みんなに声をかけてみようか」「○○だったら、やってもいいよ」とご近所の底力が引き出されていきます。そういった、ちょっとしたキッカケづくりをすることが、すべての始まりなのです。

実践のヒント⑥

Q　ウェブ会議などを活用したオンラインのチーム・ビルディングをうまく進めるには、どうしたらよいでしょうか?

A　本書で紹介したさまざまなアクティビティは、身体を使う一部のものを除けば、オンラインでも使えるものばかりです。オンラインのほうが時間や場所の制約が少ない上に、平等に気兼ねなく話せるという人もおり、積極的に活用してチーム・ビルディングの機会を少しでも増やしたいところです。

ところが、対面とオンラインではコミュニケーションの質に違いがあります。前者では、視覚、聴覚、身体感覚を総動員でき、アイコンタクト、表情、空気といった非言語情報が大きな意味を持ちます。ところが、後者では聴覚が中心になり、言葉でのやりとりが大きな比重を占めることになります。そのため、論理的な話はよく伝わる半面、感情的な話は伝わりづらくなります。そこをうまく補っていかないと形だけのチーム・ビルディングになってしまい、本当の意味での人と人のつながりや納得感が得られなくなってしまいます。たとえば、身振り手振りを交え情感たっぷりで話す、チャットを使って雑談をする、絵などを使ってイメージを伝え合う、体の動きを同調させるアクティビティをする、といったものです。

一番よいのはオンラインだけに頼らず、適宜対面の機会を持つことです。たとえば、プロジェクトのキックオフは対面で、活動中はオンラインで、大きなもめ事の処理は対面で、といった使い分けです。あるいは、普段はオンラインで行い、イベント的に対面で一堂に会する機会を持つのも良策です。そんなときは、身体を使ったリアルな協働作業をアクティビティに加えてください。それこそ対面でしか得られない経験であり、オンラインでの活動の役に立つはずです。

対面とオンラインそれぞれに良さがあります。双方の持ち味を組み合わせることでチーム・ビルディングの力が増してきます。そのノウハウを各自が培っていく時代になったのだと思います。

第7章

熟達編 | 7

チーム・ビルディングを極めるために

チームに影響を及ぼす
個人に対処する

━ チームに影響を及ぼす困ったチャンたち

　チームは生き物ですから、なかなかこちらが思うとおりに動いてくれません。なかでも困るのは、チームに悪影響を与える問題児たちです。たとえば、同じことを何度も発言する人、自分を安全圏に置いて評論ばかりする人、何も発言せずにせせら笑いを浮かべる人…。なかでもやっかいなのが独善的な人で、第6章のケース8でもそういう人が登場してきました。

　こういう問題児たちを**困ったチャン**と呼んでいます。「困ったチャンにどう対処したらよいのか？」というのは、誰もが悩む共通の問題です。

　もちろんここまでに紹介したさまざまな手法は、困ったチャンの発現を抑える効果があります。といっても、常に効力を発揮するわけではなく、メンバーが変わればうまくいかないことだってあります。

　ここでは、困ったチャンに代表される、話し合いの場で起こるチーム・ビルディング上の問題への対処を考えていきましょう。

　まず頭に入れてほしいのは、大なり小なり困ったチャンは必ず出てくるということです。第2章で紹介をした「2-6-2の法則」を思い出してください。言い換えると、2割は少なからず困ったチャンの傾向があるのです。

　ですので、困ったチャンをチームから外す（あるいは入れ替える）というのは、よほどひどい場合を除いて、あまり得策ではありません。その人を外しても、チームそのものに問題があれば、別の困ったチャンが出てくるかもしれないからです。

第一、メンバーを入れ替えたくともできないというのが現実の姿です。そうであれば、できる限りチーム・ビルディングをするしかありません。ろくに手も尽くさずに「メンバーが悪い」と個人の資質のせいと決めつけず、「なぜ困ったチャンになってしまったのだろうか？」とチームの問題としてできることを考えていきましょう。

メンバーの変更は最終手段

　とはいえ、メンバーを変更せざるをえない場合もあります。たとえば、広告やデザインの世界では、クリエイター同士の相性がアウトプットに著しく影響を与えると言われています。であれば、あれこれチーム・ビルディングの手を尽くすよりは、さっさとメンバーの組み直しを考えるほうが近道です。

　あるいは、社会性が著しく欠けた人が世の中にいるのも事実です。そういう人を変えるのは至難の業であり、入れ替えない限りもうどうにもならないという状況は十分ありえます。

　そのときでも、やれることをすべてやり、やり尽くしたという気持ちを双方で持つようにしてください。助言や注意も何回もしたし、活動しやすい環境もつくり、いつでもチームとして受け入れる用意はある。にもかかわらず、チーム活動への悪影響が改善せず、外すしか手がないのだと。

　その上で、困ったチャンをメンバーに任命（あるいは推挙）した人に、最終判断を仰いで、その人から本人に決定を伝えるようにしてください。そのほうが、しこりが残りにくく、外した後でチームに与える影響も最小限で食い止められるはずです。

図7-1 | チームを悩ませる困ったチャン

「あの人は困ったチャンだ」と嘆く前に

　ではここから、具体的に困ったチャンの対処法を紹介しましょう。それは、本人ではなく、自分に問題はないかを疑うことから始まります。

　困ったチャンはいつも困ったチャンではないはずです。おとなしいときもあれば、突然暴れ出すときもあります。困ったチャンは、特定の状況において発生するものであり、まずはそういう環境をつくらないことです。

　たとえば、チェックインを始めるときに、苦虫を噛み潰したような表情で「では、全員でひとり一言ずつしゃべってもらいます」と言ったら、メンバーはどう感じるでしょうか。あるいは「この人たちはダメだなあ…」と思って、バカにしたような表情をしていたらどうでしょうか。とても気楽に話す気持ちにはなれず、反抗的な態度を取る人が出ても当然です。

　こんな失敗もあります。グループ作業をしていると、盛り上がりすぎるところが必ずでてきます。傍目にはふざけているとしか見えず、ファシリテーターなら「ふざけた連中だ、懲らしめてやろうか」と考えてもおかしくありません。

　ところが、終わってそのグループの人に声をかけると、「ファシリテーターが最初はにこやかだったのに、途中から目が笑わなくなり、とても圧力を感じた」との言葉が返ってきました。自分の思い通りにならないから困ったチャンと決めつけてしまい、それが態度や様子に現れ、悪影響を及ぼしていたのです。

このポイントで自分をチェックしよう

　チーム・ビルディングをやろうとしている、あなた自身が困ったチャンかもしれず、他人を責める前に自分のチェックから始めましょう。自身でやるのが難しければ、遠慮なく意見を言ってもらえる人にお願いしてください。

外見（表情・態度）

　まずはメンバーの視覚に訴える要素をチェックしましょう。なかでも表情は最大の要素です。硬い表情、気難しい表情、ニコリともしない表情になってい

ませんか。微笑めばよいというものではなく、意図の読めない薄ら笑いは不気味です。さらに、視線の送り方（アイコンタクト）にも気を配りましょう。メンバーが発言しているときに、ちゃんとその人の目を見ていますか。見ているとしても、上から見下すような視線になっていませんか。

　姿勢や動きも大切です。ポケットに手を入れたまま話す、終始腕組みをしている、ふんぞり返るなどは好ましくありません。服装にしても、「カジュアルで」と伝えておきながら、自分はスーツを着込んでいるのもどうかと思います。

言葉の遣い方と量

　次に言葉遣いを見直してみてください。ファシリテーターにありがちな言葉遣いとしては次のようなものがあり、困ったチャンを誘発しかねません。

　・「…してください」といった指示命令調の言葉遣い

　・知識をひけらかしたりして、自分のほうが優位にあることを示す言葉遣い

　・「どうしてできないのですか？」と非難するような言葉遣い

　・「よい学びになりましたね」と押しつけがましくて説教くさい言葉遣い

　あわせて言葉の量、つまりしゃべりすぎていないかどうかをチェックしましょう。話す機会を失われると、人は困ったチャンに変身しがちです。

気持ちの持ち方

　気持ちはどこかで必ず態度になって現れ、少なからず相手に伝わります。何よりメンバーを信頼して、「この人たちから必ず良い成果が出てくる」といった気持ちが大切です。裏返せば、少々予期せぬ方向にチームが動いていても、たじろがずに「まあいいか」と言えるぐらいの度胸を持っておくことです。

　次に、メンバーから予期せぬ反応があっても、とっさに防御や対抗の姿勢を取ろうとしないことです。言い返したくなる気持ちを抑え、まずはメンバーの反応をそのまま受け止めることを意識してみてください。

　最後は自分への自信です。「うまくいくかな？」と不安に思っていると、メンバーにも不安な気持ちが伝染して、素直に楽しめなくなります。事前にリハーサルをする、段取りを完璧に頭の中に入れる、準備をきっちりやっておくなどが安定感につながります。それでも不安なら、自分の気持ちを素直に伝えてみましょう。気持ちが落ち着きますし、チームからの助けが得られるはずです。

困ったチャン対策を考えるに当たって、大まかに分類しておきます。

横暴に振る舞う「独善タイプ」

威圧的な雰囲気を持つ人が多く、自分の考えが正しいと思い込んで強く主張し、人の意見を聴かないタイプです。典型的な症状としては…

・自説にひたすらこだわる、自説を絶対に変えない、とても頑固
・発言を独占する、何度も同じことを言う、エンドレステープ
・前置きが長い、発言のポイントがどんどんズレていく、脱線
・権力を振りかざす、「俺の言うことを聞いてりゃいいんだ」的な態度
・反対意見を言わせないような雰囲気をかもし出す、威圧する
・他人の意見を聴かない／取り上げない、他人の発言を頻繁にさえぎる
・「それはね、こういうことだ」とすぐに決めつける
・他人の意見が間違っていると思うと猛烈に攻撃する
・チーム活動を常に仕切ろうとする

このタイプは、自分がすべてをコントロールしている感覚を強く求めようとします。なので、研修などで自分にコントロール権が乏しいと悟ると、

・必要以上にふざけたりはしゃいだりしてチーム活動を妨害する

という行動に出ることもあります。

ひねくれた「屈折タイプ」

「自分は周囲に認めてもらっていない」という感情を抱き、独善タイプのようなストレートな方法は使わず、虎の威を借りて反抗してくるタイプです。

・評論をする、辛辣に批評を加える、問題点ばかり指摘する
・人の活動のチェックばかりする、揚げ足取り、あまのじゃく
・その一方で自分の立場はあまり明言しない、賛成反対を表明しない
・「『○○○』と皆が言っている」と他の人を代弁しているかのように言う
・自分の知識をひけらかす、自称専門家、コメント魔
・「そもそも論」に走り既に決めた前提をひっくり返す、ちゃぶ台返し

- 「チームなんてどうでもいいんだよ」などと斜に構える、諦め顔
- 腕組みをする、しかめっ面、薄ら笑いを浮かべる、首を横に振る
- 遅刻常習犯、早退常習犯

　こういうタイプは、チームに反抗することで、自己の存在意義を確認する人が大半です。なかには、生来的な要因ではなく、責任を問われて貧乏くじを引くのが嫌で、保身のために評論家的な態度をとる人もいます。

ネガティブな「閉鎖タイプ」

　自分に自信が持てないため、積極的に活動に関わろうとせず、のらりくらりとしているタイプです。そのくせ、後になって文句をつけたり、期待通り動いてくれなくて困ります。そもそも社会性に欠けている人も見受けられます。

- 話し合いの最中ほとんど発言しない、居眠り
- アイデアがまったく出てこない。事なかれ主義
- 表情もほとんど変わらず何を考えているのか分からない
- 発言する勇気が持てない、引っ込み思案、優柔不断
- 意見を尋ねても適当にはぐらかす、あいまいな発言ばかり
- 周りの雰囲気に合わせてコロコロと意見や態度を変える、付和雷同
- 他人が生み出した成果にタダ乗りする、ぶらさがり、フリーライダー

図 7-2｜困ったチャンの分類

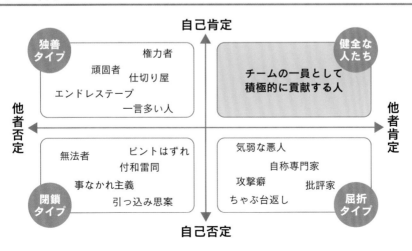

困ったチャンに対処する7つの方法

困ったチャンへの対処は、予防に勝るものはありません。事前にチーム・ビルディングをしっかりやっておいて、会議やワークショップの当日に問題行動が起きないようにするのです。

それでも、ダメなときは、その場で対処するしかありません。基本は、本人の自尊感情に焦点を当てて、困ったチャンが生まれる環境をつくらないか、問題行動によって得たいものを別の手段で満たしてあげることです。ここでは、すべてのタイプに対処するときの基本となる「型」を示すことにしましょう。相手への当たりが弱いものから強いものへと順にステップアップしていくことを忘れないでください。

ルールや役割で抑える

話し合いやチーム活動のルールを、みんなで合意して定めておきます。たくさん決める必要はありません。困ったチャンに狙いを定めたルールを３～４項目決めて、どこかよく見える場所に必ず貼り出しておきましょう。ルールの例をいくつか紹介します。

・肩書きを忘れて発言する
・全員が平等に発言する
・１人の発言は３分以内
・人の発言をさえぎらない
・頭から決めてかからない
・役職者は最後に発言する
・前置きより、まず結論を言う
・批判ではなく、建設的提案を

図 7-3 ｜ルールを貼り出しておく

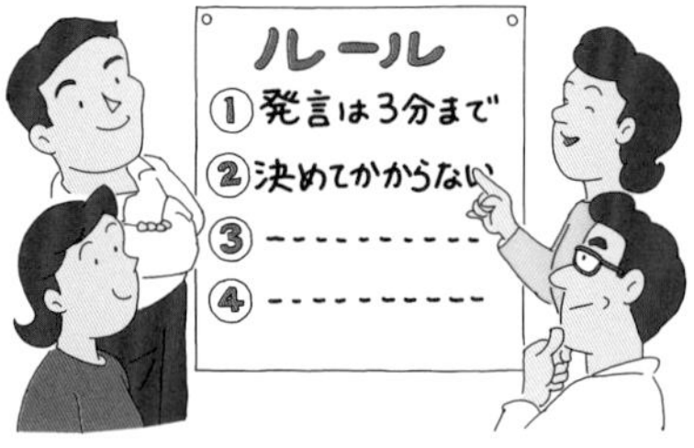

ルール破りが出たら、目で合図する、ルールを指し示す、「みんなでこういうルールを決めましたよね」と口頭で注意するなど、いろいろな方法で気づいてもらうようにします。また、ファシリテーター、記録係、タイムキーパーなど役割を割り当てるのも１つの方法です。

環境や活動で仕掛ける

　次に、活動環境を整えて、自然と困ったチャン的な振る舞いが抑制されるようにする方法です。代表的なものとして以下があります。

・上位者と下位者をランダムに着席させる
・発言時間を決めて順番に発言する（ストラクチャードラウンド）
・トーキングスティックを用いる
・発言したら飴をなめ終わるまで発言してはいけない
・ペアで話し合ってもらう時間をとる
・小グループで作業し後で統合する
・小グループに分割する際におしゃべりを同じグループに集める
・付箋に意見を書いてもらう

自尊感情を満たす

　自尊感情を満たすには、その人の言い分をしっかり受け止めて尊重するのが一番です。「ちゃんと私の意見を皆が聴いてくれている」と実感できるようにするのです。たとえば、以下のやり方があります。

・とことん語ってもらう時間を取る
・「おっしゃりたいことは○○○ということですね？」と要約して確認する
・少々オーバーに意見を褒める
・その人の意見や専門知識を紙資料に落として皆に配布する
・こちらからアドバイスを求める

図 7-4 ｜ 意見を聴いてあげる

根回しする（1対1で直接語る）

　その場で注意やお願いをするのではなく、話し合いやチーム活動の「外」で、その人としっかり話し込みます。特に、他のメンバーの前で取り上げるとその人の面子を潰してしまうような場合は、裏で語るのが適しています。
　たとえば、「部長が発言されると皆が黙ってしまうのをご存知ですか。試しに、

次回の会議では辛抱して黙って見ていてはどうでしょうか。皆から意見がいろいろ出てきて、部長も楽しめると思いますよ」といった具合です。案外、「え、俺ってそうなの？」と相手が気づいていないこともあります。

　ここでのポイントは相手を非難せずに、客観的なフィードバックを通じて相手に気づかせることです。それも相手のために…という気持ちを持ってやらないと反発を招きかねません。

　ちなみに、みんなの前で厳しく注意をするのは、皆の強い支持が得られれば大変効果的な手段です。反面、その人のプライドがかなり傷つき、逆ギレされる恐れもあり、いろいろ手を尽くした後でやるほうが得策です。

議論や意見を書く／描く

　議論や意見を書くというのは、チーム活動を円滑に進めるだけではなく、困ったチャン対策にもとても有効な手段です。次のような効果があるからです。

- ・「自分の意見が取り上げてもらえた」という満足感が得られる
- ・批評をしたのか対案を出したのか視覚的に分かりやすい
- ・話が繰り返しになっていることに気づきやすい
- ・論点が明確になり、議論がズレにくい
- ・お互いの立場から離れた客観的な議論ができるようになる
- ・引っ込み思案の人も、意見が出しやすくなる

図 7-5 | ファシリテーション・グラフィック

このように「書く」という行為は、困ったチャンたちの言動をプラスに転化していける、手軽でとても強力な対処法です。拙著『ファシリテーション・グラフィック』に込めた思いはここにもありました。

受け答えで対応する

その場の受け答えで困ったチャンに対処していくやり方です。たとえば、仕切りたがる人に対して「あなたは、仕切りすぎです」とはなかなか言いづらく、それを言っても効き目がありません。そこで、なぜその人が仕切りたがるかに着目します。簡単に言えば、仕切ることで自己主張をしたいからです。言い換えると、自己表現の1つとして仕切っているのです。

であれば、自分の存在をしっかりと認めてあげれば、仕切る必要はなくなります。よく使うのが、いわゆる「褒め殺し」です。たとえば、仕切りの素晴らしさや頭の回転の速さを徹底的に褒めた後で、みんなとペースを合わせることをお願いするのです。

これは、発言を独占する人や付和雷同の人も同様です。「発言が多すぎます」「黙っていてください」「白か黒かはっきりしてください」「結論が分かりませんね」といった、本人の欠けている部分を直接指摘するような受け答えをなるべく避けます。困った状態を指摘するだけでなく、困った状態から抜け出せるように、何かを生み出せるように支援していく姿勢が基本になるのです。

メンバーを味方につける

困ったチャンはなぜ問題なのでしょうか。あなたのやりたいことに対して邪魔になるというだけでは、単なるあなたの都合です。そうではなく、チームの健全な活動を阻害するから問題なはずです。

ですから、あなた1人で孤軍奮闘しようとせず、メンバーで一丸となって対処しましょう。ここまでの対処を講じても、まったく効き目のない困ったチャンがいたときには、最後の手段として「○○さんの発言（行為）について、皆さんはどう思いますか？」とメンバーに問いかけるしかありません。

チーム全体の力でその人を抑え込むようで気が進みませんが、チーム活動の根幹となる民主主義の基本ルールを侵す人は、民主主義で対抗するしかありません。

また、メンバー全員を味方につけるのが現実的でなければ、少数の見込みあるキーパーソンに粘り強く働きかけましょう。その人たちをあなたのシンパ（共鳴者）にしておくことが、最後の局面で重要になってくるはずです。

現場ではこうやって切り返そう

　最後に実際の現場でどのように対処する（切り返す）のか、よく使うフレーズを紹介しておきます。これらは、困ったチャンに対処するだけではなく、その行動によって生まれた気まずい空気を中和するのにも役立ちます。いつもこういうフレーズが通用するわけではありませんが、自分なりの得意フレーズをつくる参考にしてください。

「独善タイプ」に柔らかく釘を刺す

□仕切りたがる人

　「素晴らしい仕切りですね。でも皆さんちょっとそのスピードについていけないようなので、よろしかったらペースを合わせていただけますか？」

□発言を独占する人

　「今、10分間○○さんのご意見をいただき、大いに参考になりました。ここから全員の意見をお聞きしたいと思いますが、いいですよね？」

□自分が正しいと思い込んでいる人

　「さすが、○○さん。おそらくそれが正解だと思いますが、一応皆さんの意見もお聞きしたいと思い、しばらく聴いておいてくださいね」

□同じことを何度も言う人

　「（板書を指差しながら）ああ、先ほどのあの重要なポイントですね。何かつけ足すことはありますか？」

□論点からズレる人

　「すみません。今、この点についてお聞きしているのですが、そこに話がいきますよね？」

□前置きの長い人

　「（話をさえぎって）○○の話ですよね。それで？」

□攻撃的な口調の人

「えらい剣幕で、皆さん引いて（圧迫感を感じて）いらっしゃるようですが、何か意図があるのですか？」

□場の空気が読めない人

「今、皆さんがどういう気持ちで○○さんの話を聞いていたか、お分かりになりますか？」

「屈折タイプ」には褒め殺しを

□批評ばかりする人

「今のご発言で言いたかったことは何なのでしょうか？　どういう結論にすればよいとおっしゃっていたのか、よく分からなかったのですが…」

□皮肉な薄笑いを浮かべる人

「納得いかないなあという顔をされているように見えますが、何かご意見やお気に召さないことがあれば、遠慮なくおっしゃってください」

□遅刻常習犯＆早退常習犯

「○○さんを待っていたのですが、来ないので先に始めちゃいました。分からない点があったら聞いてくださいね」

□自称専門家

「さすが、○○さん、よくご存知ですね。でも先にそれ言ってしまっては、皆さんが考える楽しみがないので、少し見ていてもらえませんか。困ったらお助けをお願いしますので」

□諦め顔の人

「確かに難しいと思いますが、仮に何かできるとすれば、どういうことが考えられるでしょうか？」

「閉鎖タイプ」にプッシュをかける

□意見を言わない人

「仮に、ＡとＢのどちらかを選ばないといけないとしたら、どちらのほうがあなたの考えに近いですか？」

□付和雷同の人

「最後に意見をお聞きしますので、そのときまでゆっくり考えておいてくだ

261

さいね」

□**あいまいな発言ばかりする人**

　「今のお話と今日のテーマを合わせると、おっしゃりたいのは〇〇ということですね?」

□**人の意見に便乗する人**

　「〇〇さんと同じ意見のようですが、もう一度ご自分の口で説明してもらえませんか?」

▄チェンジ・オブ・ペースを活用する

　困ったチャンのように、特定の個人が悪いのではなく、みんなが何となく困ったチャンになることがあります。たとえば、短時間の話し合いをしている際に、なかなか良いアイデアが浮かばなくなって、意見が出てこなくなった。あるいは、意見の対立がひどくなり、チームが真っ二つに分かれて互いに一歩も譲らない、といった状況です。

　こういう行き詰った状況では、思い切って場のムードを変える**チェンジ・オブ・ペース**を活用してみましょう。

ブレイクを取る

　袋小路でもがいてみても、なかなか前には進めません。メンバーが心身ともに疲れていたり、何かにとらわれて思考が固定化されてしまったりしていると、もがけばもがくほどかえって悪循環に陥ってしまいます。

　このような場合には、ひとまず空気を変えるために、いったん休憩をはさんでメンバーの心身をリフレッシュすることをお勧めします。

　それもトイレ休憩やタバコを吸いに行くような短時間でもよいですし、思い切って30分くらいの長めの休憩で気持ちをゆったりとさせるのも方法です。まさに部屋の「空気」を入れ替えるような気持ちで時間を取るのです。軽く体を動かすことができればさらによしです。

　その際には、お茶やコーヒー、飴やチョコレートといった嗜好品を準備して、メンバーが雑談しやすい雰囲気をつくり出します。これこそまさに、アイスブ

レイクで、「会議で最も大切な時間は休憩時間だ」と言う人もいるくらいです。

それは、気持ちが開放されたメンバーは、急に何にもとらわれることなく自由に話し出すからです。

たとえば、チームの場でホンネを話そうかどうかと迷っている人は、休憩時間に身近な人に打ち明けて反応を試したりします。反応がよければ、「それならちょっと話してみようか」と思うようになり、休憩後の冒頭に口火を切るキッカケになります。ふっと我に返って、意外な切り口や考え方を発見し、あんなに揉めていたのに、休憩が終わったら急に話が進んだというのもよくある話です。

図7-6｜ブレイクのお供に

活動の進行についても「ああすれば、よかったのに」「もっと、こうするべきだよ」と雑談が始まっているはずです。聞き耳を立てていると、雑談の中からヒントが見つかることも少なくありません。このように、意外にも休憩時間に重要なことが話されることが多いことを意識しておきましょう。

危機(競争)がチームを元気にする

メンバーの気持ちを高ぶらせるために、いくつかのグループに分けて競わせることもチェンジ・オブ・ペースのやり方の1つです。さらに、締切りという時間の区切りや制約を設けていくことも、場に危機意識を持たせメリハリを生み出します。競争や危機という要素を持つ演出は、チームを熱くさせる効果があり、求心力を高めるのに役立ちます。

このように、場に対してちょっとした「変化」という名のスパイスをふりかけることによって、メンバーに刺激を与え、活性化させ、新たな資源を引き出すことができるのです。

ただし、せっかく盛り上がってきているところに意味なく休憩などの変化要素をはさんでは、議論に水を差すことにもなりかねません。場の雰囲気をよく読んで、チェンジ・オブ・ペースを仕掛けるタイミングを図ることを忘れないようにしてください。

チーム・ビルディングは観察力で決まる

　ここでは、さらにチーム・ビルディングを極めたい人のために、トレーニング方法を伝授していくことにしましょう。

■味が分からない人には料理はできない

　「良いチームとは何か」を知識だけではなく経験である程度知っておかなければ、チームが目指す姿が分からなくなります。たとえて言えば、「味の分からない人には料理はできない」といったことです。旨さも不味さも知っているからこそ、味を引き出したり調整したりできるのです。

　チーム・ビルディングを行う上で最も大切なのは、味、すなわちチームの状態を見極める力です。そもそも、それができない人にチーム・ビルディングはできず、チーム・ビルディングの巧拙はまさに**観察力**にかかっています。

　今、チームは何を感じ、考えているのかを探り、時々刻々と起こるその変化をつかみ、ときには相手から送られてくるメッセージも感じながら対応をしていきます。まさに、その場は心理戦といっても過言ではありません。

　観察では、**個々のメンバーの状況**と**チーム全体（場）の状況**を同時に把握しなければいけません。いずれの場合でも、言葉だけではなく、感情を表す**非言語メッセージ**をも解読する必要があります。ここでは、まず、メンバー個々の状況の読み取り方から説明していきましょう。

個々のメンバーの状況を捉えるには**参加度**、**受容度**、**感情**の３つの視点に着目します。

参加度：どれくらい参加しているか

メンバーがその場にどのくらい参加をしているかは、チームをつくる意義にも直結する大変重要な要素です。見極めるポイントには３つあります。

①どのくらい場に没入しているか

場への参加には、能動的なものから受身的なものまで幅広くあり、１人ひとりの没入の（熱くなっている）程度を見ます。声が出ているか、身を乗り出しているか、目線を上げているか、ジェスチャーが出ているかなど、メンバーの場での動きに注視していくことで判断できます。

②どのような参加の仕方をしているか

メンバーが持つ役職や立場ではなく、チーム活動の中でどのような役割を果たしているかを観察します。たとえば、進行をしている、発言をしている、発言はできなくても聴こうとしている、メモを取るなど記録をしている、タイムキープをしているなど、メンバーの場における機能を確認していく中から探っていきます。

図 7-7 ｜ メンバーの状況を読み取る

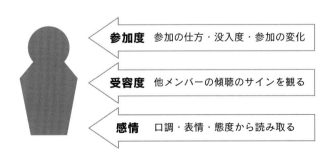

③参加度合の変化はないか

　参加していても、何かのキッカケでその度合は時々刻々と変化していきます。たとえば、最初は勢いがよくても、メンバーが途中から疲れてきてまったく発言しなくなった、というケースをよく見かけます。おそらく、興味のない話題になった、利害関係のない議題に移った、結論が見えてしまった、といったように関心が薄れたために起こっているはずです。人は自分が関心のあることにしか耳を傾けない傾向がありますから。

受容度：どれほど受け入れられているか

　次に、メンバーが相互にどれほど受け入れられているかを調べてみましょう。たとえば、自分は積極的に参加しているつもりでも、他のメンバーから見ればありがた迷惑であったりすることがあります。また、一所懸命頑張っているつもりでも、他のメンバーから見ると白けて浮き上がってしまい、空回りしてしまう場合もあります。

　相手から受け入れられていることを確認するポイントとしては、「聴いているよ」というシグナルをいち早く見つけ出すことです。たとえば、視線を合わせる、話していることにうなづく、相槌を打つ、話した内容を要約して返してくれるなど、傾聴している姿勢を見出していくのです。

図7-8 ｜ 受け入れのサインあれこれ

感情：どんな気持ちを抱いているか

　人は何かを伝えるときには、必ず何らかの感情的なシグナルをつけて送ってきます。その多くは、言い方や態度などの非言語メッセージとして現れてきます。ポイントは大きく３つあります。

①どのような口調で話しているか

　どのような調子で話しているかで、相手の心理がつかめます。たとえば、「抑揚」や「テンポ」でその話題に対する好き嫌いや機嫌の良し悪しを、「イントネーション」で興奮度合を、「間合い」によって相手が考えながら慎重になっている様子などを伺うことができます。言葉は優しくても言い方が激しければ、それは怒っているのです。

②どのような表情をしているか

　表情、すなわち顔に現れる様子を観察することで分かる感情はたくさんあります。たとえば、「目線」が泳いでいたら落ち着いていない、「口元」が尖がっていたら不平不満を持っている、「鼻腔」が大きく開いたら興奮している、といったものがあります。「顔色」が変わるというのは、感情の変化をつかむ代表格であることは言うまでもありません。

③どのような態度を取っているか

　ボディ・ランゲージという言葉もあるように、態度はメッセージ性が強いシグナルです。たとえば、「腕組み」をしていると自分を守ろうとしている、「足組み」をしていると自分を高みに立てようとしている、「身振り（ジェスチャー）」が多いと熱心になっているなどです。無意識にやる行動や姿勢を通じて、知らず知らずにメッセージを発信しているのです。

　このように、さまざまな要素から、満足感、高揚感、不安感、恐怖感といった気持ちをつかみとることができます。それらをもとに、何か言いたいのに遠慮や躊躇をしていないか、特定の誰かに敵意を抱いていないか、逆に特定の誰かに肩入れしていないかなど、チームの関係性や人間関係を知り、チーム・ビルディングの手がかりにしていきます。

メンバーの頭や心にある吹き出しを読もう

　これらの要素はぼんやりと見ていては、相手の状況がつかめません。ここで漫画を思い出してください。漫画には、口から発せられる言葉を表したものと、頭やら心の中の言葉を表したものの、2つの吹き出しがついています。

　観察するときには、「今、この人は何を考えているのだろう」、「今、この人は何を言いたいのだろう」と、後者を探し出すようにします。心の吹き出しを常に想像していくことがメンバーの状況を見極めるコツです。それが浮かび上がってくるように感じたら、観察の腕前が上達した証拠です。

　さらに、「私だったらどう感じるだろう」と自分自身の感情の吹き出しや、「あの人だったらどう感じるだろう」という別の登場人物を加えることによって、さまざまな展開が想像できます。それらは、チーム・ビルディングのみならず、話し合いをデザインするとき役に立ちます。

　なお、吹出しがうまく想像できない人は、ノートの真ん中に線を引き、左側にメンバーの発言を、右側にそのときの心の台詞を書くトレーニングをするとよいでしょう。会議であまり発言ができないような場合に、暇つぶしもかねてやってみることをお勧めします。

図7-9 │ 頭や心にある吹き出しを読もう

268

　次に、チーム全体（場）の状況について考えていきましょう。よく、「場の空気が読めない奴だ」と言われることがあります。トンチンカンなことを発言したり、余計なことをやったりしたときなどに使われます。では「場の空気」とはいったい何でしょうか。

　一言でいえばチームが持っている「明示されない共通認識」です。なんとなくふさわしいといった感覚やその場における馴染み具合をそう呼んでいるようです。こういった空気を含めて、チーム全体が「今、どんな状況にあるのか」をつかむことを、**場を読む**と言います。そのポイントは3つあります。

　①現状を知る～「今、何が起きているのか」

　②感情を知る～「今、何を感じているのか」

　③価値を知る～「今、何を大事にしているのか」

　そして、その総体として、「今、何をしよう（起ころう）としているのか」をいち早く察知していくことが、観察をチームづくりに活かす帰結点なのです。それでは、場を読むことの具体的な中身を紹介していきましょう。

図7-10 ｜ 場を読む3つのポイント

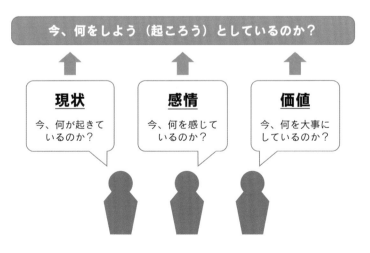

今、何をしよう（起ころう）としているのか？

現状	感情	価値
今、何が起きているのか？	今、何を感じているのか？	今、何を大事にしているのか？

どんなムードか

まずは、チーム全体のムードをつかみます。たとえば、次のどちらのムードが強いかを見ていくのです。

・盛り上がっているか白けているか　　・明るいか暗いか

・元気かおとなしいか　　　　　　　　・真剣か不真面目か

・開放的か閉鎖的か　　　　　　　　　・温かいか冷たいか

・友好的か対立的か　　　　　　　　　・攻撃的か防御的か

・緊張しているかリラックスしているか

まずはこのような雰囲気を大きく俯瞰してつかみ、その原因をいち早く察知して、ムードを変えるには何をすればよいかを考えていきます。

コミュニケーションの量と質

次に、メンバー相互で交わされるコミュニケーションの状況を見ます。チームの関係性を見るための最大の要素といっても過言ではありません。

場に出ている言葉の「量」によってチームの活性度を図ります。もちろん、表情やボディ・ランゲージも含めて総合的につかんでいきます。交わされている会話の「質」によって、意識のズレがないかを探ることも重要です。特に言いたいことを言い合えているのか、「ホンネ」で言っているのか「タテマエ」で言っているのかを注視します。

図 7-11 ｜ 場を読む5つの手がかり

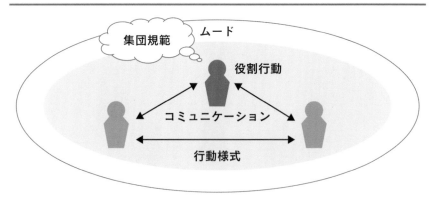

どんな役割行動をしているか

　ここでは、メンバーがバラバラに好き勝手に活動をしているか、あるいは何らかの役割を担いながら、チームを意識して関わっているかを見ます。特に役割分担を決めなくても、自然とそのような動きが出てきていることが多く、それを観察するのです。

　ポイントとしては、誰がリーダーシップを発揮しているか、誰がそれにフォロワーやメンバーとして追従しているか、誰が課題達成に影響を与えて、誰がチームの雰囲気づくりに貢献しているかなどがあります。また、これらの役割行動が固定化されているのか、変化しているのかも忘れずに観察しておきましょう。

どんな集団規範を持っているか

　メンバーがそこで何を大事にしているのかを見極めます。たとえば、そのメンバーにおける「決まり」や「約束事」、その組織や分野などにおける「隠れた前提」や「暗黙のルール」などです。先ほど述べた「場の空気」もこの1つかもしれません。

　規範を守らなければ、手続き論で揉めたり、ちゃぶ台返しが行われたりして水泡に帰すこともありえます。規範へのこだわりによって、議論のまとまり具合も変わってきます。このような規範が足かせになることもあり、新しい規範を持ち込むことも必要となります。

どんな行動様式を持っているか

　行動様式とはいわばチームの癖です。たとえば、ザックリ決めてから議論をするのか、慎重に検討して結論を得るのかといった、意思決定のやり方があります。アジェンダを準備する／しない、記録を残す／残さないなど、結論に至るまでの作業の手順もそうです。

　さらに、メンバー同士が同じ方向性に向かおうとしているのか、目的の共有の度合い、時間やルールに対して厳格なのか、ルーズなのかといった規範意識も行動様式の一部です。こういった視点で観察を重ねていきます。

　観察のポイントが分かっても、場がよく読めないという人がいます。そういう人は、感受性を高めるために、まずは次の方法を試してみてください。

場から距離を置く

　場（チーム）にどっぷり入ってしまうと、勢いに押されたり雰囲気に飲まれたりして、冷静に状況が読めなくなってしまいます。場との物理的な距離は心理的な距離に関係します。場から一歩引いて、物理的にも心理的にも距離を取るようにすると、案外見えなかったものが見えてきたりします。

　それも角度や距離を変えてみると、さまざまなものが見えてきます。ときには、部屋を出てほったらかしにしてみるという具合に、大きな距離を取るのもよいでしょう。このような、客観的な視点を取り戻して、回復する術を知っておくと役に立ちます。

自分のことを考えない

　人間はとかく自分のことしか考えない動物です。それでは相手のことが見えるはずがありません。場の空気が読めない人というのも、多くは自分のことしか頭にない人です。周りをよく見れば誰でも読めるはずです。

　自分のことは一切頭から消し去り、相手にだけ意識を集中してみましょう。相手の顔をしっかりと見つめ、言葉に耳を傾けてみましょう。そうすれば必ずさまざまなメッセージが見つかるはずです。

メタ的存在を置く

　客観的な観察をするには、俯瞰的にチームを見なければなりません。先ほど述べた場との距離を取るというのも1つの方法ですが、もう1つやり方があります。自分が観察するのではなく、チームを俯瞰的に見ている存在（メタ的存在）を仮定して、その人にどう見えているかを想像するのです。

　たとえば、チームを天上から眺めている人にはどう見えているかを考えたり、第三者がチームの状況を見たら何を感じるかを想像したりします。自分もその

中に置いてみると、自分自身の感情や心の動きも観察することができます。それだけでいろいろな発見があるはずで、騙されたと思って、ぜひ一度やってみてください。

図 7-12 ｜メタ的存在を置く

感じたことをフィードバック（自己開示）してみる

　自分の観察に自信がない人は、何でもよいから感じたことをぶつけてみましょう。「…のような感じがしたのですが、違いますか？」といった具合にチームにフィードバックしてみるのです。イエスなら観察が正しかったことになりますし、ノーであっても対話の中からヒントがつかめます。これを繰り返していけば、観察力が自ずとアップしていきます。

　ぶつける相手がいないときは、感じた内容を声に出してみたり、書きつけてみたりするだけでもかまいません。自分の耳や目から取り入れていくことで自分にフィードバックがかかるからです。

メンバーの中に相談相手を持つ

　チームに対する観察を行う際に、1人の目だけでは偏った判断をしてしまうことがあります。チームの状況を別の視点から観察してくれる人を見つけ、両者の観察結果をつき合わせれば、分析の客観性が確保できます。1人では分からないときに、相談相手にもなります。

　できれば、メンバーの中から1人でよいからチームの状況について相談する仲間を持つようにしましょう。そうすれば観察力をアップするだけではなく、相談をすることを通じて仲間意識も強くなってきます。

■ いろいろな場の経験が観察力を磨く

　今度は長期的に観察力をアップしていく方法を紹介します。観察力は生来の
ものも大きいのですが、次の方法を継続的に行うことによって、確実に観察力
はアップしていきます。

場数がものをいう

　料理の味を見極める力を上げるには、何より多種多様な料理を食べることで
す。それとまったく同じように、観察力や場への感受性を高めていくためには、
できるだけ**場数を踏む**ことが欠かせません。たくさんの場を経験してこそ、場
を読む力が鍛えられます。

　これはチーム・ビルディングについてもまったく同じです。場数は「バカ's」
でありバカの複数形だと覚えておきましょう。

　失敗をした、バカをやった数だけ経験は膨らみ、その際のほろ苦い経験が
「こういうときにはこんなことをやってはいけない」「こういうタイプの人には
こんなふうに対処すべきだった」と、やって良いことや悪いことが身に染みて
分かってきます。そこから自分なりのノウハウが蓄積されていくのです。

　よく「ポストが人を育てる」といわれますが、まさに「場が人を育てる」といっ
ても過言ではありません。最初は、チーム・ビルディングをセミナーや勉強会
で基礎を学ぶのもよいですが、徐々に本格的な実際の現場へとステップアップ
してください。1人で自信がなければ、ベテランの方の現場でアシスタントを
させてもらい、伴走してもらうのも実践的な方法です。

多様な場を経験する

　料理のたとえを続ければ、同じ料理ばかり食べていたのでは、舌は肥えてき
ません。超絶品の料理から不味くて食えないものまで、食べた料理の幅で舌の
感度が大きく変わってきます。

　場数を踏むときも同じで、できるだけいろいろな場に出て行くようにしまし
ょう。世の中、実にいろいろな人がおり、さまざまな考え方があります。自分
の視野を広げ、どんな状況でも臨機応変に対処できるよう、普段やっている活

動領域以外のワークショップや会議などを経験してみることを強くお勧めします。

　たとえば、ビジネスで活動する人は、自治会、町内会、マンションの管理組合などの、社会的な合意形成の場を経験してみましょう。あまりの人の多様性に戸惑うかもしれませんが、その経験は、ビジネスでの問題解決の場づくりに生きてきます。

　逆に、合意形成を中心に活動しているコミュニティ関係者には、問題解決を中心としたビジネス分野での経験を積んでみてください。そうやって相互乗り入れをして鍛え合っていくとよいでしょう。

自然の中で感覚を研ぎ澄ます

　思い切って外へ出てみて、自然や自分と向き合い、そこで感じることを素直に表現してみるのもよいトレーニングになります。都会の生活では、どうしても人間本来が持っていた感覚がにぶりがちになります。それを解放するには、自然の中に出て行くのが一番の方法です。

　海や山などの自然、動植物、日常風景など森羅万象の中に私たちの感覚を研ぎ澄ませてくれる素材がたくさんあります。都会でも、目をつぶって耳を澄ませばいろいろな音が聞こえ、頬にそよ風が当たるのが感じられます。感受性を高めるための場は、あらゆるところに転がっています。みなさんもちょっとだけ外に出てみて、意識して実行してみてはいかがでしょうか。

図 7-13 ｜ 自然の中で感受性を高める

場を読むトレーニング　～フィッシュボウル

観察力を高めるためのトレーニング方法を１つ紹介しましょう。**フィッシュボウル**（金魚鉢方式）と呼ばれるもので、この種のトレーニングの代表格です。このトレーニングを積み重ねることで、短時間で場を読むことができるようになります。

金魚を外から眺める

フィッシュボウルは、２つのグループが互いの様子を観察し合いながら議論を進める手法です。観察の結果を相互にフィードバックし合うことによって、グループや場の状況、ひいては自分自身の癖や傾向を知ることができます。それと同時に、観察する側も観察結果へのフィードバックがもらえるため、観察力が高まっていきます。

観察の様子が、まるで金魚鉢の中の魚たち（議論している人たち）と、それを外から眺めている（観察している）人たちとの姿に似ているところから、このような名称がついています。くわえて、他者の言動に対して率直にフィードバックするときの効果的な方法や、他者からフィードバックされたときに、それを受け止める方法を知る上でも効果があります。そこに織り成すお互いの心理状態を観察できることも特徴の１つです。

フィッシュボウルの進め方と注意点

具体的な進め方は次の通りです。

①２つのグループをつくり、１つのグループが内側、もう１つのグループが外側になって二重の円をつくります。内側の円の真ん中には机を置くこともありますが、外側の円にはイスのみを配置します。

②あるテーマで内側の円のグループが議論を行い、外側の円のグループはその議論の様子を観察します。時間は10〜20分程度が適当です。テーマは自由ですが、メンバー同士の葛藤が生まれるものが面白く、コンセンサスゲーム（P106）を使うのも１つの手です。

③観察の際には、「何を話しているか」という内容（コンテント）ではなく、「ど

のように話しているか」というグループの雰囲気や心の変化（プロセス）を中心に観察します。観察シートを用意する場合もあります。グループ全体を観察しきれない人は特定の人だけでもかまいません。

④議論が終わったところで、まずは観察側のグループだけで観察した結果をフィードバックします。議論を行ったグループはそれを黙って聞くようにします。終わったら、両グループが一緒になって、互いの話のつき合わせをしたり、全体を振り返ったりします。

⑤議論側、観察側の立場を入れ替えて同じことを繰り返します。

　フィードバックの際は、多少の遠慮やためらい、抵抗感を抱く人がいるかもしれません。しかし、私たちは他人から指摘されないと自分のことに気づきません。この場はトレーニングであることを充分に認識し、ある程度割り切って取り組めるよう誘導しましょう。そして、特定の個人を狙って行うのではなく、グループの雰囲気や変化に対してフィードバックするよう配慮してください。

　また、動画を撮っておき、みんなで観察する方法もあります。これだと議論側も自分たちの様子を振り返ることができます。ただし、撮影するとなると少し緊張感が出ますので、自然体になれるよう十分にアイスブレイクしてからスタートするようにしてください。

図 7-14 ｜ フィッシュボウル

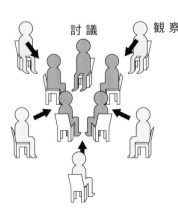

277

図 7-15 ｜ プロセスを観察する

●話し合いのテーマ

職場旅行の行き先をどこにするか？

●話し合いの内容（コンテント）

・Aさん：日光、Bさん：伊豆、Cさん：京都、Dさん：信州と意見がバラバラでスタート。

・理由は「観光」「海の幸」「温泉」「町並み歩き」「アウトドアスポーツ」などいろいろ。

・論点としては大きく、①旅行で何をするか、②職場旅行の条件に絞り込まれた。

・議論の前提として、職場旅行の目的は「互いの親睦を深めること」で合意した。

・①については、「アクティブ派」と「のんびり派」に意見が分かれたが、後者になった。

・②については、交通手段は電車、移動時間は2〜3時間、費用2万円以内と決定。

・両者を満足するものとして、新たに志賀、那須、熱海、甲府、仙台が候補となった。

・全員のコンセンサスとして、草津・志賀高原に決定し、Cさんが担当となった。

●話し合いで起こったこと（プロセス）

・年輩のAさんは自分の答えをもって臨んだが、他の3人は思いつきでアイデアを出した。

・そのため、Aさんが議論をリードし、3人は「また始まった」と言いたいことも言えない。

・候補を選んだ理由を聞かれたが、みんなそこまで考えておらず、アドリブで対処した。

・論点が目まぐるしく変わり、「これでまとまるのか」と不安に。Bさんがイライラしてきた。

・しばらくして、進行役が論点を整理してくれて、全員の不安が少し解消された。

・Cさんが「そもそも論」を出すが、「何で今さら」とAさんが議論に乗りにくい様子。

・仕方なくCさんの話題につきあった3人だったが、それで気持ちのまとまりができた。

・アクティブ派とのんびり派の議論が今回の山場。結局、声の大きい人が押し切った。

・新たに候補を募ったが、負けたほうはあまりアイデアを出そうという気にならなかった。

・「草津・志賀高原」が出たときに、もうこれに乗っかろうというムードが生まれてきた。

・行き先は決定してAさんは大満足。十分発言できなかったDさんに不満が残る。

・担当を無理やり押し付けられたCさんは、Aさんへの苦手意識が高まったようだ。

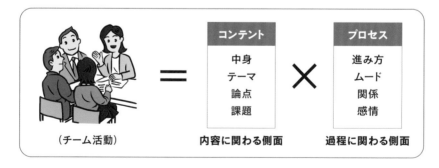

コミュニケーション・マップを活用する

　フィッシュボウルをさらに効果的に行うには、**コミュニケーション・マップ**が役に立ちます。

　観察側は、議論側のメンバーの名前を書いたマップを用意して、発言はすべてこのマップに線で記録します。たとえば、AさんからBさんになされた発言は、AさんからBさんへの矢印で書きます。全員に向けられたものであれば、中央まで線を引きます。発言が途中でさえぎられたり、最後まで終わらなかったりしたら短い線にします。そうやって、チームのすべてのコミュニケーションをマップに落とし込んでいくのです。

　振り返りでは、このマップをもとに議論をし、コミュニケーションのバランスはどうだったか、なぜ特定の人同士のコミュニケーションが多かったのか、各メンバーはどういう役割を果たしたのか、それに対して何を感じていたのかなどを話し合います。ぜひ一度試してみてください。

図7-16｜コミュニケーション・マップ

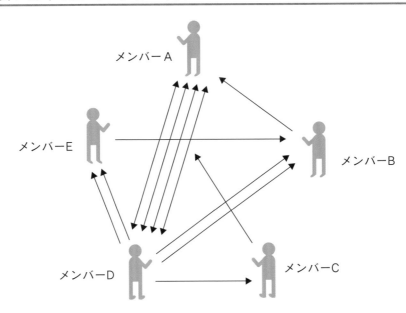

持続可能なチームづくりを目指して

衰退か、維持か、再浮上か

　いろいろ手を打っても、長い活動になれば、息切れしたり、疲れたりして、チームの活動レベルが下がってくることもあります。本章の最後に、少し長いスパンでのチーム活動を考えていきたいと思います。

　チームがいったん軌道に乗っても、それを持続させるのは至難の業です。第1章で述べたタックマンモデル（P18）でいえば、機能期（performing）に達した後、衰退期に入るのか、そのレベルを持続できるか、あるいはさらにステップアップできるかが大きな問題になってきます。

なぜチームの元気がなくなるのか

　チームが衰退していく原因は、チームの中に内包されているといわざるをえません。

　機能期になると、チームの中で、目標、役割分担、ルールなどの決まり事（制度）がたくさん出てきます。そうすることで、効率と安定をチームにもたらすからです。

　ところが、こういった決まり事ができると、人は無意識（自動的）に繰り返そうとします。そうなると、本来決まり事が持っていた意味を忘れがちになり、それをうまくこなすことに注力するようになります。やがて人々の関心が外から内へと移り、手段が目的化してしまいます。その結果、活動が形骸化してしまうのです。

その上、人によっては、自己中心的な志向が強くなり、チームの問題を自分の問題と思わなくなってしまいます。自分だけが頑張っていて、うまくいかないのは他の人がサボっているせいだと考え、協働意欲もだんだんと下がってきます。

変化についていけなくなる

くわえて、チームは常に環境の中で生きており、環境変化に応じて、常に自らを変えていかなければいけません。ところが、一度チームができあがってしまうと、それを維持させようとする力（慣性）が働きます。一度できあがったものを壊してつくり直すには、多くのコスト（犠牲）がかかり、つくり直してもうまくいくかどうか分からないからです。

そういった要因が重なっていくと、チームは「変化」や「前進」よりも「秩序」や「維持」を大切にするようになります。その結果、役割分担、コミュニケーション、意識など、あらゆるものが硬直化してしまい、環境変化についていけず、衰退をしていくのです。

図 7-17 | 持続的なチーム活動

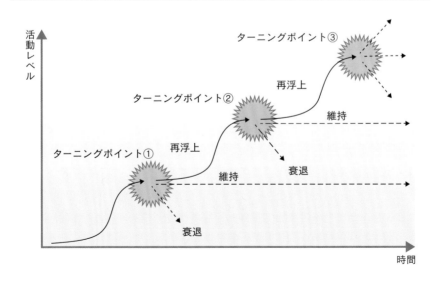

世代交代は簡単ではない

それなら、人を入れ替えればよいではないかと思われる方が多いかもしれません。もちろん、それは重要な方策ですが、そこにも難しさがあります。

チームの成長には、入れ替わり立ち代わり、多くの人たちが関わってきます。チームに関わるタイミングによって複数の世代の人たちが存在します。

チームをつくった「第1世代」の人々は、手探りでチームを立ち上げ、チームの関係性や仕組みをつくりあげてきました。チームへの思いも人一倍あり、過去の経緯を含めてチームのことは何でも知っています。

ところが、それを受け継ぐ「第2世代」の人たちは、やり方は先人たちがつくってくれているので、後を追えば形にはなります。しかしながら、何のためにやっているか、なぜそういうやり方をするのかの理解に、温度差が生まれてしまいます。いくら先代から受け継いでも、100%同じには絶対になりません。

そのため、第1世代の人が満足するような活動にならず、「任せられない」「任せてもらえない」という軋轢が生まれてしまいます。とはいっても、どこかでバトンタッチが必要で、タイミングを間違えると元も子もなくなってしまいます。世代交代は、言葉で言うほど簡単ではないのです。

チームの沈滞度をチェックしよう

ここから、チームが沈滞してきたときの対処法を紹介していきますが、その前に、あなたが属するチームの状態を把握しておきましょう。

チームの健康状態も人間と同じで定期的に診断をし、不具合を早期発見・早期治療する必要があります。発見が手遅れになって既に瀕死の状態になっている…ということは避けなければなりません。状態によって対処法も変わってきます。

常に、チームの状況を的確に把握し、うまくいっていない原因を探り、その原因に対する対策を講じて、チームを活性化していくことが求められます。

図 7-18 ｜チームの健康チェックリスト

	症　状	○	△	×
考え方の沈滞化	意思決定がワンパターン化しており、決められたことが守られない			
	多くの人の意見に配慮しすぎて、玉虫色の決定になりがちだ			
	何かにつけて慣行や前例を引き合いに出して物事を決めようとする			
	積極的にチャレンジしようという気概が減ってきている			
	成功しても褒められないのに、失敗すると怒られることが多い			
	自分たちのことばかり考え、チーム外の利害関係者に目がいかない			
活動の沈滞化	活動のプロセスが固まってしまい、深く考えずに自動反復されている			
	メンバーの役割分担が固定化して、新しい人が活躍する場がない			
	会議などへの出席率が下がり、主体的に活動に参加しようとしない			
	チームの中に派閥ができてしまい、簡単なこともなかなか決まらない			
	一部の人に権限や判断が集中していく傾向にある			
	議論や批判ばかりで、いつまでたっても物事が決まらない			
	形式や手順にこだわる人がいて、内向きの資料づくりが大変だ			
コミュニケーションの沈滞化	業務連絡以外の活動に関する会話が減ってきた（またはなくなった）			
	ミーティングをやっても意見が出ず、形式的な会議になっている			
	大切な情報が伝わらず、憶測や個人的な噂話ばかりが横行する			
	現場の情報が入ってきにくく、チーム外に対する関心も薄れてきた			
	ホンネが言いにくいムードがあり、またホンネで語り合う場もない			
	周囲の意見を聞かず、勝手にコトを進める人が増えてきた			
風土の沈滞化	表情が曇っており、新しい活動への関心が乏しくなってきている			
	うまくいかなくても人のせいにして、責任をとらない人が増えてきた			
	対立を解消することに時間がとられ、本質的な活動ができていない			
	目先の作業に追われるあまり、本来の目的が疎かになっている			
	「諦め」の姿勢が強く、嫌なことは避けて通る消極的な人が多い			
	違った考え方を持つ人を異端視したり、排除したりしがちである			

○：よくあてはまる（4点）、△：一部あてはまる（2点）、×：まったくあてはまらない（0点）

▶ 25点以下は健康、50点以下は要経過観察、75点以下は要治療、それ以上は緊急入院をして集中治療室に入ったほうがよいでしょう

3　持続可能なチームづくりを目指して

第7章　熟達編

283

チームの生活習慣病を治すには

チームの形骸化や硬直化は、いわばチームの生活習慣病です。沈滞期や衰退期を乗り切り、チームを再活性化させるには、体質改善を狙った対処法を講じる必要があります。本格的にやるには、大掛かりな**組織変革**の手法を駆使しなければならず、それだけで一冊の本になってしまいます。

ここでは、チーム・ビルディングに焦点を当てて、基本的な考え方を述べるにとどめておきます。詳しく知りたい方は、堀公俊著『組織変革ファシリテーター』を参照ください。

もう一度チームづくりをやり直す

1つの方法は、思い切ってチーム全体をリセットしてみることです。できることなら、いったん解散して再結成するのがベストです。そうでなくても、最初から皆が同じスタートラインに立てるように演出し、同じタイミングで初心になれるようにするのです。

その際には、あらためて自己紹介し合い、チーム全体でミッションを再確認し、ルールやマイルストーンを決めていくといった、チーム結成時のプロセスを1つひとつ踏んでいきます。「今さら…」と思われるかもしれませんが、これを怠ると元の木阿弥です。全員が心機一転して取り組んでいかなければなりません。

ただし、チーム・ビルディングのやり直しは、いわば伝家の宝刀です。むやみやたらにするのではなく、本当にそうすべきかどうかは、メンバーとも話し合いながら納得して進めていくことも忘れないようにしてください。

そもそも論をぶつけてみる

「3年目のジンクス」と言われるように、チーム発足からある程度時間が経つと、息切れが始まると同時に、活動の本質を見失ってしまいがちになります。何のためにやっているのか分からなくなり、ミッションを引き継いでいくという、チームの役割が形骸化してしまうのです。メンバーが増えたり人が入れ替わったりすればなおさらで、放置しているとチーム自体が分裂してしまいかね

ません。

　第4章で述べたように、チームのミッションをメンバーが共有するのに一番良いのは、もう一度メンバー全員でミッションづくりを行うことです。そもそも、私たちは何のために集まっているかを問い直してみるのです。そして、その中から相互理解を深めチームの存在意義を見出してもらうのです。その間、一時的に活動がペースダウンするかもしれませんが、後々のことを考えれば「急がば回れ」となるはずです。

活動のプロセスを1から見直す

　3つ目のやり方は、硬直化したチームの仕組みや活動のプロセスを1から見直すことです。おそらく、チームの中には、意味のない作業、硬直化した役割分担、非効率なプロセスなどがたくさんあるはずです。

　これを、「前のリーダーが決めたから」「こうやってうまくいってきた」と今までの延長線上で眺めていたのでは、変えることはできません。必ずゼロベースで、「本当に必要なのは何か？」「本来の目的にふさわしい手段は何か？」をチーム全体で議論をして整理をしていかなければなりません。

　そのためには、メンバー同士の思考の枠組みを相当柔らかくする必要があります。技術編で紹介したチーム・ビルディングのアクティビティも一役買ってくれるはずです。

図7-19 | 組織変革の3つのフェーズ

関係性をつくる	目標を共有する	プロセスを変える
・自分を見つめる ・人と分かち合う ・ネットワークをつくる	・本質を引き出す ・意味を共有する ・決意を確かめる	・枠組みを破る ・創造を生み出す ・挑戦を支援する

活動のピークを持続するために

　チームをつくることは比較的簡単です。それをつくり直して再活性化させるのも、難しいとはいえ、できない話ではありません。一番難しいのは、持続させることです。チームが自律的に自己改革していける風土をつくるためには、相当のエネルギー、労力、精神力を必要とします。ここで、チームに活力を与え続ける３つのポイントを紹介したいと思います。

メンバーの新陳代謝を促す

　まずは、メンバー自身の自己改革と自己成長を促すことです。自分の殻を破らずにして成長は生まれてきません。その積み上げであるチーム全体の活力が担保されることも考えられません。

　いかにしてメンバー個々人に成長を促すかが、チームの活力に直結しています。ときには、厳しい質問や課題、目標を提示して、意識やモチベーションの新陳代謝を行うことも必要です。新しい感性やアイデアを生み出せるように、メンバー自身が少しだけでもストレッチ（背伸び）できるような環境づくりも大切です。そして、それを考えることがチームのみならずリーダーの成長を促すことにもつながっていくのです。

相互作用が起こる場を増やしていく

　次に、メンバーがチームの一員であり続けるための支援を行います。メンバー同士が融合しつつも切磋琢磨し、お互いになくてはならない存在と認め合うような、メンバー同士の相互作用をさらに促進するのです。

　ポイントは、可能な限りチームの主体的な動きを引き出し、緩やかにまとめることです。たとえば、少しずつメンバーがチームの運営に参画するように役割を与えます。役割はその人が得意なところから始め、うまくいったら褒め合って、その存在を承認します。さらに、タイミングを見てメンバー同士でその役割を交換して刺激し合えるようにします。そして、振り返りを常に行いながら、相互の成長への意欲を喚起し合うのです。

活動をオープンにする

さらに、個人とチームが結束するために、チームに外部からの刺激を与え続けましょう。常に、誰に対して何をアウトプットするのかという成果志向を持たせ、成果を実感させるような環境を生み出すのです。

そのためには、ときどきチームの議論の場や成果を外部に公開し、活動自体をオープンなものにしていくように仕向けていきます。一方で、緊張感を持たせるために、外からゲストを呼んだり、意見をもらったりして、メンバーが「井の中の蛙」にならないようにしていきます。

それと同時に、成果に対する評判はいち早くメンバーに知らせていきます。広報とは「広く報われる」こと。メンバーに達成感を味わってもらうことはとても大事です。

チームとは、高度なコミュニケーションを通じた「協働」と「学習」の場です。協働を通じて、1人ではできない成果を生み出し、人と人の相互作用を通じて学習をしていきます。それこそがチーム活動の醍醐味であり、メンバーを成長させる源泉です。持続的なチーム活動のためには、協働と学習の醍醐味を持続させることが最も重要なのです。

図 7-20 │ チーム成長の3要素

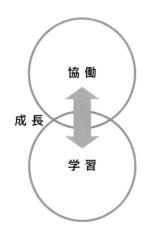

協働

成長

学習

①メンバーの新陳代謝を促す
・自己改革と自己成長を促す
・ストレッチや挑戦をさせる

②相互作用が起こる場を増やす
・主体的な動きを引き出す
・チームを緩やかにまとめていく

③活動を常にオープンにする
・外部からの刺激を与え続ける
・外部に対してアウトプットを出す

ブックガイド

<＜全般、第1章＞

●中原淳、中村和彦『組織開発の探究』ダイヤモンド社
組織開発100年の歴史をさかのぼり、思想的源流から理論や手法の変遷までを体系的に解説しています。一読すればチーム・ビルディングの取り組みの本質を理解することができます。

●フレデリック・ラルー『ティール組織』英治出版
組織やマネジメントの進化の歴史を紐解き、これからの組織のあり方や私たちの働き方を示唆する話題の書です。チーム・ビルディングの先にある未来の姿を知ることができます。

＜第2章＞

●麻野耕司『THE TEAM 5つの法則』幻冬舎
目標設定、人員選定、意思疎通、意思決定、共感創造の5つの法則でチームづくりの進め方を説く優れた入門書です。これ一冊でチーム・ビルディングのエッセンスが学べます。

●斉藤徹『だから僕たちは、組織を変えていける』クロスメディア・パブリッシング
組織やチームを変えたいと思う人に向けて変革のメソッドを紹介しています。さまざまな組織開発の理論や手法が散りばめられており、組織開発の入門書として活用できます。

＜第3章＞

●青木将幸『アイスブレイク ベスト50』ほんの森出版
プロ・ファシリテーターの著者が、リラックスと集中を一瞬でつくり出すアイスブレイクのとっておきのネタを披露しています。オンラインで使えるネタを集めた続編もお勧め。

●安斎勇樹、塩瀬隆之『問いのデザイン』学芸出版社
問題の本質を見抜き、解くべき問いを正しく立て、課題解決のプロセスを設計するスキルを体系化した読み応えのある良書です。同著者の『問いかけの作法』とあわせてご覧ください。

＜第4章＞

●ケン・ブランチャード他『ザ・ビジョン[新版]』ダイヤモンド社
ビジョンのつくり方から現場への落とし込みまでをストーリー形式で具体的に解説した世界的ベストセラー。ビジョンに関わる人は必ず読んでおきたい一冊です。

●香取一昭、大川恒『ホールシステム・アプローチ』日本経済新聞出版
ワールドカフェ、フューチャーサーチ、AIといったホールシステム・アプローチの具体的な方法と組織変革に活用するときのポイントを説明する総合解説書です。

<第5章>
●堀公俊『ビジュアル ビジネス・フレームワーク 第2版』（日経文庫）日本経済新聞出版
主に技術的問題の解決に役立つ200種類のビジネス・フレームワークをコンパクトにカラー図解で解説したハンドブック。常に手元に置いておきたい一冊です。

●エイミー・C・エドモンドソン『恐れのない組織』英治出版
チームの学習、イノベーション、成長に欠かせない心理的安全性を、その提唱者が総合的に解説します。同著者の『チームが機能するとはどういうことか』とあわせてお読みください。

<第6章>
●堀公俊、加藤彰『ワークショップ・デザイン 新版』日本経済新聞出版
プログラムづくりの基本からワークショップでよく使うアクティビティまで、ワークショップに必要な技法を、20本の多彩な実践実例を交えてわかりやすく解説しています。

●ワークショップ探検部『今日から使えるワークショップのアイデア帳』翔泳社
アイスブレイクから振り返りまで、百戦錬磨のファシリテーター4人が"鉄板"のワークショップのネタを伝授してくれます。続編の『そのまま使えるオンラインの"場づくり"アイデア帳』もお勧め。

<第7章>
●小田理一郎『「学習する組織」入門』英治出版
自分、チーム、組織を持続的に成長させるための5つの取り組みを事例と演習を交えて分かりやすく解説しています。ピーター・センゲの名著『学習する組織』の優れた入門書です。

●津村俊充・山口真人編『人間関係トレーニング』ナカニシヤ出版
人と人の間で起こっている「グループプロセス」とは何か、それを読み解くにはどうすればよいのか。チームの状態を観察する上での基本的な考え方を知ることができます。

あとがき

　日本のチームを巡る状況は着実に変わりつつあります。典型的なのが、野球やサッカーなどのスポーツのチームです。今までは、いわゆる"体育会系"と呼ばれる軍隊型のチームが強かったのに対し、メンバーの主体性を活かした"自律型"のチームが目覚ましい成果を上げるようになってきました。

　ビジネスの現場でも同じです。本書の初版を刊行したときは、アイスブレイクなどの手法に対して「とても会社ではできない」という声が多く寄せられました。17年経った今日では、積極的に取り入れる企業や体験者も増え、以前に比べれば「え！ やるの？ まあいいか…」と抵抗感が薄れてきました。

　また、会いたくても会えなかった3年間のコロナ禍を契機に、チームや人と人のつながりを考える機会が増えてきました。チームをテーマにした書籍が店頭で目立つようになったのも、人々の関心が高い証拠です。以前なら「黙ってやることをやれ！」と言っていた人たちは、「どうやってOne Teamをつくるのか？」に悩むようになったのです。

　そんなときこそ、立ち返るべきは基本です。それを語った、薬師寺金堂・棟梁の西岡常一氏の言葉があります。

　30人の若き宮大工がバラバラになりかけた時に、西岡氏は「建物はよい木ばかりでは建たない。北側で育ったアテというどうしようもない木がある。しかし、日当たりの悪い場所に使うと、何百年も我慢するよい木になる」と語って、1人ひとりの存在の大切さを伝え、皆の心をつかみました。

　そして、薬師寺金堂完成の日。若者たちが受け取った色紙には、次のような一節が書かれていました。

　「木の癖組は人組みなり。人組は人の癖組みなり」

　ちょっと癖のある若い大工たちの多様多彩な個性を組み上げ、協働作業に向かわせる。まさにチームとは人組みの結果であり、まえがきでも述べたチームの本質（メンバーをとことん活かす）を再認識させられる言葉でした（今井彰『プロジェクトX リーダーたちの言葉』文藝春秋）。

　そのために、何よりも大切になるのがメンバーへの「信頼」です。「この人はき

っと素晴らしい力を持っている」「この人に力を発揮してもらいたい」「一緒に何かを成し遂げたい」という気持ちがあってはじめてチームの力が引き出せます。口はばったい言い方になりますが、メンバーへの「愛」なくしては、人と人のつながりをつくることはできないのではないでしょうか。

　チーム・ビルディングは、人と関わる自分の「ありよう」そのものに他なりません。技術を磨くことも大切ですが、他人を思いやる気持ち、人としての存在感、公に対する姿勢など、普段の生活を通じて人間性も培っていくことが私たちに求められます。心（マインド）のない技（スキル）は通用しません。空虚です。一方、技のない心も伝わりません。空回りしてしまいます。

　人と人を「つなぐ」ことが、これほど求められている時代はありません。心と技の両方を意識しながらチーム・ビルディングの力を培い、私たちの身の周りの人と人との関わり合いを、みんなが互いに意識して少しずつ良い方向へ変えていこうではありませんか。

　本書を締めくくるにあたり、お礼の言葉を申し上げます。

　この本は多くの方々の英知と経験の結集であり、また、ご協力の賜物です。数多の文献に散りばめられたアイデアや知恵を参考にさせていただきました。

　日本ファシリテーション協会の活動の中で生まれてきたものや、いろいろな人からいただいた助言や気づきを少なからず織り込んでいます。楽しそうな雰囲気があふれる写真もその１つです。お世話になった方が多すぎてここではお名前を挙げられませんが、ファシリテーションの普及と啓発に日夜尽力されている会員のみなさんに感謝の意を表します。

　また、初版編集担当の日本経済新聞社の堀江憲一さん、新版編集担当の日経BPの白石賢さんと栗野俊太郎さん、初版の共同執筆者である加藤彰さんと加留部貴行さんにも深く感謝いたします。

　そして最後に、筆者を陰ながら支えてくれた、家族という素晴らしいチームメンバーに心から感謝します。本当にありがとう！

〈写真提供〉加藤彰、瀬部俊司、空井郁男、鈴木まり子、斉藤望

事項索引

292

技法索引

著者紹介

堀 公俊（ほり・きみとし）

神戸生まれ。大阪大学大学院工学研究科修了。大手精密機器メーカーにて商品開発や経営企画に従事するかたわら、ビジネス、ソーシャル、教育など多彩な分野でファシリテーション活動を展開。2003年に有志ともに日本ファシリテーション協会を設立し、初代会長に就任。執筆や講演活動を通じて、ファシリテーションをはじめとするビジネススキルの普及・啓発に努めている。
現在：堀公俊事務所代表、組織コンサルタント、日本ファシリテーション協会フェロー、大阪大学客員教授（テクノロジー・デザイン論）
著書：『ファシリテーション入門 第2版』『ビジネススキル図鑑』（以上、日本経済新聞出版）、『問題解決ファシリテーター』（東洋経済新報社）など多数。
連絡先：fzw02642@nifty.ne.jp

日本ファシリテーション協会

ファシリテーションの普及・啓発を目的とした特定非営利活動（NPO）法人。ビギナーからプロフェッショナルまで、ビジネス・まちづくり・教育・環境・医療・福祉など、多彩な分野で活躍するファシリテーターが集まり、多様な人々が協調しあう自律分散型社会の発展を願い、幅広い活動を展開している。
〈Web〉http://www.faj.or.jp/

［新版］

チーム・ビルディング
人と人を「つなぐ」技法

2007年7月17日　1版1刷
2024年6月5日　2版1刷

著者　　　**堀 公俊**
　　　　　©Kimitoshi Hori, 2024

発行者　　**中川ヒロミ**

発行　　　**株式会社日経BP**
　　　　　日本経済新聞出版

発売　　　**株式会社日経BPマーケティング**
　　　　　〒105-8308　東京都港区虎ノ門4-3-12

印刷・製本　**大日本印刷株式会社**

ISBN978-4-296-11951-6

01
Facilitation
Graphics

Kimitoshi Hori / Akira Kato

ファシリテーション・グラフィックは
こんな場面で活用できる！

- 定例の話し合いの場で
- チームの意思決定と問題解決の場で
- 自由奔放にアイデアを出し合う場で
- 自由に意見を述べ合うワークショップで
- 思いや問題意識をすりあわせる場で
- 意思統一が必要な場で
- 進め方のレベル合わせの場で

議論を描けば、会議が変わる！

ミーティングやワークショップを効果的に進行する必須スキルを
オールカラーの豊富なビジュアルを用いて解説した最新の入門書。

堀 公俊・加藤 彰［著］

議論を「見える化」する技術

ファシリテーション・グラフィック

議論を「見える化」する技法

新版

ISBN978-4-296-11604-1
定価（本体2200円＋税）

02

Workshop
Design

Kimitoshi Hori / Akira Kato

ワークショップ・デザイン——新版

知をつむぐ対話の場づくり

堀 公俊・加藤 彰［著］

本書で紹介するプログラム

- 課題を発見するワークショップ
- 業務を改善するワークショップ
- 新ビジネスを構想するワークショップ
- チームの力を高めるワークショップ
- 部門のビジョンを定めるワークショップ
- リーダーシップを開発するワークショップ
- 職場の問題を語り合うワークショップ
- M&A後のチーム・ビルディング

ISBN978-4-296-11874-8
定価（本体2200円＋税）